삼국지 1

Foreign Copyright:
Joonwon Lee   Mobile: 82-10-4624-6629

Address: 3F, 127, Yanghwa-ro, Mapo-gu, Seoul, Republic of Korea
          3rd Floor
Telephone: 82-2-3142-4151
E-mail: jwlee@cyber.co.kr

술술 삼국지 1

2021. 3.   2. 1판 1쇄 발행
2024. 5. 22. 1판 2쇄 발행

지은이 | 허우범
펴낸이 | 이종춘
펴낸곳 | **BM** ㈜도서출판 **성안당**

주소 | 04032 서울시 마포구 양화로 127 첨단빌딩 3층(출판기획 R&D 센터)
      | 10881 경기도 파주시 문발로 112 파주 출판 문화도시(제작 및 물류)
전화 | 02) 3142-0036
      | 031) 950-6300
팩스 | 031) 955-0510
등록 | 1973. 2. 1. 제406-2005-000046호
출판사 홈페이지 | www.cyber.co.kr
ISBN | 978-89-315-8171-3 (04910)
정가 | 23,000원

이 책을 만든 사람들
책임 | 최옥현
기획 | 차이나랩
진행 | 오영미
교정·교열 | 신현정
본문·표지 디자인 | 이플디자인
홍보 | 김계향, 임진성, 김주승
국제부 | 이선민, 조혜란
마케팅 | 구본철, 차정욱, 오영일, 나진호, 강호묵
마케팅 지원 | 장상범
제작 | 김유석

■ **도서 A/S 안내**

성안당에서 발행하는 모든 도서는 저자와 출판사, 그리고 독자가 함께 만들어 나갑니다.
좋은 책을 펴내기 위해 많은 노력을 기울이고 있습니다. 혹시라도 내용상의 오류나 오탈자 등이
발견되면 **"좋은 책은 나라의 보배"**로서 우리 모두가 함께 만들어 간다는 마음으로 연락주시기
바랍니다. 수정 보완하여 더 나은 책이 되도록 최선을 다하겠습니다.
성안당은 늘 독자 여러분들의 소중한 의견을 기다리고 있습니다. 좋은 의견을 보내주시는 분께는
성안당 쇼핑몰의 포인트(3,000포인트)를 적립해 드립니다.

잘못 만들어진 책이나 부록 등이 파손된 경우에는 교환해 드립니다.

술술
삼국지 1

허우범 지음 | 예슝 그림 | 차이나랩 기획

BM 책문

머리말

어린 시절, 누구나 한번쯤은 읽었을 소설 삼국지. 영웅호걸들이 펼치는 장쾌한 무용(武勇)에 긴긴 동지 밤도 짧기만 하였습니다. 유비, 관우, 장비가 펼치는 가슴 훈훈한 형제애와 의리, 제갈량의 변화무쌍한 계략에 추풍낙엽처럼 흩어지며 무너지는 조조군, 적벽대전 앞뒤로 펼쳐지는 숨 가쁜 심리전, 상산 호랑이 조자룡과 노익장의 대명사 황충의 용맹, 제갈량과 사마의의 가슴 졸이는 진검승부에 밤잠을 설쳤습니다.

천하를 놓고 다투는 영웅호걸들의 흥미진진한 이야기인 『삼국연의』는 1,800여 년이 지난 오늘날에도 동아시아를 대표하는 고전이자 훌륭한 문화유산입니다. 더 나아가 이제 『삼국연의』는 소설로만 존재하는 것이 아니라 시대를 넘어 생활의 마디를 풀어주는 열쇠이자, 삶의 고비를 해결하는 지혜가 되었습니다. 이 작품에는 어지러운 세상을 살아가는 다양한 인간들의 흥망성쇠가 펼쳐져 있고, 이러한 이야기는 오늘날에도 여전한 생명력을 지닌 채 우리에게 많은 것을 생각하게 합니다.

『삼국연의』는 역사소설입니다. 역사서인 『삼국지』와는 여러모로 다릅니다. 역사는 조조의 위(魏)를 정통으로 보지만, 소설은 유비의 한(漢)을 정통으로 봅니다. 역사적인 사실을 바탕으로 하면서도 내용면에서 역사와 차이를 보이는 이유가 여기에 있습니다. 흔히 『삼국연의』는 칠실삼허(七實三虛)라고 합니다. 하지만 「삼국지」보다 흥미진진합니다. 이는 영웅호걸들의 물고물리는 다툼을 읽을 때면 한 편의 인생사를 보는 것 같은 재미가 있기 때문입니다. 특히 소설이 만든 인물들의 성격은 동서고금은 물론 지금 이 순간에도 살아있는 인간학으로 많은 가르침을 줍니다.

『삼국연의』는 언제 읽어도 재미있지만 바쁜 일상에서 10권 분량을 끝까지 읽기에는 부담이 됩니다. 한 번 더 자세히 읽고 싶은 명장면들도 끄집어내기가 쉽지 않습니다. 이제 『삼국연의』도 소설의 위치를 넘어선 위상에 걸맞도록, 알차고 의미 있게 읽어야 할 때가 온 것입니다. 그런데 수많은 삼국지 판본들 중에서 소설 내용을 모두 요약해서 다룬 것은 찾아보기 어렵습니다.

저자는 중앙일보와 네이버가 함께 만든 차이나랩과 이러한 필요성을 공감하고 독자들과 함께 『삼국연의』를 읽었습니다. 매주 1회씩 소설 내용을 압축하고 나관중 본과 모종강본의 차이점을 살펴보길 2년 6개월, 독자들로부터 많은 공감과 응원을 받으며 120회 분의 연재를 마쳤습니다. 이 책은 수많은 독자들의 성원에 힘입어, 연재 당시 다루지 못했던 내용을 새로 추가하여 탄생하였습니다.

이 책은 소설인 『삼국연의』 120회의 내용을 압축한 것입니다. 이와 함께 주요한 장면마다 소설의 모본인 『삼국지평화(三國志平話)』와 나관중, 모종강 『삼국연의』의 차이점을 살펴봄으로써 소설의 내용과 인물 묘사의 변화를 알 수 있도록 하였습니다. 또한 모종강이 소설 속에 의견을 단 회평(回評)을 통해서는 새롭게 인간을 공부하는 시간이 될 것입니다. 이밖에도 권별 부록인 '책씻이'와 '소설 밖 나들이'를 통해 독자들로 하여금 소설과 현장을 함께 살펴보는 재미를 더하였습니다.

이 책이 나오기까지 많은 분들이 힘써주셨습니다. 저자의 연재를 기획해준 차이나랩 한우덕 대표, 삽화 사용을 흔쾌히 허락해준 중국의 대표적인 연환화가 예숭 화백, 명장면들을 멋진 작품으로 남겨준 무산(無山) 윤인구 서예가. 이분들의 도움은 이 책을 더욱 빛내주었습니다. 끝으로 언제나 저자의 원고를 믿고 기쁜 마음으로 출간해주는 성안당의 이종춘 회장, 최옥현 상무이사, 편집을 꼼꼼히 살핀 오영미 차장과 디자이너에게도 이 자리를 빌려 감사한 마음을 전합니다.

2021년 우수(雨水)
곡굉재(曲肱齋)에서, 저자

Contents

▲ 『삼국연의』 작가인 나관중

독자 여러분, 안녕하십니까?

예부터 '삼국지를 세 번 읽지 않은 사람하고는 이야기도 하지 말라'는 말이 전해져 옵니다. 이 말에서 보듯이 삼국지는 시대를 초월하여 모든 사람들에게 언제나 깊은 감명을 줍니다. 누구나 읽었거나 그렇지 않더라도 그 명성은 익히 들어서 알고 있는 삼국지. 다양한 인간 군상들이 펼치는 흥미진진한 세계가 분주한 오늘이라고 다르지 않습니다. 삼국지의 인기 비결이 이와 같다면 우리도 한번 제대로 읽고 삶에 필요한 자양분을 섭취할 필요가 있을 겁니다. 그러하매 저와 함께 소설 삼국지를 읽어보면 어떨까요?

우리가 읽는 삼국지는 소설입니다. 정확하게 말하면 『삼국연의(三國演義)』입니다. '연의'라는 말은 역사적인 사실을 바탕으로 여기저기서 전해져오는 야사와 전설 등 그럴듯한 이야기들을 모아서 만든 것입니다. 요즘말로 '팩션(faction)'입니다. 우리가 말하는 '삼국지'는 일반적으로 소설을 뜻합니다. 하지만 보다 엄밀하게 살펴보면 진(晉)나라 때 진수(陳壽)가 쓴 역사서인 『삼국지(三國志)』를 의미합니다.

진수의 『삼국지』는 중국 역사의 초기를 다룬 『사기(史記)』, 『한서(漢書)』, 『후한서(後漢書)』와 함께 '전사사(前四史)'라고 불립니다. 『삼국연의』도 『수호지(水滸誌)』, 『서유기(西遊記)』, 『금병매(金瓶梅)』와 함께 중국이 자랑하는 '4대 기서(奇書)'입니다. 『삼국지』와 『삼국연의』가 각기 역사와 소설에서 중요한 위치를 차지하고 있는 것입니다. 『삼국연의』(이제부터는 '연의'로 약칭하겠습니다.)는 명(明)나라 때 나관중(羅貫中)이 지었습니다. 하지만 우리가 읽고 있는 판본은 청(淸)나라 때 모종강(毛宗岡)이 엮은 것입니다. 나관중이 지은 연의는 총 24권 240칙(則)이었습니다. 이것을 모종강이 부친인 모윤(毛綸)과 함께 120회로 대폭 수정했습니다. 그리고 중요한 곳에는 그에 어울리는 시를 추가했습니다. 우리가 읽는 연의는 대부분이 12회분을 한 권으로 편집하여 총 열 권으로 완성되어 있습니다.

▲ 『삼국연의』 모종강본 서사 부분

자, 그럼 연의를 펼쳐보겠습니다.

'도원결의'가 시작이라고요? 아닙니다. 제일 먼저 보이는 것은 '사(詞)'라는 노래입니다.

사는 시(詩)의 변형입니다. 시는 운율이 엄격하게 맞아야 하고 정형화되어 있어서 읽기 위주였습니다. 하지만 사는 '노래하듯 부르는 시'입니다. 즉 요즘의 대중가요인 셈입니다. 그래서 자유로운 형식으로 노랫말을 지을 수 있었습니다. 노래 하면 빼놓을 수 없는 것이 바로 춤입니다. '사'도 춤을 곁들이며 불렀다고 합니다.

    '시'가 당(唐)나라 때 유행한 문학 장르라면, '사'는 송(宋)나라 때 유행한 문학 장르입니다. 예나 지금이나 선진국의 문화는 서로가 따라서 배우려고 합니다. 오늘날에는 전 세계가 케이-팝(K-pop)을 따라 부르며 한류문화에 열광하고 있습니다. 이와 마찬가지로 그 당시에는 송사(宋詞)를 서로 따라 배우는 것이 유행이었습니다. 우리의 고려시대 선비들도 모임이나 술자리에서 송사를 원어로 한 곡조씩 부르는 것을 자랑거리로 삼았습니다.

    그럼, 우리도 한번 따라 불러볼까요?

滾滾長江東逝水	gǔngǔn chángjiāng dōngshìshuǐ
浪花淘盡英雄	lànghuā táo jìn yīngxióng
是非成敗轉頭空	shìfēi chéngbài zhuǎn tóu kōng
青山依舊在	qīngshān yījiù zài
幾度夕陽紅	jǐdù xīyáng hóng
白髮漁樵江渚上	báifà yúqiáo jiāng zhǔ shàng
慣看秋月春風	guànkàn qiūyuè chūnfēng
一壺濁酒喜相逢	yīhú zhuójiǔ xǐ xiāngféng
古今多少事	gǔjīn duōshǎo shì
都付笑談中	dōu fù xiàotán zhōng

노래의 뜻도 알아보겠습니다.

장강은 넘실넘실 동쪽으로 흐르는데
영웅은 물거품처럼 다 사라졌구나.
시비 성패도 한갓 공허한 것이로다.

滾滾長江東逝水 浪花淘盡英雄
是非成敗轉頭空 青山依舊在
幾度夕陽紅 白髮漁樵江渚上
慣看秋月春風 一壺濁酒喜相逢
古今多少事 都付笑談中

三國演義

청산은 옛날 그 자리인데

노을은 몇 번이나 붉음을 반복했던가!

강가의 어부와 나무꾼은 백발이 되었어라.

가을달 봄바람은 어느 때나 보는 것

한 병 탁주로 반갑게 마주 앉아

고금의 숱한 일들을

모두 다 우스갯소리로 흘려버리세.

연의의 서사(序詞)인 이 노래는 명(明)나라 때 양신(楊愼)이 지은 '임강선(臨江仙)'이라는 사의 일부분입니다. 그는 중국의 역사를 10개의 단계로 나누어 노래로 묶은 「이십일사탄사(二十一史彈詞)」를 지었습니다. 모종강이 서사로 활용한 것은 제3단인 '진(秦)나라와 한(漢)나라의 노래' 부분입니다.

내용을 음미하면 연의를 다 읽은 듯한 느낌입니다. 인간의 역사는 부귀영화도 의미 없는 일이고 오직 노자(老子)적 삶인 '자연인'으로 살아가는 것이 최고의 선이라는 다분히 해탈적 경지를 보여 주고 있습니다.

또한 이 노래는 연의 첫 회에 나오는 '천하의 대세는 나누어진 지 오래면 반드시 합쳐지고, 합쳐진 지 오래면 반드시 나누어진다

◀ 서예가 무산(無山) 윤인구의
　'삼국연의 서사' 휘호

(天下大勢, 分久必合, 合久必分)'는 순환론적 역사관을 응축시켜 놓았습니다.

양신은 왜 이런 가사를 지었을까요? 양신은 명나라 무종(武宗) 때 과거에 장원 급제하고 한림원 수찬(修撰)이 된 촉망받는 학자였습니다. 당시 아들이 없던 무종이 사촌에게 왕위를 물려주었고, 왕이 된 세종(世宗)은 자신의 생부(生父)를 황제로 추존하려고 했습니다. 이에 양신이 뜻을 같이하는 동료들과 함께 반대하자, 분노한 세종은 그에게 형벌을 가하고 운남 지역으로 유배시켰습니다.

양신은 그곳에서 35년간 유배 생활을 하면서도 1백여 종의 책을 저술했는데, 70세가 넘어 촉(蜀)땅으로 옮겨진 뒤에도 그는 여전히 죄인의 몸이었습니다. 촉망받던 신하에서 한 순간에 죄인이 되어 변방으로 내몰린 양신. 그는 노장사상에 심취한 덕분에 스스로를 추스를 수 있었습니다. 노장사상이야말로 그에게 참담한 시기를 이겨낼 수 있는 힘이 되어주었던 것입니다.

그렇다면 모종강은 왜 양신의 이 노래를 넣었을까요? 모종강도 젊어서부터 글을 잘 짓기로 소문이 자자했습니다. 그런데 벼슬은 하지 않았습니다. 시력까지 잃었다는 기록으로 봐서 건강이 안 좋았던 것 같습니다. 세상을 볼 수 없다면 삶자체가 암흑인 것입니다. 자연히 인생도 무의미해집니다. 그리하여 모종강 스스로도 절실하게 공감한 양신의 이 가사를 대하소설의 응축본으로 맨 처음에 배치한 것이라면 너무 엉뚱한 생각일까요?

이제 막 항구를 출발했으니 본격적으로 연의의 바다로 나아가겠습니다. 독자 여러분도 튼실하게 채비하여 월척을 낚기 바랍니다.

술술
삼국지

◆━━━◆ 주요 지명도 ◆━━━◆

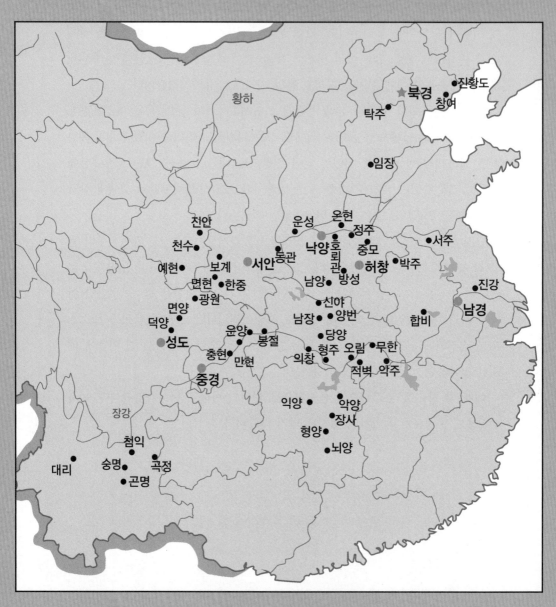

황하

★ 북경 ● 진황도
● 창여
● 탁주

● 임장

● 찬안   ● 운성 ● 온현
천수 ●   ● 정주
예현 ● ● 보계   ● 서안 ● 동관   ● 낙양 호 ● 중모   ● 서주
        면현 ● ● 한중   ● 남양 ● 뢰 ● 허창
        ● 광원   관   ● 박주
     ● 면양   ● 방성
    덕양 ●   ● 신야   ● 진강
        ● 윤양   남장 ● ● 양번   ● 남경
     ● 성도   ● 당양   ● 합비
        충현 ● ● 봉절   형주 ● 오림 ● 무한
            ● 만현   의창 ●   ● 적벽 ● 악주
        ● 중경
                        익양 ● ● 악양
    장강   ● 장사
        ● 첨익   형양 ●
    대리 ● 숭명 ● ● 곡정   ● 뇌양
        ● 곤명

삼국 정립도

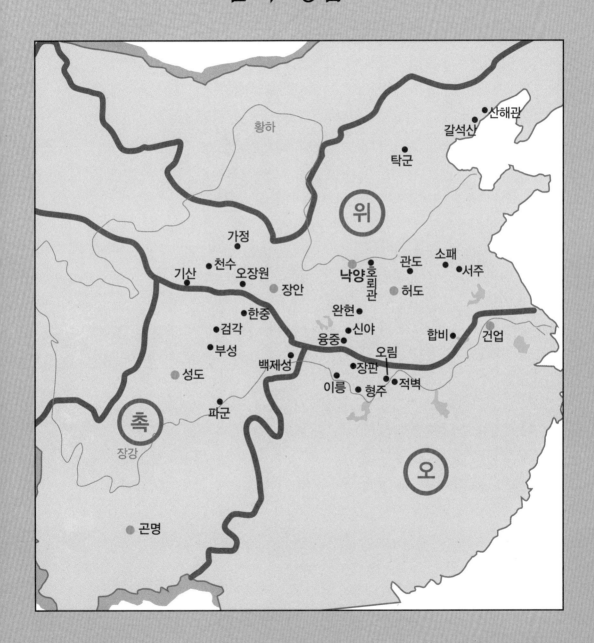

PART 1

난세에 세 영웅이 뜻을 모으다

　『삼국연의』첫 회에는 우리가 너무도 잘 아는 '도원결의(桃園結義)' 장면이 나옵니다. 연의의 주인공인 유비, 관우, 장비가 서로 의기투합하여 의형제를 맺는 과정이 드라마틱하게 표현되어 있습니다. 그런데 생판 처음 보는 이들을 일심동체로 만든 것은 다름 아닌 '황건적(黃巾賊)'이었습니다. 황건적의 주체는 힘없는 백성입니다. 착하고 온순한 백성이 도적이 된 데에는 분명 이유가 있을 것입니다.

　후한 말기는 외척과 환관들이 정치를 좌지우지하고, 농사는 매년 반복되는 자연재해로 먹고살기조차 힘들었습니다. 게다가 관리들의 폭정은 날마다 백성의 숨통을 조였습니다. 세상이 이렇다보니 별의별 해괴망측한 일들이 벌어졌습니다. 옥좌에 푸른 뱀이 나타나고 암탉이 수탉으로 변했습니다.

역사서인『후한서』에 기록된 내용을 하나 살펴보겠습니다.

　낙양성의 상서문(上西門) 바깥에 사는 여자가 아이를 낳았다. 가슴은 하나인데, 머리와 어깨가 둘이었다. 해괴한 일로 여겨서 아이를 버렸다. 이후로 사람들은 나라의 정치가 권력자들의 손아귀에 놀아나자, "위아래 구분이 없는 머리가 둘 달린 그 꼴"이라고 하였다.

해괴한 일이 이와 같았기에 소설에서도 괴이한 일들을 맘껏 표현한 것입니다.

　황건적을 이끈 지도자는 장각과 그 형제들입니다. 장각은 과거 급제는 이루지 못했지만 상당한 수재였습니다. 어느 날, '남화노선(南華老仙)'이라는 도인을 만나『태평요술(太平要術)』이라는 천서(天書) 세 권을 얻은 그는 밤낮으로 독파하여 그 뜻을 터득합니다. 그리고 피폐한 백성들을 모아 치유해주었습니다.

　이 같은 장각의 선행은 바람보다 빠르게 번져나가 그를 스승으로 따르는 무리가 넘쳐났습니다. 이에 장각은 '태평도(太平道)'를 만들고 스스로를 태평도인이라고 불렀습니다.

　"지극히 얻기 어려운 것이 민심인데 지금 그 민심이 나를 따르고 있다. 이런 기세를 타고 천하를 얻지 못한다면 진정 애석한 일이 아니겠느냐?"

　장각은 신도 수가 늘어나자 야심이 생겼습니다. 남화노선이 천서를 주면서 '다른 마음이 싹트면 반드시 앙갚음을 당한다'고 한 경고의 말도 잊었습니다. 급기야 동생들과 함께 왕조 타도를 외치며 신도들에게 총진군을 명령합니다. 이에 전국의 신도들이 분연히 일어섭니다. 이들은 더 이상 잃을 것도 없었습니다. 가뭄과 홍수에 이은 전염병의 창궐, 각종 조세와 부역에 따른 참상은 이미 죽음이라는 극한을 넘어섰기 때문입니다. '지렁이도 밟으면 꿈틀한다'고, 이들 역시 죽을 때 죽더라도 가만히 앉아서 죽을 수만은 없었던 것입니다.

복숭아꽃이 활짝
핀 봄날, 의형제를
맺는 유비, 관우, 장비

曹操戮擊黃巾軍隊
葉雄 畫

◀ 황건적을 무찌르는 조조

황건적이 기세를 몰아치며 유비와 장비의 고향인 탁군(涿郡)까지 다가오자, 유주태수가 황건적을 소탕하기 위해 의병을 모집하는 방을 붙입니다. 이 방을 본 유비와 장비는 토호(土豪)를 죽이고 강호를 떠돌던 관우를 만나 술상을 마주합니다. 이들은 곧바로 의기투합하여 의형제를 맺고 장차 큰일을 도모하기로 합니다.

복숭아꽃이 활짝 핀 봄날, 세 의형제는 3백 명의 장정들과 함께 검은 소와 흰 말을 잡아 제물로 바치고 천지의 신들께 절하고 맹세합니다.

"유비, 관우, 장비는 비록 성은 다르지만 이미 형제가 되기로 맹세했사오니 한마음으로 협력하여 어려운 자를 구하고 위급한 이를 도우며, 위로는 국가에 보답하고 아래로는 만민을 편안히 하겠나이다. 한날한시에 태어나지는 못했지만 한날한시에 죽기를 원하오니, 하늘과 땅의 신께서는 진실로 굽어 살피시어 의리를 배반하고 은혜를 저버리는 자가 있으면 하늘과 사람이 함께 죽여주소서!"

만고에 회자되는 '도원결의' 장면입니다. 삽화를 곁들여 보면 명장면이 더욱 생생하게 떠오르는 것 같습니다. 첫 회에 삼형제의 도원결의를 배치함으로써 형제와 군신관계로 엮인 세 영웅의 탄생을 알려줍니다. 또한 이들 세 영웅의 생사를 초월한 충의와 우애가 소설 전체를 이끌어나갈 것임을 암시하고 있습니다. 연의를 읽기 시작하면 그 재미에 빠져 밤잠을 설칩니다. 매번 흥미진진함을 불러일으키기 때문인데, 처음의 도원결의 장면이야말로 더 말할 필요가 없겠지요.

주인공 삼형제는 거상(巨商)인 소쌍과 장세평에게 도움을 받아 전투준비를 완료합니다. 그리고 정원지가 이끄는 황건적을 무찌르는 등 황건적 토벌에 여러 번 공을 세웁니다. 기도위(騎都尉)인 조조도 황건적을 토벌하는 데 공을 세웁니다. 유비는 스승인 노식이 무고하게 잡혀가자 황건적 소탕을 미루고 고향으로 돌아갑니다. 그 와중에 노식을 대신한 동탁이 황건적에게 참패하여 달아나는 것을 구해줍니다. 그런데 동탁은 유비가 평민임을 알고 깔보기만 했습니다.

이에 불같은 성격의 장비가 칼을 뽑아들고 외칩니다.

"우리가 직접 전쟁터로 뛰어들어 구해주었건만, 도리어 이놈이 무례하게 군단 말이오? 내 이놈을 쳐죽여야만 울화통이 그칠 거요."

모종강도 장비의 마음을 응원하는 시 한 편을 실었습니다.

예나 지금이나 권력과 돈이 대접받는 세상	人情勢利古猶今
그 누가 평민이 영웅인 것을 알겠는가.	誰識英雄是白身
어떻게 장비 같은 시원시원한 사람 만나	安得快人如翼德
세상에 양심 없는 놈들 모두 없애버릴까.	盡誅世上負心人

연의 첫 회의 첫 문장은 '천하의 대세는 나누어진 지 오래면 반드시 합쳐지고, 합쳐진 지 오래면 반드시 나누어진다(天下大勢, 分久必合, 合久必分)'입니다. 합치고 나누어지는 까닭이 무엇이겠습니까. 바로 위의 시가 그 답을 말해주고 있습니다.

대세의 원천은 백성입니다. 그래서 백성이 곧 하늘인 것입니다. 그런데 하늘의 뜻인 백성의 힘을 누가 이용하나요? 권력을 '휘두르려는' 야심만 넘치는 자들입니다. 결국 착한 백성은 그들의 교활한 정치적 수순에 휘둘리고 굴복당합니다. 무엇이 변했을까요? 권좌의 주인만 바뀌었을 뿐입니다. 그리고 그들의 권력유지에 거슬리면 또다시 역도(逆徒)가 되고, 권력유지에 필요하면 새로운 시대를 여는 만백성이 됩니다. 모든 것은 그들이 만들어내고 그들이 결정합니다. 그들은 누구를 위하여 만들고 결정할까요? '하늘같은' 백성, '백성을 위한' 정치는 서책(書冊)에만 있습니다. 필요할 때 잠시 꺼내어 써먹는 수단에 불과할 뿐인 것입니다.

장비가 부패한
관리를 패다

유비 삼형제가 황건적에 대패하고 쫓기던 동탁을 구해줬음에도 불구하고 동탁은 유비를 업신여겼습니다. 그러자 장비가 펄펄 날뛰었습니다. 『삼국연의』를 번역했던 작가들은 많지만, 장비의 말투를 제대로 표현한 이는 월탄(月灘) 박종화인 것 같습니다. 그 부분을 살펴보겠습니다.

"저 새끼를 죽이지 아니하고 도리어 저자의 부하가 되어서 명령을 받을 작정이오? 그럼 두 분 형님은 편안히 이곳에 머물러 계시오. 나는 다른 데로 가겠소."

참으로 장비다운 말투입니다. 이에 유비가 도원결의를 상기시키며 장비를 달랩니다. 그리고 세 형제는 주준을 찾아갑니다. 연의에서 삼형제의 성격은 확연하게 차이가 납니다. 유비가 어짊(仁)을 상징하는 인물이라면, 관우는 충성(忠)을, 장비는 의로움(義)를 상징합니다. 당대 유교사회가 요구하는 인간상을 세 사람이 하나씩 보여 주는 것입니다. 또한 유비가 군자상(君子像)을 대변한다면 관우는 장수상(將帥像)을, 장비는 평민상(平民像)을 대변한다고도 볼 수 있습니다.

유비는 주준과 함께 장보가 이끄는 황건적을 소탕하는 데 앞장섭니다. 장각도 삼형제입니다. 장보가 둘째, 장량이 막내입니다. 이들 삼형제는 각기 천공장군(天公將軍), 지공장군(地公將軍), 인공장군(人公將軍)이라 칭하며 황건적을 지휘합니다. 장각은 『태평요술(太平要術)』을 터득하고 마음대로 요술을 부렸습니다. 천둥과 바람을 일으키고, 모래와 자갈도 날리며, 하늘에서 군마(軍馬)가 쏟아지게도 했습니다. 그는 이러한 비법을 동생들에게도 가르쳐주었습니다. 하지만 주준은 짐승들의 피로 요술을 물리치고 장보군을 무찌릅니다.

주준이 황건적의 잔당을 소탕하기 위하여 완성(宛城)을 공격할 때 손견이 등장합니다. 손견이 날렵하게 성으로 올라가 20여 명을 베자 황건적 진영이 무너집니다. 조홍이 창을 들고 달려들자 손견은 성 위에서 번개처럼 몸을 날려 창을 빼앗아 그를 찔러 죽이고는 말을 빼앗아 타고 적진을 종횡무진 휘저으며 한껏 무용(武勇)을 자랑합니다.

↑ 황건적의 수장 장각

손견이 활약하는 장면을 읽다보면 무협영화를 보는 듯합니다. 대단한 공력(功力)으로 공간을 가볍게 날아서 상대를 무찌르는 장쾌한 모습의 이연걸. 손견의 모습에서 영화의 한 장면이 떠오릅니다.

유비는 황건적을 소탕한 공적으로 안희현(安喜縣)의 위(尉)에 임명되었습니다. 하지만 부임한 지 4개월이 못되어 십상시 일파가 보낸 독우(督郵)가 조사를 나옵니다. 그는 유비에게 금품을 요구하며 으름장을 놓습니다. 유비가 이에 응하지 않자 현리(縣吏)들을 잡아다가 유비의 죄행을 불라고 심문을 합니다. 그들도 유비의 선행만을 이야기합니다. 그러자 화가 난 독우는 이들을 더욱 매질합니다. 술 한 잔

↑ 평민들의 씩씩한 대변자 장비

으로 화를 달래고 오던 장비가 이 광경을 목격합니다. 여기에서도 장비의 성격이 유감없이 발휘됩니다. 특유의 고리눈을 부릅뜨고 어금니를 으드득 갈고는 역관으로 달려가 독우를 한 손에 낚아채어 나무에 꽁꽁 묶고는 버드나무 가지 10여 개가 부러지도록 모질게 때립니다.

"백성을 핍박하는 도둑놈아, 내가 누군지 알겠느냐?"

독우가 입을 열기도 전에 장비에게 머리채를 잡혀 혼쭐이 납니다. 유비가 달려와서 겨우 장비를 말렸습니다. 그런데 위 대화만 보면 의리의 사나이 장비의 맛이 잘 느껴지지 않습니다. 다시 월탄의 번역을 살펴보겠습니다.

"이놈, 죄 없는 사람을 때렸지, 너도 좀 맞아 보아라!"
장비는 때리고 또 때렸다. 부러진 버들가지는 10여 개나 즐비하게 땅에 떨어졌다.
"잘 때린다!" 소리가 사면팔방에서 일어났다.
"더 때려라!" 소리도 일어났다. 백성들은 탐관오리인 독우가 범 같은 장수 장비한테 매를 맞는 것을 보자, 얼음냉수를 한 대접씩 마시는 듯 오장육부가 상쾌하고 시원했다.

성 위에서 몸을 날려
조홍을 무찌르는 손견

어떻습니까? 장비의 행동에 호응하는 백성들의 모습까지도 눈에 선하게 들어오지 않나요? 그야말로 속이 후련해지는 장면입니다. 지금은 관우를 더 좋아하지만 나관중이 연의를 만들 때에는 장비가 더 인기가 높았습니다. 그것은 장비가 거친 성격의 소유자이지만 언제나 힘없는 사람들의 입장에서 정의로움을 펼치는 모습에 백성들은 감격했기 때문입니다. 그들은 연의 속 장비의 행동을 통해서 대리만족을 얻었던 것입니다.

유비는 독우를 호되게 꾸짖고 현위의 인수(印綬)를 목에 걸어주고는 고향으로 갑니다. 독우가 이 일을 알리자 유비 형제는 수배자가 되었습니다. 그들은 어쩔 수 없이 고향을 떠나 대주(代州)의 유회에게 몸을 숨깁니다.

바야흐로 환관집단인 십상시(十常侍)의 횡포가 점점 극에 달하고 있었습니다. 그들은 황제의 눈을 멀게 하고 닥치는 대로 재물을 긁어모았습니다. 또한 자신들을 거역하는 자가 있으면 가차 없이 처단했습니다. 그들에게 뇌물을 바치면 출세했으며, 뇌물을 바치지 못하면 그 즉시 벼슬에서 쫓겨났습니다. 개인의 능력은 아무 상관이 없었습니다. 재력이 곧 권력인 것은 그때도 매한가지였습니다.

이는 비단 십상시만의 짓거리는 아니었습니다. 황제인 영제(靈帝)도 벼슬을 팔았습니다. 조조의 부친인 조숭이 1억 전을 내고 삼공(三公)의 하나인 태위(太尉) 자리를 산 것은 이를 잘 보여 주는 사례입니다. 황제가 이 모양이니 지근거리에서 모시는 환관들이야 오죽했겠습니까. 눈치가 백단인 그들이 더하면 더했지 못할 턱이 없습니다.

서기 189년, 환관들의 손아귀에서 놀아나던 영제가 34세로 붕어하자, 하황후의 14세 된 아들 '유변'이 소제(少帝)로 등극합니다. 권력은 하황후의 오빠인 대장군 하진이 잡습니다. 사예교위(司隸校尉)인 원소가 나라를 망친 십상시를 주살하겠다고 나섭니다. 하진은 기뻐하며 그에게 수도와 궁궐을 지키는 근위대인 어림군(御林軍) 5천명을 내주었습니다. 원소의 작전은 성공하는 듯했습니다.

하지만 십상시들도 가만히 앉아서 죽을 수만은 없었습니다. 그들은 금은보화를 들고 하황후를 찾아가서 살려달라고 애원했습니다. 태후는 은밀하게 오라비 하진을 불러서 말했습니다.

"나나 오라버니나 비천한 집안에서 태어났는데, 장양 등이 도와주지 않았다면 어찌 오늘의 부귀를 누리겠습니까? 이미 일을 꾸민 건석이 죽었으니 다른 환관들까지 죽여서야 되겠습니까?"

하진이 태후의 말을 듣고는 적당히 마무리 지으려 하자 원소가 일침을 놓습니다.

"풀을 베기만 하고 뽑지 않으면 화근이 되어 뒷날 반드시 목숨을 잃게 될 것입니다."

얼마 후, 하진은 원소의 건의를 받아들여 지방 군벌을 불러 십상시를 척결하기로 마음먹습니다. 하지만 이 방법을 들은 주부(注簿) 진림과 조조가 반대합니다. 이에 백정 출신의 하진은 '겁쟁이의 생각'이라며 이들의 의견을 묵살합니다. 무식하고 고집쟁이인 자가 수장(首長)이 되면 지혜로운 참모인들 어쩔 수가 없습니다. 참고 따르거나 때려치우거나 둘 중 하나를 선택할 수밖에 없는 것입니다.

멍청한 하진은 죽고 음흉한 동탁이 들어서다

서량자사(西涼刺史) 동탁이 하진의 밀조를 받자 회심의 미소를 지었습니다. 그는 황건적에게 연신 패했지만 십상시에게 뇌물을 먹인 까닭에 자신의 본거지에서 벼슬을 계속 할 수 있었습니다. 동탁의 책사는 사위이기도 한 이유였습니다. 그는 동탁의 야심을 이루기 위해 그럴듯한 명분을 만들어냅니다.

"천하가 어지럽고 반란과 반역이 끊이질 않는 것은 상시(常侍) 장양 등이 사람이 지켜야 할 도리를 업신여기기 때문이라고 합니다. 신이 듣자 하니 '끓는 물을 식히려면 불부터 빼야 하고, 고름을 짜면 아프지만 속에서 곪는 것보다는 낫다'고 하였습니다. 신이 징과 북을 울리며 낙양으로 들어가는 것은 장양 등을 응징하려고 하는 것이니, 이는 사직은 물론 천하를 위해서도 다행한 일이 될 것입니다."

동탁의 표를 받고 기뻐한 자는 하진뿐이었습니다. 시어사(侍御史) 정태와 중랑장(中郎將) 노식이 모두 동탁의 입경(入京)을 반대했습니다. 동탁은 승냥이와 이리 같은 자이므로 들어오게 하면 반드시 변란이 생긴다고 입을 모았습니다. 하지만 하진은 듣지 않았습니다. 계속해서 같은 말만 반복했습니다.

"그렇게 의심이 많아서야 어찌 큰일을 하겠느냐?"

정태와 노식 등 대신들은 벼슬을 버리고 한탄하며 낙향했습니다.

결국 하진은 눈칫밥과 감언으로 천하를 장악한 장양과 단규 등 십상시들의 선제공격에 어처구니없게 죽고 맙니다. 모종강도 무능한 하진의 죽음을 풍자하는 시 한 편을 넣었습니다.

한 황실도 기울어 천수도 끝나가는데   漢室傾危天數終
지략 없는 하진이 삼공이 되었구나.   無謀河進作三公
충신의 쓴소리 결단코 듣지 않더니만   幾番不聽忠臣諫
궁궐에서 칼 맞아 목숨을 잃었네.   難免宮中受劍鋒

↑ 무능한 대장군 하진

사태가 급박해지자 수도의 치안을 담당했던 원소가 십상시와 그 가속을 처단합니다. 궁궐은 피로 물들고 아수라장이 되었습니다. 이 와중에 소제와 진류왕이 최의의 집으로 피난했습니다. 영제에게는 두 아들이 있었는데, 첫째 변이 소제이고, 둘째 협은 진류왕입니다.

장자상속에 따라 변이 황제가 되었지만, 진류왕 협이 훨씬 영리하고 사리분별이 뛰어났습니다. 진류왕의 영특함은 기병을 이끌고 기세등등하게 도성으로 들어온 동탁을 조목조목 논리로 응대하여 무릎을 꿇게 만들 정도였습니다.

동탁은 군마를 둔치고 형세를 관망하다가, 난리가 나자 곧장 철갑기병을 이끌고 성 안으로 들어와 권력을 장악합니다. 청소는 원소가 하고 자리는 동탁이 차지했으니, 걱정했던 일이 현실이 되어 버렸습니다. 동탁은 권력을 잡자 안하무인(眼下無人)이었습니다. 모든 것은 자기가 맘먹은 대로 처리했습니다. 동탁은 진류왕 협이 영특함을 알고 그를 황제로 옹립하려고 마음먹었습니다. 이는 진류왕의 영특함 때문만은 아니었습니다. 동탁은 자신과 같은 성씨인 동태후(董太后)를 좋아했는데, 동태후가 진류왕을 키웠기 때문이기도 합니다.

동탁이 진류왕을 황제로 옹립하려고 하자, 병주자사(幷州刺史) 정원이 호통을 치며 반대했습니다. 동탁이 즉시 그를 죽이려 했으나, 그의 부장인 여포의 위세가 대단하여 참을 수밖에 없었습니다. 병주자사 정원도 하진이 보낸 밀조를 받고 왔습니다.

그럼 하진은 동탁과 정원에게만 밀조를 보냈을까요? 아닙니다.

리동혁 작가는 『본(本) 삼국지』에서 모종강의 연의뿐만 아니라 나관중의 연의도 함께 번역해 놓았습니다. 나관중의 연의에는 하진이 4명의 장수에게 밀조를 보내는 내용이 있습니다. 바로 동군태수 교모, 하내태수 왕광, 병주자사 정원과 서량자사 동탁입니다. 그런데 낙양에 들어온 것은 동탁과 정원입니다. 교모와 왕광은 하진이 주살된 것을 알고는 오다가 다시 돌아가 버렸습니다.

여포는 잘 아시다시피 천하제일의 비장(飛將)입니다. 연의 전반부를 장식하는 주인공이기도 합니다. 그의 무예가 얼마나 뛰어났는가는 '사람 중엔 여포'라는

사리가 밝은 진류왕의 말에
무릎 꿇은 동탁

말로 잘 알 수 있습니다. 동탁은 이러한 여포를 자신의 부하로 삼고 싶었습니다. 그러자 여포와 고향이 같은 호분중랑장(虎賁中郞將) 이숙이 동탁에게서 적토마(赤兔馬)와 보물을 받아가지고 가서 여포를 회유합니다. 여포에게 정원은 상관이자 양부(養父)입니다. 여포는 주인을 제대로 만날 수 없어서 잠시 양부로 모시고 있었던 것입니다. 이를 안 이숙이 적토마와 보물을 내놓으며 꼬드깁니다.

"뛰어난 새는 나뭇가지도 가려서 앉고, 현명한 신하는 주인을 가려서 섬긴다네."

적토마가 어떤 말인가요? 하루에 천 리를 달리는 명마입니다. '말 중엔 적토마'이지 않습니까? 요즘으로 치면 자동차인데, '롤스로이스'를 준 것입니다.

여포는 단번에 마음이 솔깃해집니다. 이제 동탁에게로 가는 길만 남았습니다. 엄청난 선물을 받았으니 답례품을 가지고 가야겠지요. 여포가 밤중에 책을 읽고 있는 양부에게 다가가 다짜고짜 그의 목을 벱니다. 그리고 외칩니다.

"정원이 어질지 못하여 내가 죽였다. 나를 따르고 싶은 자는 여기에 남고 싶은 자는 떠나라!"

군사들의 반이 각기 살 길을 찾아 떠났습니다. 동탁은 여포를 얻자 너무 기뻤습니다. 즉시 자신의 양자로 삼았습니다. 여포를 얻은 동탁은 더욱 기고만장해졌습니다. 이제 자신의 말에 토를 다는 놈들은 다 목을 베겠다고 서슬 푸른 으름장을 놓았습니다. 그리고 진류왕을 황제로 옹립하는 수순을 밟습니다. 모두가 숨죽이고 있는 이때, 원소가 '그 짓이 곧 반역'이라고 반대합니다. 동탁이 칼을 뽑고 죽일 듯한 기세로 노려보자 원소도 칼을 뽑아들고 일갈합니다.

"네 검이 날카롭다면 내 검은 무딘 줄 아느냐?"

이쯤 읽노라면 연의가 점점 재미있어집니다. 이숙이 여포를 꼬드기는 말이나 여포가 정원을 죽이고 하는 말들이 참으로 가당치도 않은 까닭입니다. 모두가 자신들의 언행과는 정반대의 경지에 이른 자들이 마치 옳은 말과 행동인 양 행세하고 있으니 말입니다. 하지만 이는 역설적으로 자신들의 정체를 알려주는 꼴입니다. 게다가 동탁은 '죽어 없어진' 양부를 대신하여 여포의 양부를 자처했습니다. 동탁도 정원처럼 '죽어 없어질' 길을 걸어가고 있으니 세 사람 모두 눈이 멀어도 한참 멀었습니다.

양아버지인 정원의
목을 베는 여포

천하가 나를 배반하게 두지 않겠다

원소는 동탁과 일촉즉발의 난리를 벌인 후, 절(節)을 내던지고 자신의 본거지인 기주로 갔습니다. 화가 안 풀린 동탁은 원소의 숙부인 원외에게 진류왕 협을 황제로 세우는 것에 대해 협박하듯 묻습니다. 원외는 동탁의 의견에 무조건 따릅니다. 동탁은 뭇 신하들을 향해 더욱 큰소리로 외칩니다.

"감히 국가 중대사를 가로막는 자가 있다면 군법에 따라 처리할 것이다."

아무리 망해가는 왕조이지만 아직 법도는 있을 터인데 동탁은 '군법(軍法)'을 내세웁니다. 예나 지금이나 쿠데타로 권력을 장악하는 자들에게는 군법보다 편리한 법령은 없습니다. 자신의 말이 곧 법이니까요.

동탁은 즉각 황제 교체를 단행합니다. 문무백관을 한자리에 모아놓고 칼을 휘두르며 9세인 진류왕을 황제로 세웁니다. 이 황제가 후한(後漢)의 마지막 황제인 헌제(獻帝)입니다. 동탁은 스스로 상국(相國)이 되어 권력을 장악합니다.

모든 신하는 황제를 알현할 때 세 가지 법도를 따라야 했습니다. 하지만 동탁은 이러한 법도를 지키지 않아도 되었습니다. 바로 찬배불명(贊拜不名; 황제를 뵐 때 이름을 부르지 않는다), 입조불추(入朝不趨; 조정에 들어가서도 빨리 걷지 않는다), 검리상전(劍履上展; 검을 차고 신을 신은 채로 어전에 오른다)입니다. 동탁이 실질적인 황제인 것입니다.

소제는 6개월간 황제자리에 앉았다가 홍농왕(弘農王)으로 강등되어 하태후, 그리고 당비와 함께 영안궁(永安宮)에 갇힙니다. 슬픈 나날을 보내던 홍농왕은 제비 한 쌍을 보고 자신의 처지를 담은 시 한 수를 지었습니다.

새싹은 안개 속 파릇파릇하고	嫩草綠凝烟
제비는 짝지어 하늘하늘 날아가네.	裊裊雙飛燕
한 줄기 낙수 푸르게 흘러가니	洛水一條青
두렁 위의 나는 네가 부럽구나.	陌上人稱羨
바라보매 푸른 구름 자욱한 곳은	遠望碧雲深
본래 내 머물렀던 궁궐이건만	是吾舊宮殿
어느 누가 충의로 호위하여	何人仗忠義
내 마음속 한을 풀어 줄거나.	泄我心中怨

이 시는 즉각 동탁에게 전해졌습니다. 동탁은 "원망하는 시를 지었으니 죽일 명분이 생겼다"며 회심의 미소를 지었습니다. 하태후는 동생 하진이 무모하여 역적 놈들을 끌어들인 것을 통탄하며 죽었고, 홍농왕과 당비는 작별의 시를 한 수씩 주고받은 후 살해되었습니다. 당비의 애절한 이별가를 살펴보겠습니다.

하늘이 무너짐이여, 땅 또한 꺼지려 하네. 皇天將崩兮后土頹
몸은 황제의 비가 됨이여, 목숨이 일찍 꺾일 뿐이네. 身爲帝姬兮命不隨
삶과 죽음의 길이 다름이여, 이렇게 어그러지려 하니 生死異路兮從此畢
어찌 홀로 외롭게 됨이여, 마음 가득 슬픔뿐이어라. 奈何煢速兮心中悲

이제 동탁은 거칠 것이 없었습니다. 황궁에 들어가 궁녀들을 간음하고 용상(龍床)에서 잤습니다. 이뿐만이 아닙니다. 봄이 다가와 토지신께 풍년과 전염병 예방을 비는 마을을 급습하여 장정들의 목을 베고 여자와 재물을 수레에 싣고 와서는 오히려 도적을 죽였다며 큰소리쳤으며, 여자와 재물은 장졸들에게 나눠주었습니다. 그야말로 천지가 분노할 행동을 거리낌 없이 자행했습니다.

동탁의 공포정치가 극에 이르자 월기교위(越騎校尉) 오부가 동탁을 죽이려다가 실패했습니다. 이후로 동탁은 더욱 호위를 강화하고 감시하게 합니다. 사도(司徒) 왕윤이 생일을 빙자하여 옛 신하들을 모아놓고 한탄하자, 효기교위(驍騎校尉) 조조가 동탁을 주살하겠다고 나섭니다. 이에 왕윤은 조조에게 칠보단도(七寶短刀)를 주며 성공을 기원합니다.

조조가 동탁을 만나서 죽이려다가, 거울을 보고 있던 동탁에게 들켜 실패합니다. 임기응변으로 동탁에게 칠보단도를 바친 조조는 여포가 가져온 말을 타고 줄행랑을 칩니다. 동탁은 즉각 수배령을 내리고 조조를 잡는 자에게는 황금 천 냥과 만호후(萬戶侯)에 봉하겠다고 했습니다.

밤낮으로 도망치던 조조는 중모현(中牟縣)에 이르러 진궁에게 붙잡혔습니다. 진궁이 조조의 죄를 캐묻자 조조는 "제비와 참새가 어찌 고니의 큰 뜻을

▲ 낙양을 장악한 동탁

알겠느냐?(燕雀安知鴻鵠志哉)"라며 일갈합니다. 현령인 진궁도 뜻이 있는 사람이었습니다. 조조의 비범함을 간파한 진궁은 오히려 자신의 관직을 버리고 조조와 함께 도망칩니다.

조조는 사흘을 달려 성고(成皋)에 이르자 부친과 의형제를 맺은 여백사를 찾아갔습니다. 여백사는 반갑게 맞이하고 식솔들에게는 돼지를 잡으라고 하고 자신은 술을 받으러 갑니다. 그런데 의심 많기로 으뜸인 조조가 '묶어 놓고 죽이는 것이 좋겠다'는 식솔들의 말을 듣고는 진궁과 함께 8명을 몰살합니다. 하지만 곧 일이 잘못되었음을 알고는 급히 집을 나서는데 마침 여백사가 술과 안주거리를 들고 왔습니다. 조조가 아무것도 모르는 여백사마저도 죽이자 진궁이 놀란 채 질책합니다. 이에 조조가 이렇게 말합니다.

"차라리 내가 천하의 사람들을 배반할지언정 천하의 사람들이 나를 배반하게 두지는 않겠소."

진궁은 조조의 황당한 말에 말문이 막혔습니다. 그는 밤이 깊어 객점에서 잠자리에 들자 조조의 행동을 곰곰이 생각했습니다. 그러고는 '이리 같은 심보를 가진 놈'을 믿고 따라온 자신이 후회스러웠습니다.

모종강은 촉한정통론에 근거한 나관중의 『삼국연의』를 재편집하면서 '조조 악인론'을 강화시켰습니다. 그러한 모종강이 조조가 여백사 일가족을 살해한 것에 대해 어떻게 평했을까요? 조조가 여백사 일가족을 죽이고 한 말에 대해 모종강은 다음과 같이 평했습니다.

↑ 조조를 놓아준 진궁

'누구나 이 대목을 읽다가 조조를 욕하거나 꾸짖으며 죽이고 싶을 것이다. 하지만 조조의 이러한 솔직한 성격이 보통 사람과는 다른 점임을 알아야 한다. 내가 묻겠다. 누가 이런 마음을 갖지 않았다고 할 수 있고 또 어느 누가 당당히 나서서 이런 말을 할 수 있겠는가? 도의(道義)를 강조하는 자들은 조조의 말을 바꾸어 '차라리 남이 나를 배반하게 할지언정 내가 남을 배반하지는 않을 것'이라고 한다. 하지만 그렇게 말하는 자들이 하는 짓을 보면 말과는 정반대다. 오히려 자신들도 속이며 조조의 말대로 하고 있다.

조조의 생각과 말이 모두 소인배의 짓이라면 이들은 말로는 옳으나 생각은 그른 사람들이다. 때문에 조조의 발뒤꿈치도 따를 수 없는 자들이다. 그래서 조조의 솔직함이 오히려 떠벌리는 사람들보다 낫다고 생각된다.'

이 세상은 말과 행동이 다른 사람들로 넘쳐납니다. 공자는 인물을 평가함에 있어 군자(君子), 광자(狂者), 견자(狷者), 향원(鄕愿)으로 나누었습니다. 그리고 '향원'만은 상대하고 싶지 않다고 했습니다. 맹자는 공자의 말에 덧붙여 설명하기를, "말은 행동을 돌아보지 않고, 행동은 말을 돌아보지 않으면서도 향원은 입만 열면 옛 성인을 운운한다."라고 비판했습니다. 말은 언제나 번지르르하게 하고 행동은 전혀 다르게 하는 위선자인 것입니다. 모종강도 말과 행동이 다른 위선자들을 극도로 혐오했기 때문에 간교한 조조에 빗대어 '더 나쁜 사람들'이라고 표현하고 있습니다.

曹操殺死呂伯

乙酉年初春紫雄畫

← 여백사를 죽이는 조조

삼형제가 호뢰관에서
여포를 혼내주다

조조에게 실망한 진궁은 조조를 버리고 가족이 있는 동군(東郡)으로 갔습니다. 조조도 진류(陳留)로 돌아와 의병을 모집합니다. 이때 효렴(孝廉) 위홍이 재산을 털어 조조의 의병 모집을 지원해 줍니다. 하후돈, 하후연, 조인, 조홍 등 조조의 사촌형제들도 장병들을 이끌고 참가함으로써 조조의 군세는 크게 확장되었습니다.

군사 조직을 완비한 조조는 동탁을 토벌하자는 격문을 띄웠습니다. 이에 17명의 제후들이 응답합니다. 북평태수(北平太守)인 공손찬도 그중 한 명이었습니다. 평원현령(平原縣令)인 유비도 관우와 장비를 데리고 공손찬의 군대에 함께 참가합니다.

18제후가 모두 모여 영채를 세우자 그 길이만도 3백여 리나 되었습니다. 18제후는 4대에 걸쳐 삼공(三公)을 지낸 명문가의 후손인 원소를 맹주로 옹립합니다.

연합군의 맹주가
된 원소

袁紹黌壇儀

盟主乙酉春蘂雄畫

원소는 제후들을 거느리고 맹약서를 낭독했습니다.

　'한나라가 불행하여 황실의 기강이 흐트러지자 역적 동탁이 권력을 잡고 멋대로 놀아나므로, 화가 지존에 미치고 독은 백성들에게까지 넘치고 있습니다. 원소 등은 사직이 무너질 것을 걱정하여 의병을 모아 함께 이 난국을 극복하고자 합니다. 이에 함께 맹세하오며 이를 어기는 자가 있으면 목숨을 잃는 것은 물론이고, 가족도 씨가 마를 것이니 황천과 후토, 조상의 영명한 넋들이시여, 낱낱이 굽어 살피옵소서.'

　맹약서를 다 읽은 원소는 제물의 피를 마셨습니다. 다른 제후들도 돌아가며 마셨습니다. 모두가 맹약을 따르겠다는 의미였습니다. 이러한 행위를 '삽혈맹서(歃血盟誓)'라고 합니다. 유비가 관우, 장비와 의형제를 맺을 때도 삽혈맹서를 했습니다. 협객(俠客)은 중국 역사에서 빼놓을 수 없는 부분입니다. 삽혈맹서는 이들만의 특수한 신고식입니다. 이를 통해 죽음까지도 함께 하며 절대 배반하지 않겠다고 선언하는 것입니다. 하지만 결과적으로 18제후의 삽혈맹서는 깨지고 맙니다. 저마다 생각하는 것이 다른 까닭이었습니다.

↑ 동탁의 맹장 화웅

연합군에서 장사태수(長沙太守) 손견이 선봉으로 나서자, 동탁은 효기교위(驍騎校尉) 화웅으로 하여금 사수관(汜水關)에서 맞서게 합니다. 그 사이 제북상(濟北相) 포신이 먼저 공을 차지하려고 싸움을 걸었습니다. 하지만 화웅에게 패했습니다. 손견은 화웅과 일전을 벌이며 승기를 잡는 듯했습니다. 그러나 군량 조달을 맡고 있는 원술은 손견을 경계하며 군량을 보내지 않았습니다. 군사들이 배불리 먹고 싸워도 승리를 장담하기 어려운데 쫄쫄 굶고서야 어찌 싸울 힘이 나겠습니까. 화웅이 한밤중에 들이닥치자 손견은 여지없이 무너지고 말았습니다. 손견은 목숨이 위태로워지자 자신이 쓰고 있던 붉은 수건을 부하 조무의 투구와 바꿔 쓰고 도망쳐야만 했습니다. 결국 조무가 손견을 대신하여 희생되었습니다.

연합군의 제후들은 화웅의 기세에 눌려 누구 하나 나서는 자가 없었습니다. 화웅이 연합군의 영채 앞까지 와서 싸움을 걸자, 남양태수(南陽太守) 원술의 부장인 유섭과 기주목(冀州牧) 한복의 부장인 반봉이 나섰습니다. 하지만 이들 모두 화웅의 칼에 목이 잘렸습니다.

누구도 나서기를 꺼려할 때, 9척 장신에 두 자나 되는 수염을 휘날리며 우렁찬 목소리로 관우가 나섭니다.

"소장이 나가서 화웅의 머리를 잘라 휘하에 바치겠소."

원술은 관우의 직책이 마궁수임을 알고는 주제넘게 허튼 소리를 지껄인다고 호통을 쳤습니다. 조조가 원술을 타이르고 관우에게 뜨거운 술 한 잔을 따라주며 응원했습니다. 그러자 관우가 멋진 말을 한 마디 합니다.

"술잔을 잠시 맡아주소서. 제가 금방 돌아오겠습니다."

관우는 말을 타고 달려가 간단하게 화웅의 목을 베어 휘하에 바쳤습니다. 모두가 깜짝 놀라 말문이 막혔을 때 관우는 조조가 준 술을 마셨습니다.

"술이 아직도 따뜻하니 좋구료."

후세 사람들이 관우를 칭찬하는 시를 지었습니다.

▲ 호뢰관에서 여포를 공격하는 유비·관우·장비

劉關張合戰呂布 乙酉春

蕪雄畫

천지를 떨게 하는 첫 공 세우려고	威鎭乾坤第一功
군문에선 북소리 둥둥 울렸네.	轅門畫鼓聲鼕鼕
관우가 술잔 맡기고 용맹 펼치니	雲長停盞施英勇
술은 아직 따뜻한데 화웅 목 떨어졌네.	酒尙溫時斬華雄

관우가 술이 채 식기도 전에 화웅을 베었음에도 원술은 난리만 쳤습니다. 동탁을 무찌르러 모인 자들이 공은 세우지도 못한 채, 오히려 공을 세운 자를 헐뜯고 있으니 앞으로의 일은 보나마나 뻔한 것이겠지요. 조조만이 몰래 술과 고기를 보내서 삼형제를 위로했습니다.

화가 난 동탁은 맹주 원소의 삼촌인 원외 일가족을 몰살하고 여포를 앞세워 호뢰관(虎牢關)에 진을 쳤습니다. '사람 중의 여포'라. 제후들이 여포와 전투를 벌였지만 싸우는 족족 패했습니다. 공손찬이 여포와 맞붙었습니다. 공손찬이 위태롭게 되자, 호랑이 수염에 고리눈을 부릅뜬 장비가 '세 성바지 종놈아 도망갈 생각 말라'면서 여포에게 달려들었습니다. '세 성바지 종놈'이란 여포의 친아버지와 양부인 정원과 동탁을 가르키는 것이니, 그때그때 이해타산(利害打算)에 따라 배신하는 천한 놈이라는 욕입니다.

장비와 여포가 50여 합을 싸웠지만 승부가 나지 않자 관우가 합세했습니다. 다시 30여 합을 싸웠습니다. 그래도 여포는 끄떡없었습니다. 유비가 쌍고검을 들고 여포에게 달려들었습니다. 3대1. 불꽃 튀는 싸움은 한동안 계속되었습니다. 아무리 뛰어난 여포도 세 사람을 한꺼번에 상대하기는 벅찼습니다. 여포는 말을 돌려 퇴각했습니다. 연합군에서는 또 한 번의 환호성이 영채를 가득 채웠습니다.
모종강은 동탁이 조정을 어지럽히지 않았으면 제후들도 일어나지 않았고, 제후들이 거병하지 않았으면 삼국도 성립되지 않았다고 평했습니다. 즉 동탁으로 인해 천하가 혼란해지고 결국 삼국이 정립되었다고 했습니다.

중국 샤먼[夏門]대학교 이중톈[易中天] 교수는 CCTV의 〈백가강단〉에서 '삼국지 품평(品三國志)'으로 대중적 인기를 한 몸에 받은 역사학자입니다. 그는 자신이 지은 중국통사 『삼국기(三國紀)』에서 천하삼분의 시작을 원소가 열었다고 했습니다. 십상시를 주살하기 위한 의견을 낸 자가 원소였기 때문입니다. 그는 동탁을 불러들여 차도살인(借刀殺人)을 하고 정권을 장악하려고 했지만, 오히려 호시탐탐 기회를 노리던 동탁에게 칼자루를 쥐어준 꼴이 되었습니다. 이중톈은 환관 몰살에만 정신이 팔렸던 원소의 잘못이 돌이킬 수 없는 화를 자초하였다고 했습니다. 여러분의 생각은 어떠합니까?

원소가 군벌을 불러들이자는 의견을 냈을 때 반대한 사람들도 있었습니다. 진림과 조조입니다. 이들의 의견을 듣고 최종적으로 결정해야 하는 사람이 하태후와 대장군 하진이었습니다. 백정에서 일약 태후와 대장군이 된 이들은 지도자의 위치에만 있을 뿐, 정책을 심사숙고하여 결정을 내리는 판단력은 없었습니다. 이들의 단순무식한 판단과 결정이 후한의 멸망을 재촉하고 삼국시대를 앞당긴 것은 아닐까요?

↑ 여포와 싸운 공손찬

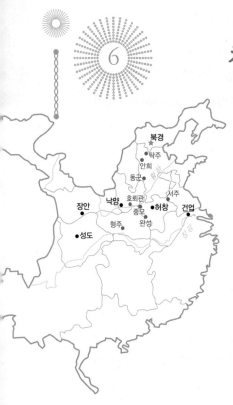

천하에 조공이 없어서는 안 됩니다

손견은 원술이 군량을 보내지 않아 패한 것에 대하여 원술에게 정색을 하고 따졌습니다. 이에 당황한 원술은 참소한 자를 목 베라고 명령하고 손견에게 사과했습니다. 동탁은 연합군 선봉에 선 손견을 회유하기 위하여 부하장수 이각을 보내 사돈을 맺자고 제안합니다. 하지만 손견은 '황실을 빼앗은 무도한 놈의 구족(九族)을 멸하고자 하거늘 어찌 역적과 사돈을 맺겠느냐?'라며 격분했습니다.

동탁이 화를 내며 대책을 묻자 참모인 이유가 장안(長安)으로 천도를 제안합니다. 그 근거는 동요였습니다. 동요의 내용은 이렇습니다.

서쪽에도 하나의 한나라,	西頭一個漢
동쪽에도 하나의 한나라.	東頭一個漢

사슴이 장안으로 들어가야만   鹿走入長安
사방서 이런 난리 없어진다네.   方可無斯難

즉 동요의 내용을 빌미삼아 천운이 끝난 낙양을 버리고 다시 원점으로 돌아가서 장안으로 천도하면 좋다는 것이었습니다. 동탁은 크게 기뻐했습니다. 장안은 자신의 근거지인 양주(涼州)와 가까워 훨씬 안전하다고 생각했기 때문입니다. 이에 즉시 장안으로 천도할 것을 명령합니다.

그러자 사도(司徒) 양표가 불가함을 아룁니다. 동탁이 수긍할 리 없지요. "네가 국가대계를 막으려 하느냐"고 일축합니다. 태위(太尉) 황완도 나서서 말렸습니다. 동탁이 노해서 "다시 여러 말 말라"고 못 박습니다. 사도 순상도 수도를 옮기면 백성들이 불안해할 것이라며 천도의 불가함을 충고했습니다. 동탁이 서슬 퍼런 목소리로 "어찌 하찮은 백성들을 천도하는 데 아끼겠느냐?"라고 외칩니다.

순상도 지지 않고 다시 말했습니다.

"백성은 나라의 뿌리입니다. 뿌리가 튼튼해야 나라도 안정되는 법입니다. 수도를 옮겨 백성들이 평안하지 않으면 천하는 다시 위태로워집니다."

순상의 이 말은 나관중본에 나옵니다. 모종강본에는 빠져 있습니다. 동탁에게 천도의 불가함을 건의한 세 사람은 그날로 파면되어 서민으로 강등되었습니다. 장안으로의 천도는 지체 없이 시행되었습니다. 동탁은 낙양의 부자들을 '반신역당(反臣逆黨)'으로 몰아 재산을 빼앗고 모조리 참수했습니다. 백성들도 굴비 엮

▲ 우물에서 옥새를 얻은 손견

듯이 끌고 갔습니다. 또한 황제와 황후 등을 가리지 않고 묘란 묘는 모조리 파헤쳐 각종 보물을 훔쳤습니다. 그것도 모자라 궁궐에 불을 질러 낙양이 온통 불바다가 되었습니다. 무엇이 남았을까요? 울부짖는 소리만이 천지를 진동했습니다.

낙양에 제일 먼저 들어온 제후는 손견이었습니다. 손견은 불바다가 된 궁궐의 불을 끄고 낙양을 정비했습니다. 다른 제후들은 영채에서 할 일 없이 시간만 보냈습니다. 조조가 원소를 재촉해 동탁을 뒤쫓자고 했지만 피로함을 핑계로 나아가지 않았습니다. 화가 난 조조가 일갈했습니다.

"저런 바보 천치들과 무슨 일을 꾸밀 수가 있겠느냐!"

조조는 군사를 이끌고 동탁을 추격했습니다. 하지만 동탁도 추격이 있을 것을 대비했습니다. 결과는 조조군이 대패했습니다. 조조는 화살까지 맞고 말도 잃은 채 사로잡혔습니다. 이때 조홍이 구해줍니다. 조홍은 추격병이 오자 조조에게 자신의 말을 내어주었습니다. 조조가 걱정을 하자 조홍이 천고에 길이 남을 멋진 말을 합니다.

↑ 난세의 간웅 조조

"천하에 이 홍은 없어도 되지만 공은 없으면 아니 됩니다.(天下可無洪不可無公)"

조조는 조홍 덕분에 가까스로 위기를 모면하고 퇴각할 수 있었습니다.

한편 손견은 낙양성의 우물에서 옥새(玉璽)를 얻게 됩니다. 예부터 옥새는 하늘이 주는 보물로 인식되었습니다. 즉 황제가 된다는 의미를 담고 있었습니다. 손견은 옥새를 손에 쥐자 마음이 바뀌었습니다. 병을 핑계로 강동으로 돌아가서 후일을 도모하려고 했습니다. 하지만 비밀은 없는 법. 원소가 이 사실을 알았습니다.

결국 두 사람은 옥새를 두고 '내놓아라!'와 '모르는 일이다.'로 설전을 벌이다가 칼까지 뽑아들었습니다. 여러 제후들이 말려서 싸움은 일어나지 않았지만 손견은 그 즉시 낙양을 떴습니다. 분이 풀리지 않은 원소는 형주자사(荊州刺史) 유표에게 편지를 보내 손견의 길목을 막고 옥새를 뺏으라고 했습니다.

동탁에게 패한 채 연합군의 영채로 온 조조는 제후들의 한심한 작태를 보고는 어이가 없었습니다. 역적토벌이란 본 뜻은 사라지고 각자 사리사욕에 눈이 어두워 딴 마음만 품고 시간과 음식만 축낼 뿐이었습니다. 조조는 거사가 성공하기 틀렸다고 판단하고 군사를 이끌고 돌아갔습니다. 공손찬도 유비 형제와 함께 돌아갔습니다.

그 사이 연주자사(兗州刺史) 유대는 동군태수(東郡太守) 교모에게 군량을 빌려달라고 했다가 거절당하자 군사를 이끌고 쳐들어가서 교모를 죽였습니다. 동탁과 싸워도 모자랄 판에 자중지란까지 겹친 것입니다.

위안텅페이[袁騰飛]는 중국 CCTV의 〈백가강단〉을 통해서 차세대 젊은이들에게 가장 사랑받는 역사 멘토로 선정된 인물입니다. 그는 『한말삼국(漢末三國)』이라는 저서에서 중국인의 결점을 다음과 같이 지적했습니다.

'환난을 극복할 때는 함께하지만 부귀는 나눌 수 없다는 것이다. 아직 부귀해질 때가 된 것도 아니고 제후들이 연맹을 맺은 것도 엊그제일 뿐이다. 더군다나 동탁이 무슨 조치를 취한 것도 아닌 상황에서 스스로 섶을 지고 불구덩이로 뛰어드는 꼴이니 참으로 한심하지 않을 수 없다.'

유방이 한나라를 건국할 때나 한나라가 동탁으로 인해 망해갈 때나 어찌 이리 똑같은가요. 위안텅페이 말처럼 중국인의 가장 큰 결점이기 때문인가요. 동탁토벌의 기치를 걸고 삽혈맹세까지 하면서 의기양양하게 일어섰던 연합군은 동탁

曹洪奮勇
救曹操乙

豪春
雄畫

⬇ 조조를 위기에서 구해내는 조홍

군과 제대로 싸워보지도 않고 내부적으로 다툼만 벌였습니다. 모두가 꿍꿍이속이 있기 때문입니다. 동탁은 연합군의 이러한 행태를 보고 무슨 생각을 했을까요? 아마 그조차도 '참으로 한심한 놈들!'이라고 했을 것입니다.

모종강은 조홍이 조조를 구하는 모습에서 평하기를, '천 명의 군사를 얻기는 쉽지만 한 명의 장수는 얻기 어렵고, 여러 명의 장수를 얻기는 쉽지만 한 명의 주군(主君)을 얻기는 더욱 어렵다'고 했습니다. 한 사람의 훌륭한 주군을 모시는 것은 참모의 큰 영광입니다. 훌륭한 참모들의 도움을 받는 것은 주군의 커다란 복입니다. 이들의 관계가 진정한 수어지교(水魚之交)가 될 때 국가도 부강하고 백성도 고복격양(鼓腹擊壤)할 수 있습니다. 하지만 세상은 '없어서는 안 될(不可無)' 사람은 드물고, '없어도 되는(可無)' 사람은 널려 있습니다. 그래서 세상은 언제나 번잡하고 시끄러운 것인가 봅니다.

원소가 공손찬을 이용해 기주를 차지하다

손견은 옥새를 가지고 강동으로 돌아가다가 형주의 유표가 길목을 막자 군사 태반을 잃고 가까스로 강동으로 갔습니다. 이후로 손견과 유표는 원수지간이 되었습니다. 원소는 군량과 말먹이가 부족했는데, 이를 안 기주목(冀州牧) 한복이 보내주었습니다. 원소의 모사인 봉기가 주군에게 제안을 했습니다.

"대장부가 되어서 천하를 움켜쥐어야지, 남이 주는 것만 먹어서야 되겠습니까?"

원소는 봉기의 계책대로 공손찬에게 밀서를 보내 기주를 공격하도록 했습니다. 기주를 반으로 나누어 갖자는 달콤한 내용이었습니다. 공손찬은 이내 속아 넘어갔습니다. 원소는 한복에게도 공손찬이 쳐들어온다는 밀서를 보냈습니다.

밀서를 받은 한복은 모사 순심과 신평을 불러 상의를 했습니다. 결론은 공손찬을 막아내기 어려우니 원소에게 의탁하자는 것이었습니다. 장사(長史) 경무가 '호랑이를 양떼 속으로 끌어들이는 일'이라며 반대했지만 소용없었습니다. 한복은 원소에게 기주를 내어주었지만 원소는 한복의 생각과는 다르게 실권을 주지 않았습니다. 뒤늦게 후회한들 무슨 소용이 있겠습니까. 그제야 깨달은 한복은 자신의 목숨 하나 살리려고 가족들도 팽개치고 진류태수(陳留太守) 장막에게로 달려갔습니다.

공손찬은 싸우기도 전에 원소가 기주를 차지했다는 소식을 듣고 아우인 공손월을 보내서 약속을 지키라고 했습니다. 기주 땅을 내어줄 리 만무할 원소가 형을 데리고 오라고 둘러댑니다.

유명작가들은 이 부분을 어떻게 번역했을까요? 한번 살펴보겠습니다.

*양주동, "좋습니다. 그러나 나라를 양분하는 것은 중대한 문제이니 공손찬 자신이 오도록 하시오. 반드시 약속을 이행하리다."

*최영해, "백씨께서 몸소 오셨으면 좋겠네. 달리 상의할 일도 또 있고 하니……."

*이병주, "지당한 말씀이오. 나라를 쪼개는 일은 중대 문제이므로 공손찬 자신이 오면 좋겠소. 반드시 약속을 이행하겠소."

*박종화, "약속은 자네 백씨하고 한 일이니 백씨보고 오시라고 하게. 그러면 서로 의논해서 처리하겠네."

*황석영, "만나서 서로 긴하게 나눌 말도 있고 한데, 자네 형님더러 직접 오라고 하게."

*정소문, "너의 형더러 오라고 해라. 내 상의할 일이 있다."

*리동혁, "자네 형을 모시고 오게. 내 상의할 일이 있네."

하나의 문장이 이토록 다양하게 번역되었습니다. 독자들께서는 어느 문장이 가장 멋스러운가요? 아 참! 한 명이 빠졌습니다. 고우영 화백의 만화 『삼국지』도 빼놓을 수 없지요. 그는 이렇게 표현했습니다.

공손찬을 구하는
소년장수 조운

"형이 그렇게 이야기하던가? 직접 와서 의논하자고 그래라. 약속은 자네가 아니고 자네 형과 했었다네."

원소는 돌아가던 공손월마저 동탁의 짓처럼 꾸며서 죽였습니다. 공손찬은 원수를 갚기 위해 기주로 쳐들어갔습니다. 양쪽 군사는 반하(磐河)에서 마주쳤습니다. 공손찬이 원소에게 '배신자 놈이 나를 팔아먹었다'고 욕했습니다. 원소도 '한복이 무능해서 내게 주었는데 무슨 상관이냐'며 삿대질을 했습니다. 이에 격분한 공손찬이 원소의 본심을 찔렀습니다.

"옛날에는 네 놈이 충의로운 놈인 줄 알고 맹주로 떠받들었는데 이제 보니 하는 짓거리가 참으로 이리 심보를 가진 개 같은 놈이구나. 이제껏 그런 낯짝을 가지고 세상을 살아 왔단 말이냐?"

원소는 자신의 본심이 읽히자 할 말을 잃었습니다. 정곡을 찔리면 어떡하나요? 더 무섭게 대들기 마련이지요. 원소는 곧바로 공격을 명령합니다. 이에 수하의 맹장 문추가 달려 나갔습니다. 공손찬은 10여 합을 겨루고 힘에 부치자 달아났습니다. 문추는 기세를 몰아 공손찬을 공격했습니다. 공손찬은 크게 패하고 목숨까지 위태로워집니다.

이때 구세주로 나타난 자가 소년장수 조운이었습니다. 조운은 8척이나 되는 키에 짙은 눈썹과 커다란 눈, 그리고 넓은 얼굴에 두 턱이 있는 위풍당당한 청년이었습니다. 문추와 조운은 50~60여 합을 싸웠지만 승부가 나지 않았습니다.

공손찬은 전열(戰列)을 재정비하고 달포를 싸웠지만 승패가 나지 않았습니다. 동탁이 조서를 보내 싸움을 멈추게 했습니다. 조운은 공손찬에게 의지하려고 했으나 그의 됨됨이보다는 그와 함께 싸운 유비를 보고는 마음이 바뀌었습니다. 유비와 조운은 훗날을 기약하며 눈물의 작별을 했습니다.

원술은 사촌형 원소가 기주를 얻자 군마 1,000필을 요청했습니다. 그러나 원소는 이를 거절했습니다. 형주의 유표에게는 양곡 20만 석만 빌려달라고 했습니다. 유표 역시 거절했습니다. 분통한 원술은 손견에게 은밀히 유표를 공격하게 했습니다. 자신은 원소를 치겠다고 설레발을 쳤습니다.

손견은 옥새사건으로 유표와 원수가 된 터라 원술의 꼬드김에 홀딱 넘어갔습니다. 부하장수인 정보가 원술의 속임수라고 말했지만 듣지 않았습니다. 유표도 손견의 움직임을 파악하고 만반의 준비를 했습니다. 처음은 손견이 기세 좋게 이겼습니다. 이에 손견은 자신감이 넘쳤습니다. 금세 원수를 무찌를 것처럼 여겼습니다. 하지만 그뿐이었습니다. 유표의 참모인 괴량의 계책에 말려 단기(單騎)로 앞서 쫓아나가던 손견은 매복한 군사들에게 돌과 화살을 맞아 즉사했습니다. 그의 나이 겨우 37세였습니다. 손견은 혈기만 믿고 앞뒤 생각 없이 돌진하다가 자신의 목숨만 잃은 것입니다.

손견의 큰아들인 손책은 부친이 전사한 것을 알고는 통곡했습니다. 하지만 시신조차 거둘 수가 없었습니다. 유표가 형주성으로 가져갔기 때문입니다. 부친의 시신도 없이 돌아가서 장례를 치른다는 것은 있을 수 없는 일입니다. 황개가 유표의 부하장수인 황조를 사로잡았는데, 부친의 시신과 교환하고 강화를 맺는 계책을 올렸습니다. 손책은 지체 없이 유표에게 사신을 보냈습니다. 유표도 더 이상 싸우고 싶지 않았습니다. 손견의 시신을 관에 넣어 보내고 황조를 되찾기로 했습니다.

잠시 한복이 기주를 원소에게 내줄 때의 이야기로 돌아가겠습니다. 그가 자신의 결정에 반대하는 부하들에게 이렇게 말했습니다.

"옛날부터 '어진 사람을 가려서 자리를 양보한다(擇賢者而讓之)'고 했거늘, 그대들은 어찌 시샘만 하려 드느냐?"

한복은 원소가 어질다고 생각했으니 그의 식견도 '우물 안 개구리'입니다.

孫堅
輕敵中
埋伏
乙酉春
葉雄畵

◀ 매복군의 돌과 화살에
허무하게 죽는 손견

한복은 천성이 겁쟁이며 성격도 용렬했습니다. 난세의 영토는 뺏고 지켜내는 것인데 내 손으로 선뜻 넘겨주는 것은 결국 제 한 몸 영달만 쫓는 자에 불과할 뿐입니다. 이런 자가 어찌 난세에 풍요로운 기주를 지킬 수 있겠습니까. 결국 제 한 몸도 못 챙겨 지레 겁먹고 뒷간에서 목매달고 죽은, 등신 중에도 상등신인 것을요.

초선의 추파에
삼혼칠백(三魂七魄)이
녹아내리다

유표가 손견의 시신과 황조를 교환하려고 하자 모사인 괴량이 반대했습니다. '강동의 호랑이' 손견은 죽고 그 아들들은 모두 어리니 이참에 번개처럼 쳐들어가면 강동을 얻을 수 있다는 논리였습니다. 하지만 유표는 황조를 잃을 수 없다며 괴량의 의견을 받아들이지 않았습니다. 동탁도 손견이 죽었다는 말에 안도감을 내쉬었습니다. 장남인 손책이 겨우 17세라는 것을 알고는 아예 마음에 담지도 않았습니다.

동탁의 오만방자함은 날마다 더해 갔습니다. 자신은 상부(尙父)가 되어 천자와 똑같이 의장을 갖췄습니다. 아우와 조카는 물론 같은 일족은 노소를 막론하고 모두 열후에 봉했습니다. 장안에서 북쪽으로 250리 떨어진 곳에 별장인 미오성(郿塢城)을 건설했습니다. 그 크기가 장안성과 똑같았습니다. 동탁은 이곳에 20년

동안 먹을 양곡을 보관하고, 산해진미와 금은보화를 산처럼 쌓아두었습니다. 동탁은 이곳에 거처하며 보름이나 한 달에 한 번 꼴로 장안성을 다녀왔습니다.

동탁의 폭정은 끝이 없었습니다. 항복한 군졸 수백 명을 그 자리에서 팔다리를 자르고 눈알을 파내고 혀를 빼내고 가마솥에 삶아 죽였습니다. 비명과 통곡 소리가 장안을 진동했습니다만 동탁은 낄낄대며 즐겼습니다. 백관을 모아 술잔치를 하던 중에 사공(司空) 장온을 끌어내 목을 베고는 '원술과 결탁해서 나를 죽이려고 했다'며 공포정치를 더욱 강화했습니다.

사도(司徒) 왕윤이 집으로 돌아와 잠 못 들고 근심하다가 후원을 배회하고 있었습니다. 이때 딸처럼 키워온 가기(歌妓) 초선이 한숨 쉬는 것을 보고는 그 이유를 물었습니다. 초선은 왕윤의 고민을 익히 짐작하고 있었습니다.

"제가 할 일이 있으면 말씀해주소서. 만 번 죽는다 할지라도 사양하지 않겠습니다."

왕윤은 초선에게 큰 절을 올리고 막중한 임무를 지시합니다. 즉 초선으로 하여금 연환계(連環計)를 써서 동탁과 여포를 갈라놓은 후, 여포가 동탁을 죽이게끔 만들도록 했습니다. 이에 초선은 살신성인(殺身成仁)으로 은혜를 갚겠다고 다짐합니다.

초선은 알다시피 중국의 4대 미녀 중 한 명입니다. 달마저도 그녀의 미모를 보고 부끄러워 숨을 정도였으니 하물며 호색한(好色漢) 동탁과 여포는 어떠하겠습니까. 궁전에 넘쳐나는 궁녀들은 모두 눈에 차지도 않을 것입니다.

왕윤은 곧바로 작업에 착수합니다. 여포를 집으로 초대하여 후하게 대접하며 초선을

↑ 연환계로 동탁과 여포를 갈라놓은 초선

소개합니다. 초선은 왕윤의 분부에 따라 여포에게 술을 따라주었습니다.

여타의 작가들은 이 장면을 '초선이 여포에게 술을 따라 올렸다'고 간단하게 번역했습니다. 하지만 이 장면이야말로 연환계의 성공여부가 달린 중요한 장면입니다. 월탄 박종화의 표현은 원본에는 없을지언정 그야말로 완벽한 분위기를 만들어내고 있습니다.

▲ 초선을 이용해 동탁을 죽인 왕윤

'초선은 부끄러운 듯 아미(蛾眉)를 숙인 채 곱게 일어나 여포를 향하여 절을 올린 후에, 이내 옥 같은 흰 손을 들어 황금술잔을 잡고 호박(琥珀)빛 좋은 술을 남실남실 따라서 여포한테 두 손으로 받쳤다. 여포의 눈과 초선의 눈이 마주쳤다. 여포의 눈은 이글이글 타오르는 불빛 같고, 초선의 눈은 그믐달마냥 요염하고 싸늘했다. 여포의 타오르는 눈은 한시도 초선한테서 떠나지를 못했다. 못하는 것이 아니라 떠날 수가 없었다.'

어떻습니까. 감탄을 금치 못하는 문장력이 아닌가요. 이 한 문장으로 여포는 초선의 손아귀에서 빠져나갈 수 없음을 알 수 있습니다. 진정 역사소설의 대가답습니다. 이러한 여포에게 왕윤은 결정타를 날립니다. 초선을 첩으로 보내겠다고 합니다. 여포는 왕윤에게 견마지로(犬馬之勞)를 다하겠다고 다짐하며 초선을 바라봅니다. 이때 초선의 행동을 다시 월탄의 필치로 살펴보겠습니다.

'초선도 붉은 입술에 미소를 머금고 자주 추파를 흘려 정을 보냈다. 여포의 삼혼칠백(三魂七魄)은 초선의 예쁜 추파 속으로 녹아 흘렀다.'

인간의 정신을 관장하는 것을 혼(魂), 육신을 관장하는 것을 백(魄)이라고 합니다. 삼혼칠백(三魂七魄)은 인간이 지니고 있는 혼과 백이 각각 3개와 7개가 있다는 것

동탁이 던진 화극을 막으며
도망치는 여포

으로, 한 인간에 대한 모든 것을 의미합니다. 여포의 삼혼칠백이 초선의 추파에 녹았으니 여포의 삶은 이제 초선 이외에는 어떤 것도 의미가 없게 되었습니다.

왕윤은 이어 동탁을 집으로 초대하여 극진한 말로 치켜세우고 초선을 선보입니다. 동탁 또한 초선을 보자 삼혼칠백이 녹아들었습니다. 이에 초선이 앵두 같은 입술에 옥구슬 굴러가는 목소리로 노래를 한 곡조 불러 동탁의 마음을 옴짝달싹 못하게 움켜잡습니다.

앵두 빛깔 붉은 입술 방긋이 열자　　　一點櫻桃啓絳唇
옥구슬 사이로 양춘가 피어나네.　　　兩行碎玉噴陽春
향기로운 혀끝으로 강철 검을 뱉어내어　丁香舌吐衡鋼劍
나라 어지럽히는 간신들 목 베려 하누나.　要斬奸邪亂國臣

동탁은 그 밤으로 초선을 데리고 왔습니다. 그리고 초선과 지내느라 달포 동안을 코빼기도 보이지 않았습니다. 여포는 왕윤의 말만 믿고 양부인 동탁이 자신과 초선을 짝지어 줄 것으로 고대했으나, 오히려 그에게 초선을 뺏긴 것이 너무도 분했습니다. 동탁은 동탁대로 여포가 미웠습니다. 왕윤이 자신에게 준 애첩을 여포가 가로채려고 하는 것을 알았기 때문입니다. 모사인 이유의 설득으로 여포에게 상을 주며 다독였지만 둘 사이의 관계는 이미 금 간 대나무였습니다.

여포가 초선을 애태우며 지내던 어느 날, 동탁이 헌제와 만나 정사를 논하자 여포는 그 틈을 타서 곧장 초선을 찾아갔습니다. 초선은 후원의 봉의정(鳳儀亭)으로 여포를 데리고 가서 그와의 이룰 수 없는 사랑을 슬퍼하며 자결하려는 연기를 합니다. 삼혼칠백이 녹아내린 여포가 그냥 둘 리 있나요. 흐느끼는 초선을 끌어 앉고 "당신을 아내로 삼지 못하면 내가 영웅이 아니다."라며 안심시킵니다.

동탁은 여포가 곁에 없는 것을 보고는 의심이 들어 즉시 집으로 돌아왔습니다. 아니나 다를까. 입구에 적토마가 매어 있었습니다. 동탁은 봉의정에서 초선과 밀회를 즐기는 있는 여포를 발견하고는 눈이 뒤집혔습니다.

"네 이놈, 여포야!"

벼락 치듯 고함을 질러댔습니다. 여포는 깜짝 놀라 줄행랑을 쳤습니다. 동탁이 방천화극을 들고 쫓아오다가 여포에게 힘껏 던졌습니다. 여포는 창을 쳐내고 잽싸게 도망쳤습니다. 봉의정 난간에서 이 모습을 지켜보던 초선은 회심의 미소를 지었습니다. 이제 둘 사이가 돌아올 수 없는 강을 건넜으니 말입니다.

9

봉의정에서
울려 퍼지는 승전가

동탁은 자신의 애첩을 탐내는 여포가 죽도록 미워졌습니다. 참모 이유가 춘추 시대 초장왕(楚莊王)의 '절영지회(絶纓之會)' 고사를 이야기하며 동탁을 설득했습니다. 그리고 여포에게 초선을 주면 그는 죽기로써 동탁을 모실 것이라고 강조했습니다. 동탁도 이유의 말을 듣고 그렇게 하기로 마음먹었습니다. 그런데 동탁이 초선을 만나고는 일이 꼬였습니다.

동탁이 여포에게 보내겠다고 하자 초선은 즉시 보검으로 자결하려고 했습니다. 동탁 자신도 보내기 싫었는데 초선이 이렇게 나오니 두고만 보고 있을 그가 아니지요. 그는 얼른 칼을 빼앗고 초선을 감싸 안으며 말했습니다.

"내 너를 놀리느라 우스갯소리를 한 것이니라."

초선은 동탁의 가슴에 얼굴을 푹 파묻고 엉엉 울면서 계속해서 연기를 펼쳤습니다. 동탁은 초선의 모습에 함빡 취하여 좀 전에 이유가 말한 것은 연기처럼 잊었습니다.

"내 어찌 너를 버리겠느냐!"

그러고는 초선에게 더 깊게 빠져들었습니다. 초선의 실감나는 연기에 삼혼칠백(三魂七魄)이 녹아나는 동탁의 모습을 가장 실감나게 묘사한 것은 고우영입니다. 한번 살펴볼까요?

"제 몸이 귀해서가 아닙니다. 나리께서 신으시던 신발을 이리의 발톱에 던지시면…… 나리의 높고 높은 지체에 흠이 갈까 두려운 탓입니다."
"……초선아, 네가 나를 그토록 받들었……더……냐? 큰일 날 뻔했구나. 하마터면 이 보물을 개에게 줄 뻔했잖아!"

동탁은 이유의 제안을 부자간에 있을 수 없는 일이라며 대노합니다. 이유는 여인의 손에 죽게 될 것을 탄식합니다. 하지만 이미 때는 늦었습니다. 동탁은 장안의 미오성으로 초선을 데려갑니다. 이 광경을 지켜보는 여포는 피가 거꾸로 솟구칠 지경이었습니다. 왕윤이 여포의 등을 토닥이며 위로하자 여포는 노기가 충천했습니다.

왕윤은 여포가 동탁을 죽이고 싶어도 부자지정(父子之情) 때문에 망설이고 있는 것을 알고 미소를 지으며 말했습니다.

"장군은 여(呂)씨이고 태사는 동(董)씨 이외다. 화극을 던져서 장군을 죽이려고 했는데 무슨 부자지간이 그렇습니까?"
"사도가 가르쳐주지 않았다면 정말 일을 그르칠 뻔했습니다."

이제까지의 이야기를 요약하는 시 한 편이 초선을 극찬합니다.

사도가 미인을 빌어 묘한 계책을 내니	司徒妙算托紅裙
무기도 쓰지 않고 군사도 필요없네.	不用干戈不用兵
세 영웅은 호뢰관서 헛된 힘만 썼구나.	三戰虎牢徒費力
승전보는 봉의정에서 울려 퍼지네.	凱歌却奏鳳儀亭

여포의 결심을 지켜 본 왕윤은 동탁 처단을 위한 다음 단계로 돌입합니다. 여포와 동향(同鄉)인 기도위(騎都尉) 이숙을 동탁이 있는 미오성으로 보냈습니다. 이숙은 황제가 선위(禪位)를 하려한다면서 동탁을 장안으로 불러들였습니다. 동탁은 초선에게 이 사실을 알립니다. 그리고 귀비(貴妃)에 봉하겠다고 자랑합니다. 초선은 기쁜 마음에 절하며 사례했습니다. 동탁이 초선의 가슴속 기쁜 마음을 어찌 알겠습니까. 곧 죽어 없어질 역적에게 한 마지막 인사인 것을요.

동탁은 기뻐하며 장안으로 향했습니다. 용이 몸을 칭칭 감는 꿈을 꾸고, 수레바퀴가 부러지고, 말이 고삐를 끊어도, 이 모두가 황제에 오르는 징조라는 풀이에 한 조각 의심도 하지 않았습니다. 열흘도 못가서 동탁이 죽는다는 동요(童謠)도, 한 도인이 입 구(口)자 두 개를 쓴 베(布)를 들고 다녀도, 동탁은 황제가 된다는 들뜬 마음에 아무것도 보이지 않았습니다. 결국 동탁은 입궐과 동시에 분을 참고 있던 여포의 창에 찔려 죽었습니다.

동탁은 여포를 진짜 자신의 피붙이 아들로 여겼던 것 같습니다. '자식'이라는 이유로 애첩을 주지도 않았고, 화극을 던지며 '죽이겠다'고 난리를 피우고는 '없던 일로 하자'며 잊었습니다. 그럼에도 자식이 원하는 것이 무엇인지는 아랑곳하지 않고 자신의 배만 불렸습니다. 그저 '양부로 모시겠다'는 말만 철석같이 믿었습니다. 여포도 처음에는 그러고 싶었을 것입니다. 하지만 양부인 동탁이 점점 의심하고 미워하자 생각을 달리할 수밖에 없었습니다.

여포는 사리사욕을 위해 첫 양부인 정원을 죽인 바 있습니다. 모든 것은 처음이 어렵습니다. 게다가 두 번째 양부인 동탁은 황제를 마음대로 갈아치우고 자신이

↑ 양아들인 여포에게 죽는 동탁

황제가 되려는 대역무도(大逆無道)한 죄인입니다. 동탁을 처단하는 것은 국난을 타개하는 것이기에 명분도 훌륭했습니다. 여포가 화극으로 동탁의 목을 겨눌 때에도 동탁은 여포에게 구원을 청했습니다. 자신이 여포를 정원에게서 데려올 때의 일이 떠오르지 않았을까요. 철석같이 아들로 믿었기 때문인가요. 이 어찌 어리석고 미련한 자의 최후가 아니겠습니까.

왕윤은 동탁의 시신을 저잣거리에 공개했습니다. 한 군사가 호의호식(好衣好食)으로 살찐 동탁의 배꼽에 불을 놓아 등불로 삼았습니다. 모두가 시신에 침을 뱉고 욕했습니다. 이때 시중(侍中) 채옹이 시신 앞에서 곡을 했습니다. 왕윤이 꾸짖으며 그 죄를 묻자, 채옹은 '동탁이 나의 학문과 재능을 인정하고 좋은 대우를 해 준 것에 대한 예의로 울었을 뿐'이라며 속죄를 청했습니다. 모든 관원들도 대학자인 채옹의 사정을 이해하고 용서를 빌었습니다. 하지만 왕윤은 모두의 탄원을 듣지 않고 채옹을 죽였습니다. '선비는 자기를 알아주는 사람을 위해 목숨을 바친다'는 말이 한 치도 어긋나지 않습니다. 모종강은 이 부분을 이렇게 평했습니다.

'권좌에 있을 때는 후광을 누리다가 권세가 떨어지면 뒤도 안 보고 돌아서고, 심지어 창을 들이대거나 돌을 던지는 등 못된 짓거리를 일삼는 요즘 사람들에 비하면 채옹은 군자다.'

동탁의 부하였던 이각과 곽사, 장제와 번조는 섬서(陝西)로 도망쳤습니다. 그리고 사면을 요청했습니다. 왕윤은 이들만은 사면해 줄 수 없다며 강경한 입장을 취했습니다. 쫓기던 쥐가 궁지에 몰리면 어떡하나요. 죽기를 각오하고 싸우는 수밖에 없습니다. 이들의 참모는 가후였습니다. 가후는 '장안진공책(長安進攻策)'을 내놓았습니다. 싸우다가 불리하면 그때 도망치면 된다는 논리였습니다. 그리고 유언비어를 퍼뜨려 군사들을 모았습니다.

가후의 전략은 적중하여 이각과 곽사 등은 여포군을 무찌르고 장안에 입성했

忠誠王允慷慨死 乙酉春 蕉雄

> 문루에서 뛰어내려
> 자결하는 왕윤

宣平門

습니다. 여포는 사태가 위급해지자 가족도 버려둔 채 1백여 명의 기병만을 이끌고 원술에게 갔습니다. 왕윤은 여포의 권유에도 움직이지 않았습니다. 오히려 이각과 곽사에게 호통을 치고 장렬하게 죽었습니다.

왕윤은 초선과 여포를 이용하여 동탁 제거라는 목적을 달성했습니다. 하지만 그 후에는 동탁처럼 행동했습니다. 동탁의 추종자들을 모두 학살하고 선비의 예의를 지킨 채옹도 죽였습니다. 채옹이 초가에서 역사를 기록하며 지내겠다고 하자 왕윤은 사마천을 빗대어 채옹을 비방했습니다.

"옛날 무제께서 사마천을 죽이지 않아 어떻게 되었소이까? 그가 사기(史記)를 지어 비방하는 글들이 후세에까지 전해지게 되었소. 지금 국운이 쇠미(衰微)한 때에 간신을 황제 곁에 두게 한다면 우리 모두 욕바가지를 쓰게 될 것이오."

왕윤의 이 말을 자세히 들여다보면 채옹을 죽여야만 하는 이유가 드러납니다. 결국 동탁 사후에 자신이 행한 악행들이 채옹에 의해 낱낱이 기록되는 것이 싫었던 것이지요. 연환계를 구사하여 '차도살인'을 한 왕윤이 '붓은 칼보다 강하다'는 것을 진즉에 알고 있었던 것일까요?

조조가 부친의 원한을 갚으려 서주를 도륙하다

이각과 곽사는 왕윤을 죽이고 장안 입성에 성공하자 헌제를 위협하여 엄청난 벼슬을 차지합니다. 이각은 거기장군(車騎將軍), 곽사는 후장군(後將軍)이 되어 절월(節鉞)을 갖고 조정을 주물렀습니다. 번조는 우장군(右將軍), 장제는 표기장군(驃騎將軍)이 되었습니다. 동탁의 일개 수하들이 동탁의 죽음을 핑계로 쿠데타에 성공했으니 얼마나 기세가 등등하겠습니까. 자신들의 벼슬을 거리낌 없이 적어서 황제의 결재를 받았으니 이미 동탁을 능가한 셈입니다.

반란군들은 동탁의 시신 중 일부의 살가죽과 뼈를 수습하여 장사를 치르기로 했습니다. 그런데 그날이 되자 천둥번개와 장대비가 퍼부어 동탁의 관을 박살내고 시신은 나뒹굴었습니다.

비가 그친 후 다시 장사를 지내려 하자 같은 일이 벌어졌습니다. 세 번째도 마찬가지였습니다. 그 사이에 동탁의 시신은 모두 불타버렸습니다.

박종화는 이 부분에 대하여 한 문장을 더 추가했습니다.

> '먼젓번에는 사람들이 동탁의 배꼽을 도려내서 등불을 켰다. 이것은 인화(人火)요, 하늘은 장사 지낼 때 동탁의 시신을 태워버렸다. 이것은 천화(天火)라 할 수 있다. 하늘과 사람이 다 함께 동탁을 미워해서, 이같이 천벌(天罰)과 인벌(人罰)을 준 것이다.'

이각과 곽사가 정사(政事)를 좌지우지하자 서량태수(西涼太守) 마등과 병주자사(幷州刺史) 한수

↑ 동탁의 수하 이각

가 10여 만 대군을 이끌고 '역적토벌'을 기치로 장안으로 쳐들어 왔습니다. 이각과 곽사 등이 이들을 막아낼 계책을 논의하자 참모인 가후는, '도랑을 파고 보루를 쌓은 채 굳게 지키면 식량이 바닥나 돌아갈 테니 그때 공격하면 이길 것'이라고 했습니다. 이에 이몽과 왕방이 반대하며 당장 싸워 이길 수 있다고 자신합니다.

이몽과 왕방은 1만 5천의 군사를 이끌고 기세 좋게 나아가 서량의 군대와 싸움을 펼쳤습니다. 마등은 아들 마초를 내보냈습니다. 마초는 17세의 소년장수입니다. 얼굴은 관옥 같고 눈은 샛별 같고, 체격은 범과 같고 팔은 원숭이 같고, 배는 표범 같고 허리는 이리 같다고 했습니다. 마초의 모습이 상상되시는지요.

왕방이 마초를 깔보고 덤벼들었다가 마초의 창에 찔려 죽었습니다. 이몽은 뒤에서 공격하려다가 마초의 긴 팔에 사로잡혔습니다. 이각과 곽사는 두 부하가 모두 피살되자 가후의 말을 믿고 지키기만 할 뿐 꿈쩍도 하지 않았습니다. 가후의 예상대로 마등과 한수는 철군을 결정합니다. 군량도 바닥나고 내응키로 했던 비밀도 발각되었기 때문입니다.

장제와 번조가 마등과 한수를 추격하여 공격했습니다. 한수가 뒤쫓아 오는 번조에게 동향(同鄕)끼리 원수가 되지 말자고 사정하자 번조는 한수를 놓아주었습니다. 하지만 일은 꼭 보는 사람이 있습니다. 번조가 한수와 교마어(交馬語)를 나눈 것을 이각의 조카 이리가 보고 일러바쳤습니다. 이각은 장제와 번조를 불러 주연을 베풀다가 번조를 참수했습니다.

황건적이 다시 일어나 청주(靑州)를 장악하자 동군태수(東郡太守)인 조조는 제북상(濟北相) 포신과 함께 황건적을 무찌릅니다. 이 과정에서 포신은 전사하고 조조는 승승장구하며 백여 일만에 청주의 황건적을 평정합니다. 30만 명의 병사가 항복하고 100만 명의 백성이 조조에게 귀속되었습니다. 조조는 항복한 병사 중에서 정예병을 뽑아 '청주병(靑州兵)'을 구성했는데, 이후 청주병은 조조군의 핵심부대로 성장합니다.

조조의 명성이 높아지자 조정에서는 조조를 진동장군(鎭東將軍)으로 임명했습니다. 조조는 구현령(求賢令)을 내려 유능한 인재를 맞이했습니다. 순욱, 순유, 정욱, 곽가, 만총 등 내로라하는 명사와 인재들이 이때 조조를 주군으로 모시며 따랐습니다. 특히, 순욱을 만나본 조조는 '나의 자방(子房)'이라며 기뻐했습니다. 자방은 유방을 도와 한나라를 건국한 최고의 참모인 장량의 자(字)입니다. 유방은 초한전쟁(楚漢戰爭)에서 승리한 후 다음과 같이 장량을 평가했습니다.

"장량은 장막 안에서 계책을 세워 천 리 밖에서 승리를 거두게 하였다."

모종강은 조조가 순욱을 '나의 자방'이라 부른 것에 대하여 한 마디 했습니다.

'이것은 남이 모르는 가운데 스스로를 한고조에 비기는 말이다. 어찌 구석(九錫)을 받은 다음에야 그에게 비로소 역심이 생겼다고 하겠는가? 그러나 순욱은 이때에도 조조를 의심하지 않았고 나중에서야 의심하였다. 그가 일찍 알아내지 못한 것이 슬플 따름이다.'

馬超少年逞英雄 乙酉春 義雄畵

◀ 이몽을 말에서 잡아채는 마초

예나 지금이나 자방(子房)은 '뛰어난 책사(策士)'를 지칭하는 말입니다. 순욱을 얻은 조조도 이러한 뜻으로 기쁜 마음을 표현한 것입니다. 그런데 모종강은 이처럼 조조를 비꼬았습니다. 왜일까요. 나관중과 모종강은 연의를 '촉한정통론'의 입장에서 집필했습니다. 반대편인 조조는 언제나 간웅이고 천하의 악인으로 표현했습니다. '조조 악인 만들기'에 집중하다보니 이처럼 소설을 떠나 회평(回評)에서도 기회만 되면 악행을 만들어내고 있는 것입니다.

조조는 휘하에 인재와 장수를 영입하여 위세를 떨치자 낭야국(琅邪國)에 있는 부친 조숭을 모셔오기로 했습니다. 조숭은 40여 명의 가솔과 함께 서주(徐州)를 지나 조조가 있는 연주(兗州)로 향했습니다. 서주목인 도겸은 조조의 부친이 관할 지역을 지나가자 성심성의를 다하여 극진히 대접했습니다. 부하장수인 장개에게 호송까지 시켰습니다. 그런데 이것이 문제가 되었습니다. 장개는 황건적 출신입니다. 그는 조숭 일가의 재물을 보자 도적의 본색을 드러냈습니다. 삼경이 되자 장개와 부하들이 조숭 일가를 덮쳤습니다. 조숭은 첩과 함께 담장을 넘어 도망치려 했지만 첩이 뚱뚱하여 담장을 넘지 못하자 뒷간에 숨었습니다. 하지만 곧 발각되고 일가는 모두 죽임을 당했습니다. 장개와 부하들은 조숭의 재물을 빼앗아 산으로 도망쳤습니다.

조조는 간웅이라고 세상에 자랑하면서　　　曹操奸雄世所誇
일찍이 여백사 일가족 모두 죽였네.　　　　曾將呂氏殺全家
이제 그의 온가족 남의 손에 죽으니　　　　如今闔戶逢人殺
천리는 돌고 돌아 그대로 갚아주네.　　　　天理循環報不差

일은 너무도 크게 벌어졌습니다. 조조는 3만 명의 군사를 거느리고 서주로 진격했습니다. 모든 군사가 상복을 입고, '원수를 갚고 원한을 씻자(報仇雪恨)'는 깃발을 펄럭였습니다. 도겸은 호의를 베푼 일이 되레 죽음을 자초하게 되었습니다. 그는 조조에게 자신의 잘못이 아니라고 강변했지만 조조의 마음을 되돌릴 수는 없었습니다. 조조는 이미 결정하고 명령했습니다.

"서주성을 함락하거든 성안의 살아있는 것들은 모조리 죽여라. 그래야 아버지 원한이 풀릴 것이다."

조조의 최대 악행인 '서주대학살'은 이렇게 시작되었습니다. 모종강은 조조의 서주대학살을 다음과 같이 비판했습니다.

'조조가 여백사의 일가족을 몰살한 것은 계획적으로 한 것이고, 도겸이 조숭의 일가족을 몰살한 것은 계획적으로 한 것이 아니다. 조조가 도겸에게 죄를 묻는 것은 그럴 수 있는 일이지만 서주 백성들까지 죄를 물어 죽인 것은 명백한 악행이다.'

↑ 서주목 도겸

유비가 '서주 접수 절대 불가!'를 외치다

서주목 도겸이 조조의 공격을 받아 위기에 처했을 때 별가종사(別駕從事) 미축이 나섰습니다. 미축은 대대로 내려오는 부호(富豪)였습니다. 그가 어느 날, 낙양에서 사업을 마치고 집으로 돌아오던 길에 아리따운 부인을 만나 수레를 태워주고 공손히 모셨습니다. 이 부인은 상제(上帝)의 명을 받아 미축의 전 재산을 불태우러 가던 화덕성군(火德星君)이었습니다. 미축의 예의바른 모습에 감동받은 화덕성군은 미축에게 모든 재물을 집밖으로 내놓으라고 알려줍니다. 그리하여 미축은 재산을 지킬 수 있었습니다. 이후로 미축은 재산을 풀어 가난한 사람이나 곤경에 빠진 이들을 구해주는 데 앞장섰습니다. 사자성어인 '미축수자(麋竺收資; 미축이 재산을 구하다)'도 이 이야기에서 생겨났습니다.

미축은 도겸에게 북해상(北海相)인 공융과 청주(靑州)의 전해에게 사람을 보내 구원을 요청하도록 했습니다. 그리고 자신이 공융에게 갔습니다. 공융은 공자의 20대 손으로 어려서부터 신동으로 이름이 높았습니다. 그는 일취월장(日就月將)하여 중랑장(中郎將)을 거쳐 북해의 상(相)이 되었습니다. 공융은 호방하고 활달한 성격으로 술과 손님들을 좋아했습니다. 그는 항상 이렇게 말했습니다.

"자리는 언제나 손님들로 가득하고 술독에는 언제고 술이 비지 않는 것, 그것이 내 소원이오."

공융은 미축이 전해준 도겸의 편지를 보고 도겸을 돕기로 했습니다. 그런데 마침 관해가 이끄는 황건적 떼가 쳐들어왔습니다. 도겸을 돕기는커녕 오히려 공융 자신이 위기에 처했습니다. 이때, 태사자가 나타나 공융을 도왔습니다. 공융은 일면식(一面識)도 없는 태사자가 도와주자 너무 기뻤습니다. 태사자는 자신의 노모에게 곡식과 포목을 보내준 은덕을 갚기 위해 공융을 구원했던 것입니다.

공융은 태사자를 통해서 유비에게 구원을 요청합니다. 관해는 기병을 이끌고 태사자를 포위했습니다. 그러자 태사자가 허리에 찬 활을 뽑아 한껏 솜씨를 발휘합니다. 생동감이 넘치는 월탄 박종화의 필치를 살펴볼까요?

'백 번을 쏘면 백 번을 맞추는 태사자의 놀라운 활솜씨에 적장들은 가을바람에 낙엽 떨어지듯, 활시위 소리와 함께 말 아래로 떨어져 버렸다.'

▲ 서주의 부호 미축

백발백중으로
적진을 뚫고
나가는 태사자

태사자를 만난 유비는 관우, 장비와 함께 군사를 이끌고 공융을 도우러 왔습니다. 관해는 유비의 군사가 얼마 안 되자 우습게보고 덤볐습니다. 관우가 나서서 관해를 처단했습니다. 황건적은 크게 패하여 풍비박산(風飛雹散)이 났습니다. 공융은 유비와 함께 도겸을 구원하기로 했습니다. 유비는 공손찬에게서 2천 명의 군사와 조운을 빌려 서주로 향했습니다. 그리고 조조의 부하장수인 우금과 한 차례 싸움을 벌이며 서주성에 들어와 도겸을 만났습니다.

유비는 조조와 싸우기 전에 편지를 보내 화해를 요청합니다. 조조가 편지를 가져온 사자의 목을 치고 공격하려고 하자 곽가가 막아섰습니다. 이때 여포가 조조의 본거지인 연주(兗州)를 차지하고 복양(濮陽)을 공격한다는 급보가 날아들었습니다. 순욱과 정욱이 견성(鄄城), 동아(東阿), 범현(范縣) 세 곳을 겨우 사수하고 있었습니다. 조조는 곽가의 말처럼 유비에게 생색내는 편지를 주고 군사를 거두어 급히 연주로 향했습니다. 나관중본 연의에는 조조가 유비에게 보낸 답장이 있습니다.

'이 몸은 대대로 명문가에서 태어났거늘 아버님께서 해를 당하셨으니 어찌 원수를 갚지 않을 수 있겠소? 그런 까닭에 도겸의 죄를 묻고 일가를 몰살해 원한을 갚으려 했소. 그런데 황실의 후예로서 재주와 덕성을 두루 갖춘 그대가 특별히 글을 보내 천하를 살피라고 청하니, 내 곧바로 연주로 돌아가려고 하오. 간략하게 전하니 다시 만나기를 바라오.'

모종강은 연의를 재구성하면서 조조의 흔적을 많이 지웠습니다. '조조=악인'에 필요한 것만 남겨두었습니다. 게다가 이 부

▲ 북평태수 공손찬

분에서도 조조를 헐뜯는 비평을 했습니다.

'천하에 아버지 원수를 갚기로 나선 자가 어찌 생색을 내며 돌아서는 사람이 있겠는가. 효자는 원수를 갚을 때 스스로를 돌보지 않는다. 어찌 식구를 돌보려고 원수 갚기를 그만두겠는가. 태사자가 노모를 위해 힘을 다하여 은덕을 갚은 것은 그가 참된 효자이기 때문이고, 조조가 아버지를 위해 힘을 다해 원수를 갚지 않은 것은 그가 효자가 아니기 때문이다.'

도겸은 조조가 물러가자 너무 기뻤습니다. 자신을 도와준 사람들을 초청해 성대한 연회도 베풀었습니다. 무엇보다 기쁜 것은 유비를 만난 것이었습니다. 도겸은 유비를 보자마자 당당한 풍채와 활달한 말솜씨에 푹 빠졌습니다. 게다가 유비가 황실의 종친이니 더더욱 서주(徐州)를 넘겨주고 싶었습니다. 이에 모두의 앞에서 서주를 맡아달라고 했습니다. 하지만 유비는 사양했습니다. 재삼재사 요청해도 듣지 않았습니다. 도겸은 유비가 받지 않는다면 죽어도 눈을 감지 못할 것이라고도 했습니다. 이쯤 되자 관우가 임시로라도 맡으라고 했습니다. 장비도 억지로 달라는 것도 아니고 준다는데 한사코 사양할 일이 무어냐고 하면서 한걸음 더 나섭니다.

"거, 내가 받을 테니 패인(牌印)을 내게 주시오. 내가 받으면 우리 형님이 어쩔 수 없을 것이외다."

위의 문장도 모종강이 지운 것입니다. 앞의 것은 조조 악인론에 도움이 안 되어서 뺀 것이고, 뒤의 것은 주인공의 한 명인 장비의 성격이 사려 없이 막무가내로 행동하는 것처럼 보일까 봐 뺀 것입니다.

두 아우들까지 나서서 권했지만 유비는 '불의(不義)한 짓'이라며 받지 않았습니다. 유비는 진정으로 받고 싶지 않았던 걸까요. 모종강도 이때의 유비의 마음을 간파했습니다.

'유비가 서주를 사양하는 것이 진짜로 사양할 마음에서 그러한 것인가. 아니면 가짜로 사양하는 것인가. 만일 진짜 사양하는 마음이라면 왜 유장의 익주(益州)는 억지로 빼앗고, 도겸의 서주는 강력히 사양하는가. 어떤 자는 '사양하면 사양할수록 갖고 싶은 생각은 더욱 숨긴다'고 하였다. 큰 뜻을 품은 영웅들은 이따금 수를 쓰는데 평범한 사람들이 이를 모르는 것뿐이다.'

　유비 역시 조조를 능가하는 영웅입니다. 그런 그가 야망이 없을 수 없습니다. 그럼에도 제발 받아만 달라고 애걸하는 서주를 받지 않은 것은 무슨 까닭일까요? 그것은 서주를 지킬 수 없다는 냉철한 판단이 섰기 때문입니다. 서주를 냉큼 받아서 여포나 조조에게 쉽게 내어준다면 차지하지 아니함만 못하고, 자신의 정치적 바탕인 민심(民心)도 잃게 됩니다. 서주를 차지할 힘이 없다면 인의(仁義)를 내세워 사양하고 또 사양함으로써 민심이라도 내편으로 만드는 것. 이것이야말로 유비가 꼭꼭 숨긴 '서주 접수 절대 불가!' 이유가 아닐까요?

유비, 맡기 싫은
서주목이 되다

조조는 서주의 포위를 풀고 급히 연주로 달려왔습니다. 여포가 복양에 있는 것을 알고는 조인에게 연주성을 포위하라고 하고 자신은 복양성 앞에 영채를 세웠습니다. 조조는 여포를 우습게 봤지만 여포의 참모인 진궁의 계책에 빠져 크게 패하고 목숨까지 위태롭게 되었습니다. 이때 전위가 나서서 짧은 화살로 적병을 무찌르며 구해냈습니다. 하지만 그것도 잠시, 여포가 화극을 들고 조조를 향해 달려왔습니다. 이번에는 하후돈이 조조를 구해주었습니다.

여포의 참모인 진궁은 조조가 다시 복양성을 공격할 것이라고 믿고 거부(巨富) 인 전씨를 설득하여 '성안에서 내응하여 항복하겠다'는 밀서를 보냅니다. 조조는 이를 믿고 복양성으로 쳐들어갔습니다. 하지만 조조는 함정에 빠지고 죽음의 위기에 닥칩니다. 그 와중에 여포가 조조의 투구를 창날로 치면서 조조가 어디로 갔는지 묻습니다. 일촉즉발의 위기! 조조는 얼굴을 가리고 반대쪽을 가리킵니다.

"저기 앞에 누런 말을 타고 가는 자가 조조입니다."

구사일생으로 살아난 조조는 숨 돌릴 틈 없이 전위와 하후연의 호위를 받아 겨우 빠져나왔습니다. 우리는 드라마나 영화를 볼 때, 주인공이 잡히거나 죽기 일보 직전이면 조마조마합니다. 그러다가 위기를 벗어나면 환호성을 지릅니다. 주인공이 역경을 헤쳐 나가는 모습에서 카타르시스를 느낍니다. 소설도 마찬가지입니다. 여포와 조조는 이미 낙양에서 수차례 만났습니다. 그런 여포가 아무리 밤중이라고 해도 조조의 목소리를 모를까요. 아! 조조가 목소리를 변조해서 말했을지도 모릅니다. 설령 여포가 조조를 정면에서 봤어도 모르고 지나칠 수 있습니다. 여포는 이따금씩 상대방을 못 알아보는 '안면인식 장애'가 있다고 하면 되니까요. 어디까지나 소설이고 이러한 소설적 장치를 통해 독자들에게 극적인 재미를 배가시키면 그 자체로 충분한 것이니까요.

조조는 곧바로 진궁의 계략을 알고 이를 역이용하는 '장계취계(將計就計)'를 시행합니다. 즉 '조조가 화상을 입고 독이 퍼져 영채에서 죽었다'는 소문을 퍼뜨립니다. 여포는 곧장 조조의 영채로 달려와 마무리 공격을 하려 할 즈음, 조조에게 역공을 받고 도망칩니다. 이번엔 여포가 호되게 당했습니다. 이후 여포는 복양성을 굳게 지키기만 했습니다. 조조도 군량이 바닥났습니다. 대기근까지 겹쳤습니다. 양군은 싸움을 중지하고 잠정적으로 휴전을 합니다.

서주목 도겸은 유비가 서주를 사양하자 걱정이 많았습니다. 게다가 병까지 깊어져 위독해지자, 급히 유비를 불렀습니다. 도겸은 서주를 받아줘야 눈을 감고 죽을 수 있다고 재차 사정을 했습니다. 하지만 유비의 마음은 요지부동이었습니다. 결국 도겸은 유비를 원망하면서 죽었습니다. 서주의 백성들도 모두 절하며 애원했습니다. 관우와 장비도 권했습니다. 그러자 유비는 마지못해 서주목(徐州牧)의

▲ 단극으로 적병을 무찌르는 전위

인수(印綬)를 받았습니다. 그런데 단서를 달았습니다.

"그대들이 이토록 간곡하게 권하니 내 그럼 '잠정적으로' 서주의 일을 맡겠다."

유비는 서주목이 되면서 세 가지를 얻었습니다. 첫째는 사양하고 사양하면서 인의(仁義)를 확고히 알렸습니다. 둘째는 민심을 얻었습니다. 셋째는 서주성을 지키지 못하고 빼앗겨도 명분이 생겼습니다. 무엇보다도 유비는 서주의 민심이 자신에게로 향하고 있는 것이 제일 기뻤습니다. 아무런 기반이 없는 유비로서는 '민심이 곧 천심'임을 굳건하게 믿었기 때문입니다.

조조는 유비가 서주를 차지한 것을 알고는 대노했습니다. 유비가 화살 반개도 쓰지 않고 서주를 차지하자 유비를 죽이고 서주를 도륙 내겠노라고 언성을 높였습니다. 그러자 순욱이 점잖게 간했습니다.

> "공께서 연주를 버리고 서주를 뺏으려 하시면 이는 큰 것을 버리고 작은 것을 가지려는 것이고, 근본을 버리고 끝을 차지하려는 것이며, 편안함을 위태로움과 바꾸는 것입니다."

조조는 순욱의 건의를 받아들여 서주 공격을 접고 황건적의 잔당을 토벌하기로 결정합니다. 전위와 조홍의 활약으로 황건적은 무너졌습니다. 이 와중에 전위는 한 명의 장수와 혈전을 벌이게 되었습니다. 조조가 꾀를 내어 그를 생포하여 진심으로 대하자 조조에게 충성을 다하기로 맹세합니다. 이 사람이 바로 조조를 평생 동안 옆에서 호위한 허저입니다.

조조는 황건적을 평정한 후, 군사를 이끌고 연주로 갔습니다. 연주는 여포의 부하인 설란과 이봉이 지키고 있었습니다. 허저가 조조에게 신고식을 하겠다고 하자 조조는 크게 기뻐하며 허저를 내보냈습니다. 이봉이 달려 나왔습니다. 어찌 허저의 상대가 될 수 있겠습니까. 단 두 합. 허저는 이봉의 목을 베어버렸습니다. 이를 본 설란은 겁을 먹고 성안으로 달아나려다가 여건이 쏜 화살에 고꾸라졌습니다. 허저는 멋진 신고식을 했고, 조조는 흐뭇하게 연주를 수복했습니다.

조조는 기세를 몰아 복양성으로 향했습니다. 여포는 이번에도 자신만만했습니다. 진궁의 간언도 듣지 않고 달려 나갔습니다. 허저가 나섰으나 승부가 나지 않았습니다. 그러자 조조가 외쳤습니다.

> "여포는 한 명이 공격해서는 안 된다!"

전위가 나섰습니다. 뒤이어 하후돈, 하후연이 나섰습니다. 이전과 악진까지 여포를 에워쌌습니다. 1대 6의 벌떼작전. 해도 너무합니다. 하지만 전쟁에서는 모든 수단과 방법을 동원해 이기는 것이 우선입니다. 아무리 뛰어난 여포라지만 벌떼

猫許褚大戰典韋 乙酉春 葉雄畫 於滬上

↑ 큰 칼을 들고 전위와 싸우는 허저

처럼 달려드니 막아내기에만 급급했습니다. 이럴 때는 삼십육계 줄행랑이 제일입니다. 그런데 문제가 생겼습니다. 여포가 말머리를 돌려 성안으로 들어가려는데 전씨가 해자(垓字)를 연결하는 조교(弔橋)를 올려버렸습니다. 여포가 고함을 치자 전씨는 천연덕스럽게 말했습니다.

"내 진즉에 조장군께 항복하였소."

진궁이 조조를 잡기 위해 낸 계책이 결국 부메랑이 되어 돌아왔으니 전쟁터에서의 셈법은 변화무쌍 그 자체입니다. 여포는 욕설만 퍼붓다가 정도(定陶)로 달아났습니다. 진궁도 여포의 가족을 데리고 정도로 달아났습니다. 조조는 여포를 무찌르고 산동 일대를 모두 장악합니다. 천하통일의 야망에 불타오르는 조조. 그의 다음 목표는 어디일까요?

조조도 놀랄
연의 속의 '악독한' 조조

이제 『삼국연의』 첫째 권이 끝났습니다. 우리 선조들은 책 한 권을 떼면 이를 축하하는 '책씻이'를 했습니다. 오늘은 1권을 떼면서 소설에서 등장하는 유비와 조조에 대하여 알아보겠습니다.

유비와 조조. 소설의 주인공이자 최대의 라이벌이지요. 『삼국연의』가 난세(亂世)로부터 시작되는 까닭에 이 두 사람도 황건적을 진압하는 과정에서 등장합니다. 먼저 유비가 소설의 문을 엽니다. 정사 『삼국지』는 조위정통론의 입장에서 서술했기에 조조의 위(魏)나라가 약 50%를 차지합니다. 하지만 소설은 유비 위주의 촉한정통론을 고수하기 때문에 그 시작도 당연히 유비인 것입니다.

▲ 악인이자 간웅의 대명사 조조

장각이 이끄는 황건적의 무리가 유주(幽州)까지 침범하여 유비가 사는 탁현(涿縣)을 위협합니다. 이에 태수가 의병을 모집하는 방을 붙이는데, 유비가 이를 보면서 다음과 같이 등장합니다.

'유비는 독서를 좋아하지 않았고(사냥개와 말, 음악과 화려한 옷을 좋아했다.) 그 성격은 후덕하고 말수가 적었으며(남을 깍듯이 대하고) 희노애락(喜怒愛樂)을 얼굴에 드러내지 않았다. 처음부터 큰 뜻을 품어 오직 천하의 호걸들과 어울리는 이 사람은 키가 일곱 자 다섯 치에 두 귀는 어깨까지 내려왔는데, 팔은 또 어찌나 긴지 두 손을 내리면 무릎을 지나고 눈으로는 자신의 귀를 볼 수 있었다. 얼굴은 옥같이 깨끗하고 입술은 연지를 바른 것과 같았다.'

유비의 모습과 성격을 묘사한 문장입니다. 괄호 안의 문장은 나관중본에만 있는 것으로, 우리가 일반적으로 접하게 되는 모종강본에는 빠져 있는 부분입니다.

이제 조조의 등장을 살펴보겠습니다. 황보숭과 조준이 장각의 동생들인 장량과 장보를 격퇴하자 이들은 밤을 도와 도망칩니다. 새벽녘에 한숨을 돌릴 때, 이들을 가로막는 자가 있었으니 바로 조조입니다.

'한 장수가 이들 앞으로 나섰다. 키가 일곱 자에 눈은 실처럼 가늘고 수염은 길었다. 바로 기도위(騎都尉) 조조였다.'

두 사람 다 세 문장으로 소설에 등장했습니다만, 유비에게 많이 치우쳐 있음을 알 수 있습니다. 두 사람의 출신배경도 마찬가지입니다.

'이 사람은 전한(前漢)의 중산정왕 유승의 후계요, 전한의 네 번째 황제인 경제 유계의 후손이었다. 성은 유씨에 이름은 비이며 자는 현덕(玄德)이라고 하였다. 옛날 전한의 다섯 번째 황제 무제 유철

↑ 정의로운 군주의 대명사 유비

이 나라를 다스릴 때 유승의 아들 유정이 탁현의 육성정후(陸城亭侯)에 봉해졌다. 그런데 황제가 종묘의 조상들에게 제사지낼 때 내는 비용인 주금(酎金)을 제때에 내지 못해 작위를 박탈당했다. 그런 후부터 유씨의 한 갈래는 탁현에서 살았다. 유비의 할아버지는 웅이고 아버지는 홍이었다. 유홍은 효렴으로 추천되어 작은 벼슬을 했는데 그나마 일찍 세상을 떠났다. 유비는 어린 나이에 어머니를 지극히 모셨다. 집이 가난해 짚신을 엮어서 팔고, 갈대로 삿자리를 짜서 생계를 꾸렸나갔다.'

'이 사람은 패국 초현 사람으로 자는 맹덕(孟德)이다. 그의 아버지 조숭은 애초에 하후씨였는데 조등의 양자로 들어갔기 때문에 그의 성을 따서 조씨가 되었다.'

두 사람의 출신배경을 설명한 부분에서도 조조는 그야말로 양자의 아들일 뿐입니다. 그런데 명나라 때 나관중본에는 조조의 출신배경이 자세히 설명되어 있습니다. 그 내용을 살펴볼까요?

'조조는 전한의 상국 조참의 24대 후손이다. 그의 증조부 조절은 자가 원위(元偉)로 인자하고 너그러웠다. 어느 날, 이웃 사람이 돼지 한 마리를 잃어버렸는데 조절이 키우는 돼지와 비슷해 자기 돼지라고 우겼다. 조절은 그와 다투지 않고 돼지를 주었다. 이틀이 지나자 그 자가 잃어버렸던 돼지가 제 발로 돌아와 그 주인은 조절의 돼지를 돌려주면서 두 번이나 절하고 사죄했다. 조절은 그냥 웃으면서 돼지를 받았는데 너그럽기가 이와 같았다.

조절은 네 명의 아들을 두었는데 넷째아들은 등으로 자는 계흥(季興)이었다. 조등은 환제 때 중상시가 되었다가 비정후(費亭侯) 작위를 받았다. 조등의 양자 조숭은 본래 하후씨의 자식이었는데 양자로 들어가 조씨가 되었다. 조숭의 사람됨이 충실하고 무던하여 한때 경성관원들의 잘못을 탄핵하는 사예교위(司隷校尉)로 있었다. 영제는 그를 나라살림을 총괄하는 대사농(大司農)으로 임명했다가, 귀순한 자들과 제후들을 접대하는 대홍려(大鴻臚)로 삼았다.'

나관중은 조조의 출신에 대해서도 자세히 설명하고 있습니다. 여기서 우리는 그가 서술상의 균형을 취했음을 알 수 있습니다. 그런데 모종강이 이를 삭제한 것이지요. 이후 두 사람의 어린 시절 이야기가 나옵니다. 이 역시도 유비는 착한 아이, 조조는 나쁜 아이의 이미지가 강합니다. 나관중이 연의를 완성하기 훨씬 이전인 송(宋)나라 때에도 조조는 이미 악인으로 낙인이 찍혀 있었습니다.

이러한 이야기는 북송(北宋)시대의 문인인 동파(東坡) 소식(蘇軾)이 쓴 『동파지림(東坡志林)』에 잘 나타나 있습니다.

'동네 아이들은 개구쟁이들이어서 집안에서는 골칫거리지요. 그래서 동전 몇 푼을 주어 내보내어 모여서 옛이야기를 듣게 합니다. 그런데 삼국시대 이야기에 이르러 유비가 패했다고 하면 얼굴을 찡그리고 눈물까지 흘리는 놈들이 조조가 패했다고 하면 통쾌하다고 기뻐합니다.'

조조를 최고의 악인으로 만든 것은 조조가 여백사 일가를 죽이고 나서 한 말입니다. 하지만 그 내용도 사실과 무척 차이가 납니다. 이 사건은 모두 세 군데에 기록되어 있습니다. 왕침의 『위서(魏書)』, 곽반의 『세어(世語)』, 손성의 『잡기(雜記)』인데, 위서는 조조의 정당방위를 주장해서 역사가들은 곽반과 손성의 기록을 믿습니다. 그중 손성의 기록에 보이는 조조의 정황은 이렇습니다.

'태조(조조)는 쇳소리가 나는 소리를 듣고 자기를 죽이려 하는 것으로 알고 마침내 밤중에 그들을 죽였다. 그리고 처량하고 구슬프게 말하기를 "차라리 내가 다른 사람들을 저버릴지언정, 다른 사람

↑ 하남성 박주의 조조상

들이 나를 저버리게 하지는 않겠다!(寧我負人, 毋人負我)"라 하고 마침내 떠났다.'

조조는 여백사 일가를 죽인 후, 곧 자신이 잘못 판단했음을 깨달았습니다. 하지만 이미 돌이킬 수 없는 일이 되었습니다. 그리하여 '처량하고 구슬프게' 자신의 심정을 외쳤습니다. 사람들이 자신을 저버리게 하지 않겠다고 말입니다. 연의는 이에 슬쩍 '천하(天下)'를 끼워넣음으로써 "내가 천하를 저버릴지언정 천하가 나를 저버리게 하지 않겠다."라는 말로 바꾸어 조조를 더욱 나쁜 놈으로 몰아세웠습니다.

도원결의하며 의형제를
맺은 곳, 탁주

"유비·관우·장비가 성은 비록 달라도 이미 형제가 될 것을 맹세했사오니 일심 협력하여 어렵고 위급한 사람을 도우며, 위로는 국가에 보답하고 아래로는 백성을 편안하게 하겠나이다. 같은 날에 태어나지는 못했지만 같은 날 죽고자 하오니 하늘과 땅의 모든 신께서는 진실로 살펴주시고, 우리들 중 의리를 배반하거나 은혜를 잊는 자가 있다면 하늘과 사람이 나서서 함께 죽여주시옵소서!"

『삼국연의』를 안 읽은 사람도 유비, 관우, 장비 세 주인공의 도원결의(桃園結義) 이야기를 모르는 사람은 없습니다. 하지만 역사서에서는 세 사람이 도원결의를 했다는 사실은 어디에도 보이지 않습니다. 다만 '유비는 관우, 장비와 함께 같은 자리에서 잘 정도로 그 다정함이 친형제 같았다. 두 사람도 유비가 많은 사람들과 있어도 온종일 주위를 떠나지 않고 경호했는데 힘들고 위험한 일도 마다하지 않았다.'라는 내용이 있을 뿐입니다. 나관중은 이러한 사실을 근거로 자신만의 문학적 상상력을 발휘하여 소설 첫 부분에 '도원결의' 이야기를 배치했습니다. 이는 당시 사회에서 일반적으로 행해지던 각종 결사체(結社體)의 결의(結義)를 종합해서 하나의 전형으로 만든 것입니다.

유비가 관우와 장비를 만나서 도원결의를 한 곳은 탁주(涿州)입니다. 탁주는 북경에서 남쪽으로 60여km 떨어진 곳입니다. 대로를 따라 달리다 보면 길 한복판에 '천하제일주(天下第一州)'라고 쓴 패루가 눈에 들어오는데, 이는 탁주에 도착했다는

▲ 장비 우물

▲ '도원결의' 장소

▲ 탁주로 들어가는 입구

표시입니다. 이곳은 소설의 주인공인 유비와 장비의 고향이기도 합니다. 삼형제가 도원결의를 한 곳으로 가는 동안 길가의 간판들이 눈에 띕니다. '도원병원', '장비반점', '도원공사'. 『삼국연의』의 고향에 왔음을 단번에 실감할 수 있습니다.

도원결의를 한 곳은 이제 '도원삼결의고리(桃園三結義古里)'라는 번듯한 관광지가 되었습니다. 입장료를 내고 안으로 들어가면 도원(桃園)을 나타낸 듯 가느다란 복숭아나무들이 엉성하게 심어져 있고 그 한가운데에는 세형제의 도원결의 장면을 재현해 놓았습니다. 그런데 삼형제의 도원결의가 엄숙하기보다는 우스꽝스럽습니다. 이곳을 찾는 사람들이 상상한 삼형제의 모습을 일부러 깨뜨리려고 만든 것인지도 모르겠습니다.

맞은편에는 소설 속 장비가 자신의 힘만 믿고 고기를 보관했다가 관우와 다툼이 일어났던 '장비우물(張飛古井)'이 있습니다. 작은 우물은 용의 모습과 비천상을 조각한 돌로 테두리를 쌓았는데 한껏 고풍스러움이 느껴집니다. 하지만 물은 진작부터 메말라버렸습니다. 이곳은 삼국시대부터 장비점으로 불렸는데, 청나라 강희제 때인 1700년 이곳에 관리로 왔던 동국익(冬國翼)이 도원결의의 뜻을 기리고자 충의점(忠義店)이라고 고쳐서 지금까지 이어져오고 있습니다.

➡ 탁주 시가지의 삼형제상

PART 2

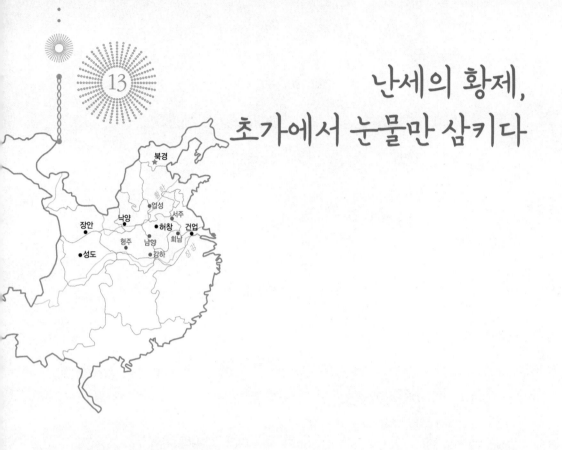

난세의 황제, 초가에서 눈물만 삼키다

13

조조에게 패한 여포는 흩어진 군마를 모아서 다시 조조와 결전을 벌이려고 했습니다. 그러자 진궁이 몸 붙일 곳부터 찾은 후에 싸워도 늦지 않는다고 말렸습니다. 여포는 원소에게 가고 싶었습니다. 진궁이 먼저 사람을 보내서 살펴보게 했습니다. 원소는 여포가 조조와 다투고 있다는 소식을 듣고, 안량에게 5만 명의 군사를 주고 조조를 도와 여포를 치라고 할 참이었습니다. 화들짝 놀란 여포는 진궁의 말을 따라 서주의 유비에게 갑니다.

유비가 여포를 맞이하려고 하자 미축이 '호랑이 같은 놈'을 거두면 안 된다고 말렸습니다. 유비는 조조가 이곳을 공격할 때 여포가 연주를 습격해 도와주었기 때문에 그 은혜를 갚아야 한다는 논리였습니다.

미축과 같은 생각이었던 장비가 한 마디 뱉었습니다.

"형님 속은 나무토막이우? 그렇더라도 방비는 해야 할 것이오."

여포는 유비의 환대 속에 지난날 도와준 일을 한껏 자랑했습니다. 그러자 유비가 여포에게 서주를 내어줄 의향을 비쳤습니다. 지키기 힘든 서주를 맡은 유비는 얼른 무거운 짐을 벗어버리고 싶었는지도 모를 일입니다. 여포가 냉큼 받으려고 하다 보니 관우와 장비의 무서운 눈빛이 보였습니다. 유비가 재차 권하자 진궁이 '강한 손님은 주인을 억누르지 않는다'며 막았습니다.

여포는 유비를 불러 주연으로 화답하고 아내와 딸을 불러 인사시켰습니다. 이는 남녀구별이 엄격하던 시대에 지극히 가까운 사이가 아니면 있을 수 없는 일입니다. 여포는 유비를 '아우'라고 부르며 가깝다는 것을 보여 주려고 했지만 장비는 눈을 부라리며 호통 쳤습니다.

"우리 형님은 금지옥엽(金枝玉葉; 황족)이신데 네 놈이 무어라고 감히 우리 형님을 아우라 부르느냐? 너 이리 나와라. 내 너와 3백 합을 겨루겠다."

유비와 관우가 장비를 말렸습니다. 유비가 여포에게 사과는 했지만 속으로는 장비에게 잘했다고 했을 겁니다. 기세에 밀린 여포가 떠나려고 하자 유비는 소패(小沛)에 자리를 마련해 주었습니다.

한편 이각과 곽사의 횡포는 갈수록 더 심해졌습니다. 태위(太尉) 양표가 슬픔으로 나날을 보내는 헌제를 위로하며 계책을 아뢰었습니다. 투기가 심한 곽사의 아내를 꼬드겨 반간계(反間計)를 써서 두 역적이 서로 싸우게 만드는 것이었습니다. 헌제는 속히 시행하라 지시하고 양표는 아내를 보내어 곽사 아내의 투기를 한껏 부추겼습니다. 드디어 반간계는 성공하고 둘은 원수처럼 싸우게 됩니다. 그런데 이 와중에 황제와 황후 등은 이각에게 잡혀가고, 비빈과 궁녀, 신하들은 곽사가 잡아갔습니다. 계책은 좋았건만 궁전으로 불똥이 튀어버렸습니다.

'고래싸움에 새우등 터진다'는 격으로 이각과 곽사의 싸움에 황궁은 불타고,

↑ 채찍을 들고 곽사를 꾸짖는 이각

황제와 신하들은 송곳바람에 뒹구는 낙엽처럼 이리 밟히고 저리 차였습니다. 조밥으로 끼니를 때워야 하는 헌제는 가슴이 미어졌습니다. 그나마 이각의 참모인 가후가 황제의 편에 서서 이각의 군세(軍勢)를 약하게 했습니다.

이각은 탐욕스럽고 무속(巫俗)을 좋아해서 무당의 말만 믿었습니다. 헌제가 상을 내려도 그 공은 무당에게만 돌렸습니다. 이각의 부하 양봉과 송과가 분통이 터졌습니다. 사지를 넘나들며 싸운 공로가 무당계집이 비비는 손만도 못한 것이었습니다. 이들은 이각을 죽이기로 했습니다. 하지만 일이 중간에 탄로 나서 송과가 죽었습니다. 양봉은 군사를 이끌고 도망쳤습니다.

장제의 노력으로 둘은 싸움을 멈추고 황제는 낙양으로 돌아가고자 했습니다. 하지만 상황은 비비 꼬여서 어가(御駕)가 이리 굴에서 빠져나왔는가 싶으면 곧 호랑이굴을 지나는 형국이었습니다. 곽사가 헌제를 납치하려 할 때 양봉이 나섰습니다. 양봉이 힘이 부칠 때, 동귀비의 아버지인 동승이 구원했습니다. 곽사는 여의치 않자 이각과 다시 합쳐 헌제를 죽이고 천하를 나눠 갖기로 약속합니다. 동탁을 뛰어넘어 천하를 주무르려하니 헌제의 처지가 살아도 산 것이 아닙니다.

양봉과 동승은 형세가 불리하자 궁여지책으로 백파적(白波賊)의 두목들을 불러들였습니다. 그간의 죄를 용서하고 벼슬을 준다고 하자, 한섬, 이낙, 호재가 군사를 이끌고 달려왔습니다. 이각과 곽사는 가는 곳마다 재물을 약탈하고 부녀자를 겁탈했습니다. 장정들을 모아 감사군(敢死軍)으로 삼고 맨 앞에서 싸우다 죽게 만들었습니다. 오합지졸인 백파적들은 곽사에게 크게 패했습니다.

헌제는 엄동설한에 계속 달아나야만 했습니다. 양봉과 동승이 호위했지만 사태는 급박해졌습니다. 추격병은 바짝 다가오고 앞은 황하(黃河)가 가로막았습니다. 헌제와 황후는 겨우 나룻배에 의지하여 황하를 건넜습니다. 황제를 따르던 사람들이 다투어 배를 타려고 하자, 이낙이 칼을 휘둘렀습니다. 손가락이 잘리고 강물에 수장되는 자가 부지기수였습니다. 황하를 건너니 겨우 10여 명만이 헌제 곁에 있었습니다.

황하를 건너려는 신하들의
팔을 자르는 이낙

헌제는 소달구지에 몸을 의지하고 조밥으로 곯은 배를 달래며, 가시나무로 울타리를 친 초가집 마당에서 국사를 의논해야 했습니다. 불러들인 백파적들의 행패도 말할 수 없을 정도였습니다. 게다가 이낙은 무뢰배들까지 대거 불러들여 벼슬을 요구했습니다. 헌제는 눈물도 말랐습니다. 망명정부도 이 정도는 아니었을 것입니다. 양봉과 동승은 이낙의 횡포가 도를 넘어서자 급히 어가를 호위해 나갔습니다. 그러자 이낙은 이각·곽사와 손잡고 먼저 황제의 어가를 추격했습니다. 반간계가 성공하는가 싶더니 이젠 세 명이 뭉쳐서 헌제를 죽이려고 뒤쫓고 있습니다.

모종강은 이각과 곽사는 두 명의 동탁이라고 평했습니다. 둘 중 한 명이 죽으면 나머지 한 명은 제 세상을 만난 듯 기뻐 날뛸 것이라고 했습니다. 또 여포는 천자의 명령을 받아 동탁을 죽였으니 대의명분(大義名分)을 빌어 사사로운 원수를 갚은 것이고, 곽사가 이각을 공격한 것은 천자의 명령 없이 행한 것이기에 사사로운 원수를 갚으려고 한 것일 뿐 대의명분은 만들지 못했다고 평했습니다. 그렇기에 여포의 행동은 동탁과 다르고 곽사의 행동은 이각과 같다고 했습니다.

사실 '대의명분'이라는 것도 가진 자들과 그것을 차지하고 싶은 자들이 만든 정치적 술수에 지나지 않습니다. 그리고 반드시 '민심은 곧 천심'이라는 말에 일치시킵니다. 하지만 그들은 민심(民心)을 읽지 않습니다. 이들에게 민심이란 자신들의 욕심(慾心)이자 이를 채우는 수단에 불과하기 때문입니다.

고주망태 장비가
서주성을 빼앗기다

이낙이 군사를 이끌고 이각과 곽사를 사칭하며 헌제를 잡으려고 했습니다. 하지만 양봉이 이낙임을 알아차렸습니다. 서황이 말을 몰고 달려가 단 1합에 이낙의 목을 베었습니다. 헌제는 우여곡절 끝에 드디어 낙양에 입성합니다. 그러나 궁궐은 모두 불타고 황무지엔 다북쑥만 지천으로 널렸습니다. 헌제는 작은 궁을 하나 짓고 기거했고 문무백관은 가시덤불에 서서 조회를 열었습니다.

헌제는 '흥평(興平)'이란 연호를 버리고 '건안(建安)'으로 고쳐 부르게 했습니다. '흥하고 평안한' 시대는 허황한 꿈이고, '안정을 세우는' 것이 작금의 간절한 소망이었습니다. 그러나 하늘은 또다시 흉년을 안겨주었고 모두가 초근목피(草根木皮)로 연명해야만 했습니다. 전쟁에서 죽은 자 못지않게 배고파 굶어 죽은 자가 담장 사이에 널렸습니다. 한나라 4백 년의 역사가 이보다 더 쇠약한 적이 없었으니 헌제의 운명도 참으로 기구할 뿐입니다.

백사가 죽어 망탕산에 피 흐르니	血流芒碭白蛇亡
붉은 깃발이 온 천하에 가득했도다.	赤幟縱橫遊四方
진나라 몰아내어 사직 세우고	秦鹿逐翻興社稷
초패왕도 넘어뜨려 국토를 정했었네.	楚雛推倒立封疆
천자는 쇠약하고 간신배만 넘쳐나니	天子懦弱奸邪起
국운은 시들고 도적 떼만 날뛰누나.	氣色凋零盜賊狂
낙양과 장안의 재난 목격한다면	看到兩京遭難處
눈물 없는 철인도 넋을 잃고 말 것이네.	鐵人無淚也凄惶

↑ 이낙의 목을 벤 서황

산동(山東)을 장악한 조조는 황제가 낙양으로 돌아왔다는 소식을 듣고 참모들과 상의를 했습니다. 순욱이 속히 천자를 받들어 모시고 여망을 따르는 것이 좋은 책략이라고 제안했습니다. 때마침 천자가 조조를 부른다는 조서가 도착합니다. 조조는 기쁜 마음으로 서둘러 군사를 출동시켰습니다.

한편 헌제는 이각과 곽사가 낙양으로 쳐들어온다는 소식에 다시 몸을 피해야만 했습니다. 이때 조조군이 도착하여 황제를 진정시키고 이각과 곽사를 상대했습니다. 이각과 곽사는 가후의 진언도 듣지 않고 조조군과 싸우다가 대패하고 겨우 목숨만 건져 산속으로 도망쳤습니다. 이제 헌제는 조조가 지켜주어 큰 시름을 놓았습니다.

동소가 헌제의 명을 받고 조조를 찾아왔습니다. 동소는 조조에게 춘추 오패(五覇)의 공업(功業)을 이루기 위해서라도 거가(車駕)를 허도(許都)로 옮겨 모실 것을 제안합니다. 조조는 동소와 생각이 맞아떨어지자 그의 손을 꼭 잡으면서 이렇게 말합니다.

"이 조조가 힘쓰는 일들을 공께서 잘 도와주시오."

나관중은 이 부분을 다르게 표현했습니다.

"공께서 언제나 내 옆에서 하면 안 되는 일들을 가르쳐주시오. 내가 잊지 않고 보답하겠소."

나관중은 조조가 '하면 안 되는 일들'을 가르쳐 달라고 했습니다. 하지만 모종강은 조조가 '힘쓰는 일들'을 도와달라는 것으로 고쳤습니다. 같은 결과라 하더라도 '아 다르고 어 다른 법'인데, 모종강이 쓴 조조의 어투에는 기본적으로 '간사함'이 배어 있습니다.

조조는 허도로의 이전 준비를 완료하고 헌제의 승낙을 받습니다. 좋은 날을 잡아 허도로 향하던 중, 양봉의 부하인 서황이 길을 막았습니다. 조조는 허저와 싸우는 서황을 보고 부하로 삼고 싶었습니다. 그를 알고 있는 만총이 나서서 서황을 데리고 왔습니다. 조조는 허도에 궁전을 짓고 종묘와 사직을 세웁니다. 낙양에 버금가는 성곽과 건물들을 세

▲ 난세의 비장 여포

우고 헌제와 황후를 모셨습니다. 조조는 이 공훈으로 대장군에 오르고 참모들에게도 각각 벼슬을 주었습니다.

조조는 서주의 유비와 소패의 여포가 함께 쳐들어올 것을 걱정하여 참모들과 이를 논의했습니다. 그러자 순욱이 '이호경식지계(二虎競食之計)'를 제안합니다. 두 마리의 호랑이를 싸움시켜 서로를 죽이게 만드는 계략입니다. 조조는 헌제에게 주청하여 유비를 공식적인 서주목(徐州牧)으로 임명합니다. 그리고 별도로 '여포를 죽이라'는 밀서(密書)를 보냈습니다. 유비는 천자의 조서는 받고, 밀서는 천천히 생각하겠다며 계략을 빠져나갔습니다. 여포를 극도로 미워하는 장비가 말했습니다.

　　"여포는 애당초부터 의리라고는 없는 놈입니다. 그런 놈을 죽이라고 하니 오히려 잘됐지 않습니까?"
　　"그가 갈 곳이 없어서 내게 의지하러 왔는데 내가 만일 그를 죽인다면 나 또한 의롭지 못한 사람이 되지 않겠느냐?"
　　"참! 사람이 매양 좋기만 해서는 아무 일도 못하는 법입니다."

유비는 여포에게 밀서를 보여 주고 조조의 계략에 넘어가지 않았습니다. 여포는 유비에게 감사를 표했고 관우와 장비도 그제야 이해했습니다. 순욱은 계책이 실패하자 다시 호랑이를 몰아 이리를 잡아먹게 하는 '구호탄랑지계(驅虎呑狼之計)'를 내놓습니다. 이에 조조는 유비에게 천자의 조서를 보내 원술을 공격하게 했습니다. 원술에게도 사람을 보내 유비가 황제께 밀표(密表)를 올려 원술의 영역인 구강군(九江郡)을 빼앗으려 한다고 귀띔했습니다.

유비는 조서를 받고 이 또한 조조의 계략이라는 것을 알았습니다. 하지만 천자의 명령을 어길 수는 없었습니다. 유비는 서주성을 장비에게 맡기고 원술을 공략하기로 했습니다. 유비는 술고래 장비가 성을 지키는 것이 걱정이 되어 발걸음이 떨어지지 않았습니다. 그러자 장비가 다짐합니다.

'이제부터는 술은 입에도 안 대고 병사들도 때리지 않겠소. 모든 일을 형님 충고대로 하겠습니다.'

말로 하는 약속은 언제나 쉽습니다. 하지만 정작 행동으로 지키기는 어렵습니다. 장비는 며칠이 지나자 술이 그리워 몸살이 났습니다. 관원들을 초대해 잔치를 열고는 '오늘만 취하도록 마시고 내일부터는 모두가 술을 끊자'고 했습니다. 자신만 안마시면 될 것을 남들까지 끌어들이며 너스레를 떠는 꼴이 예나 지금이나 변함이 없습니다.

관원 중에 조표는 체질적으로 술이 맞지 않았습니다. 그런데 장비는 조표에게 한사코 술을 먹이려다가 재삼재사 사양하자 곤장 1백 대를 때리겠다고 엄포를 놓았습니다. 이에 조표가 사위인 여포를 봐서라도 용서해 달라고 했습니다. 조표의 이 말은 장비의 불같은 성격에 기름을 부은 꼴이 되었습니다.

"뭐라고? 여포오오~라고?"

장비에게 여포는 죽이고 싶도록 미운 놈인데, 조표가 바로 죽이고 싶은 놈의 장인이라니 술 취한 장비가 가만히 있겠습니까.

"나는 그냥 너를 겁주려고 해 본 소린데, 네가 오히려 여포를 가지고 나를 겁주려고 하니 내가 어찌 그냥 넘어갈 수 있겠느냐. 너는 오늘 내게 제대로 맞아봐야겠다. 내 여포를 때리듯이 너를 때려야겠다."

조표는 말 한마디 잘못해서 그야말로 치도곤을 당했습니다. 조표는 너무 분하고 원한에 사무쳤습니다. 그 밤으로 소패에 편지를 보냈습니다. 여포는 즉시 군사를 이끌고 서주로 왔습니다. 조표가 성문을 열어주었고 장비는 술이 취해 싸울 수가 없었습니다.

張飛醉酒打曹豹
燕雄畵

조표에게 강제로 술을
마시게 하는 장비

장비는 조표만을 죽이고 수십 명의 기병과 함께 원술과 대치 중인 유비에게로 갔습니다. 장비를 본 유비는 너무 놀라 한숨만 나왔습니다. 가까스로 마음을 진정시키고 말했습니다.

"서주성을 얻었어도 기쁘지 않았으니 이제 잃었다고 원통하지도 않다!"

형수가 성안에 갇혀 있다는 말에 관우가 펄쩍 뛰며 받아쳤습니다.

"네가 성을 지키겠노라고 장담했을 때 뭐라고 했느냐? 형님께서는 또 뭐라고 신신당부하셨더냐! 그런데 이렇게 성도 잃고 형수님마저 놓아두고 왔으니 대체 제정신이란 말이냐!"

죽을죄를 지은 장비는 할 말이 없었습니다. 그래서 칼을 뽑아 자결하려고 했습니다.

형제는 수족과 같고
처자는 의복과 같다

관우에게 꾸중을 들은 장비가 칼을 빼어 자결하려고 하자, 유비가 달려들어 막으면서 말했습니다.

"예부터 형제는 수족과 같고 처자는 의복과 같다고 했다. 의복이야 찢어지면 다시 꿰매면 되지만 수족은 갈라지면 어찌 다시 잇겠느냐?"

유비가 이 말을 하면서 울자, 관우와 장비도 깊이 감동하여 부둥켜안고 울었습니다. 이 부분을 읽을 때면 유비란 인물에 대해 한 번 더 생각하게 됩니다.

유비는 정녕 형제가 자식보다 중요하다고 생각했을까요? 가부장적 봉건제 사회에서 그것은 모순입니다. 왕권 같은 권력도 직계혈통에게 물려주는 시대입니다.

오히려 방계인 형제가 직계인 자식의 자리를 빼앗지 못하도록 모든 조치를 취합니다. 처첩제가 공인된 시대이니 부인은 자식만 못할 수 있습니다만, 이것도 미모와 현명함, 처가의 영향력에 따라 달라집니다.

그렇다면 유비는 왜 이런 말을 했을까요? 관우와 장비의 마음을 확실하게 붙잡기 위해서입니다. 군웅할거시대에 유비는 제일 볼품없는 군웅입니다. 가슴속에 품은 야심은 조조를 능가하지만 현실적인 힘인 무력(武力)은 미약했습니다. 그나마 관우와 장비의 뛰어난 무공(武功)이 유비의 든든한 보루인 셈입니다. 이러한 때, 장비의 실수를 질책하여 그가 자결한다면 도원결의의 굳은 신념에 따라 관우도 자결하거나 떠날 것입니다. 야망 가득한 유비로서는 있을 수 없는 일입니다. 이에 조조를 능가하는 임기응변으로 두 의형제의 마음을 사로잡습니다. 유비라는 인물의 특기이지요. 게다가 장기(長技)인 눈물까지 사용하니 형제의 가슴속에는 그야말로 뜨거운 감동의 물결이 넘치지 않을 수 없을 것입니다.

다시 연의 속으로 돌아가지요. 유비와 대치하고 있던 원술은 여포가 서주를 빼앗은 것을 알자 곧바로 사람을 보내 양곡과 말, 금은과 비단을 잔뜩 줄 테니 유비를 협공해달라고 제안합니다. 여포는 원술의 제안을 두말없이 승낙하고 부장 고순에게 5만 명의 군사를 주고 유비의 배후를 습격하라고 명령합니다. 이를 안 유비가 장대비를 이용하여 군사를 물려 달아났습니다.

고순이 군사를 몰고 들이닥쳤지만 결국 헛걸음만 한 꼴이 되고 말았습니다. 그래도 여포는 원술이 약속한 것은 받아야만 했습니다. 하지만 원술의 생각은 달랐습니다.

"비록 고순이 왔다고는 하지만 유비를 제거하지는 못했으니, 나중에 유비를 잡으면 그때에 약속한 것을 보내 드리겠소."

전투에서 승리하지 않았으니 전투를 치르느라 소요된 물자는 나하고는 상관이

孫策義釋太史慈 葉雄 畵

▲ 태사자를 수하로 맞아들이는 손책

없다는 것이지요. 여포가 뿔이 나는 것은 당연한 일입니다. 불같은 성격의 여포를 진궁이 다독여 출군을 멈췄습니다.

유비는 여포가 온다는 말에 놀라 광릉을 뺏으러 갔다가 원술의 기습에 패하고 말았습니다. 이때, 여포가 유비를 부르자 유비는 아우들을 타이르며 서주로 갑니다. 여포도 유비가 의심할 것을 우려하여 먼저 사람을 시켜 유비의 두 부인인 감부인과 미부인을 보냅니다. 여포는 반갑게 유비를 맞이하고 성을 차지한 연유를 설명했습니다.

> "내가 성을 뺏으려고 한 것이 아니오. 영제(슈弟)인 장비가 술에 취해 살인까지 저지른다기에 혹시 실수가 있을까봐 일부러 지켜주려고 왔던 것뿐이외다."

그러자 유비는 여포에게 벌써부터 서주를 양보하려고 생각했다고 하면서, 성을 받으라고 합니다. 여포는 건성으로 서주를 사양하고, 유비는 극력으로 서주를 바쳤습니다. 지키지 못할 것을 억지로 맡은 유비. 차지하고 싶지만 억지로 참고 있는 여포. 이 둘이 만들어내는 대화의 해답은 너무도 뻔합니다.

> '나 진짜 갖기 싫은 것을 억지로 맡았는데 너는 그렇게 갖고 싶어 안달이 났으니 네가 가져라!'

유비도 좋고 여포는 더욱 좋은데, 속이 부글부글 끓는 사람이 있었으니 바로 관우와 장비였습니다. 유비가 이런 두 아우에게 아예 복장(腹臟)이 터지는 말을 합니다.

> "시세가 좋지 않으면 몸을 굽힌 채 분수를 따르고 때를 기다려야 하는 법이다. 운명과 싸우려고 해서는 얻는 것이 없다."

모종강도 이 부분에서 다음과 같이 평했습니다.

'여포가 연주를 기습했어도 조조는 즉시 연주를 되찾을 수 있었지만, 여포가 서주를 기습하자 유비는 서주를 되찾지 못했다. 유비의 재능이 조조보다 못한 것이 아니라 유비의 현실이 힘이 없었기 때문이다. 원래는 여포가 유비에게 의탁했었는데, 이제는 거꾸로 유비가 여포에게 의탁하는 처지가 되었다. 손님이 주인이 되고 주인이 손님이 되었으니 유비의 갈 길이 험난하기만 하다.'

신이 난 여포는 유비가 있는 소패로 양곡과 옷감들을 보내주었습니다. 이제 다시 두 사람은 사이좋게 지냈습니다. 그런데 여포가 유비에게 준 것은 물자만이 아니었습니다. 나관중본을 살펴보면 '여포가 유비를 예주자사(豫州刺史)가 되게 하였다'고 했습니다. 서주를 차지한 여포도 나름대로 유비를 위해 애썼던 것입니다. 그런데 모종강본에서는 이러한 내용이 삭제되었습니다. 왜일까요? 악인 조조에 이어 여포도 배신을 밥 먹듯 하는 '패륜아'로 낙인찍었기에 그를 도와주는 내용들은 필요가 없는 것입니다.

한편 손책은 원술 밑에서 연전연승하자 원술이 크게 신임합니다. 그리고 손책 같은 자식이 없음을 한탄합니다. 원술이 아끼는 손책이건만 정작 손책은 우울했습니다. 부친인 손견처럼 영웅이 되어 천하를 도모하지 못하고 남의 밑에서 지내고 있는 자신의 신세가 처량하고 한스럽기만 했습니다.

▲ 양주자사 유요

이러한 손책에게 주치와 여범이 계책을 줍니다. 손책은 부친이 남겨놓은 옥새(玉璽)를 원술에게 맡기는 대신 3천 명의 군사를 얻어 원술에게서 벗어납니다.

이후 손책은 주유, 정보, 황개, 한당 등 옛 장수들과 함께 강동을 차례로 평정하여 기틀을 다져나갑니다. 그리고 양주자사(揚州刺史) 유요에게

周泰赤身救孫權
乙酉春 葉雄畵

⬇ 알몸으로 산적을 무찌르고
  손권을 구하는 주태

의탁하고 있던 태사자를 여러 번의 싸움 끝에 마침내 수하로 맞아들입니다. 손책의 아우인 손권은 주태와 선성(宣城)을 지키다가 밤중에 산적 떼의 공격을 받았습니다. 주태는 알몸으로 도적들과 싸우며 손권을 지켜냈습니다. 이 과정에서 주태가 중상을 입고 목숨이 위태롭게 되자, 손책은 백방으로 수소문해 명의(名醫) 화타를 모셔오게 합니다.

손책은 강동을 평정한 후, 원술에게 옥새를 돌려줄 것을 요청합니다. 하지만 황제가 되고픈 야심이 있는 원술은 둘러만 댈 뿐 돌려주지 않았습니다. 한술 더 떠서 빌려간 군사로 강동을 차지하고 은혜도 안 갚는 무례한 놈이라고 비난합니다. 그리고는 버르장머리를 고쳐놓겠다고 큰소리를 쳤습니다. 그러자 수하인 양 대장이 강동은 지형이 험난하여 공격이 어려우니 뒤로 미루고, 우선은 지난 날 무고하게 공격해왔던 유비를 쳐서 원한을 갚을 것을 주문합니다. '서주'라는 혹을 떼고 소패로 물러난 유비에게 또다시 위기가 닥쳐오고 있습니다.

신궁 여포가 화살 한 발로 전쟁을 막다

원술은 손책을 치는 것을 뒤로 미루고 먼저 유비를 공격하기로 했습니다. 수하인 양대장의 제안을 받아들여 여포에게 양곡 12만 섬을 밀서와 함께 보냈습니다. 밀서의 내용은 원술이 유비를 공격할 때 군사를 움직이지 말아달라는 것이었습니다. 여포는 기뻐하며 수락했고, 원술은 기령으로 하여금 군사를 이끌고 유비를 잡도록 했습니다.

이 소식을 들은 유비는 여포에게 편지를 보내 도움을 요청합니다. 나관중본에는 유비의 편지를 본 진궁이 여포에게 하는 말이 실려 있습니다.

"유비가 오늘은 곤경에 빠졌지만 이후로는 반드시 천하를 사방으로 누비면서 장군에게 걱정거리가 될 것이니 구해주지 마십시오."

여포는 진궁이 말하지 않아도 원술의 속셈을 간파합니다. 유비를 도모한 후에는 자신을 도모할 것을 말입니다. 그래서 유비를 구원하려고 군사를 일으켰습니다. 여포가 유비를 지원하기 위해 오자 기령이 여포를 책망했습니다. 여포는 '양쪽 모두 나를 원망하지 않게 하겠다'며 각각의 영채로 사자를 보내 유비와 기령을 불렀습니다. 급한 유비가 먼저 왔습니다. 여포가 유비를 안심시켰습니다.

"내 이제 특별히 공을 위기로부터 구해줄 터이니 훗날 뜻을 이루면 잊지 말아야 하오."

여포는 두 사람과 술잔을 몇 번 나누고 자신의 화극을 원문 밖에 꽂으라고 하였습니다. 그리고 제안합니다.

"여기서 원문까지는 150보(步)쯤 떨어져 있소. 내가 이 화살 한 발을 쏘아 화극의 작은 날을 맞히면 싸움을 그만두고, 만일 못 맞히면 그때는 싸워도 좋소."

유비는 당연히 찬성했습니다. '여포가 꼭 맞혀주세요' 하는 축수(祝手)까지 했습니다. 기령은 '설마 저걸 맞힐 수 있겠느냐'며 허락했습니다. 드디어 여포가 활시위를 힘껏 당겼다가 짧은 기합소리와 함께 활을 쏘았습니다. "착(着)!〔맞아라!〕". 여포가 쏜 화살은 빠르게 날아가 화극의 작은 날을 귀신같이 맞혔습니다. 유비는 다행이라고 생각하면서도 한편으로 부끄러웠고, 기령은 눈을 의심하다가 이내 걱정이 태산이었습니다. 신궁(神弓) 여포를 찬양하는 시가 있으니 그냥 지나갈 수 없지요.

여포는 세상에 제일가는 신궁	溫侯神射世間稀
원문에 활 맞춰 혼자서 전쟁을 막았네.	曾向轅門獨解危
해를 떨어뜨렸다는 후예도 한 수 아래요	落日果然欺后羿
원숭이를 울렸다는 양유기보다도 고수네.	號猿直欲勝由基

시위를 당긴 줄이 과녁을 향해 울고	虎筋弦響弓開處
매깃 바람 가르며 화살은 날아	雕羽翎飛箭到時
화극날 맞히며 꼬리장식 흔드니	豹子尾搖穿畫戟
십만 장병 일제히 싸움을 멈추네.	雄兵十萬脫征衣

기령이 여포의 편지를 가지고 돌아오자 원술은 대노했습니다. 이에 기령은 여포의 딸을 며느리로 맞이하여 인척이 된 후, 여포가 유비를 죽이도록 하는 '소불간친계(疏不間親計)'를 제안합니다. 원술은 한윤을 보내 혼담을 주선토록 했습니다. 여포의 처인 엄씨가 적극 찬성하자 여포도 흔쾌히 수락합니다. 진궁은 원술의 계략을 간파했지만 오히려 서둘러 혼사를 치를 것을 주문합니다. 신이 난 여포는 혼수를 장만하여 딸을 보냈습니다.

진등의 부친인 진규가 이 사실을 알고는 여포를 만나 원술의 계략을 알려주었습니다. 놀란 여포는 장료를 시켜 한윤을 붙잡고 딸을 데려옵니다. 여포가 이처럼 유비를 생각하며 원술의 계략에 속지 않고 있을 때, 장비가 여포의 말 150마리를 빼앗는 일이 벌어졌습니다. 대노한 여포가 군사를 몰고 소패로 달려갔습니다. 유비도 황망히 군사를 이끌고 나왔습니다. 여포가 유비에게 따지자 여포라면 이를 가는 장비가 싸움을 걸었습니다. 여포도 더 이상 참을 수 없었습니다. 장비가 분개하며 여포의 가슴팍에 대못을 박는 말을 퍼부었습니다.

"너는 내가 말을 뺏은 것에는 성질을 부리면서 우리 형님의 서주를 뺏은 것은 왜 말이 없느냐?"

두 사람은 씩씩대며 1백여 합을 싸웠습니다.

↑ 조조의 지방 순욱

유비는 징을 쳐서 장비를 불러들였습니다. 유비는 장비가 여포와 싸울 동안 속으로 이겨주기를 바랐던 것은 아닐까 모르겠습니다. 유비가 여포에게 말을 돌려주겠다고 하자, 여포는 이쯤에서 싸움을 끝내려고 했습니다. 하지만 진궁이 이 기회에 유비를 없애야 한다고 진언하자 여포는 계속 유비를 공격했습니다. 결국 유비는 소패를 버리고 허도(許都)의 조조에게로 도망쳤습니다.

조조는 유비를 처단해야 한다는 순욱과 순유의 말보다는 곽가의 의견대로 유비를 받아들입니다. 이어 황제인 헌제에게 유비를 예주목(豫州牧)에 추천하고 군사와 군량을 지원해주었습니다. 그리고 함께 여포를 치려고 했습니다. 그런데 이때, 장수가 허도와 지척인 남양(南陽)의 완성을 공격하여 점거하고 허도를 노린다는 급보가 날아옵니다. 조조는 여포에게 벼슬을 후하게 올려주어 안심시키고 직접 대군을 이끌고 남양으로 향했습니다.

조조의 대군에 기세가 눌린 장수는 참모 가후의 말대로 투항했습니다. 조조는 완성에 무혈 입성했습니다. 장수는 며칠간 조조에게 향연을 베풀었습니다. 그런데 조조는 장수의 숙모인 추씨의 미색에 반해 몰래 그녀를 불러들이고는 슬며시 흑심을 던집니다. 이 부분은 월탄(月灘)의 문장으로 읽어야 영화처럼 선명하게 그려집니다.

↑ 조조의 뛰어난 참모 곽가

"나는 장씨네 집안을 멸족시키려 했는데, 오늘 부인을 만나게 되니 이것도 천생연분인가 보오. 하하하, 부인의 낯을 보아 앞으로 용서하겠소."

미인 추씨는 다시 일어나 두 번 절하며 나직하게 고했다.

"저희 집안을 재생시켜 주신 승상 각하의 태산 같은 은혜를 어찌하면 다 갚겠습니까?"

조조는 다시 추씨의 손을 잡았다. 과부 추씨는 조조의 손을 뿌리치지 아니했다.

맨몸으로 조조를
구하는 전위

조조는 추씨를 데리고 영채로 돌아와 두문불출하고 지냅니다. 결국 장수가 이 사실을 알고는 대노하여 조조를 처단할 계략을 펼칩니다. 근위대장인 전위를 취하게 만든 후 그의 무기인 쌍철극을 훔쳐내고 한밤중에 조조의 영채를 기습했습니다. 취해있던 전위는 갑옷도 걸치지 못한 채 칼 한 자루로 적병을 막았습니다. 하지만 중과부적(衆寡不敵). 결국 피를 쏟으며 죽었습니다. 조조는 전위가 죽음으로 막는 사이에 달아났습니다. 그 와중에 조카 조안민과 큰아들인 조앙을 잃었습니다. 남의 부인을 탐한 죄가 실로 엄청났습니다.

모종강은 이 부분에서 조조에 대해 이렇게 평합니다.

　'동탁은 남의 부인을 좋아했고 조조 역시 그러했다. 이런 연고로 동탁은 여포에게 죽었는데 조조는 장수에게 죽지 않았다. 왜 그런가. 동탁은 심복의 마음을 잃었기 때문이고, 조조는 심복의 마음을 잡았기 때문이다. 결국 흥망성쇠는 어떻게 사람을 쓰느냐에 달려있는 것이니, 어찌 여인을 좋아하고 좋아하지 않는 것에 달려있다 하겠는가.'

목숨을 건진 조조는 전위의 제단(祭壇)을 마련하고 제사를 지냈습니다. 그리고 울며 말했습니다.

　"내 큰아들과 조카를 잃은 슬픔은 참을 수 있을지라도 전위를 잃은 슬픔에 나오는 눈물은 참을 수가 없구나."

이 부분을 읽을 때면 영웅호걸이라는 자들의 공통된 인식을 읽을 수 있습니다. 처나 자식보다는 충성스런 의형제나 부하를 선호한다는 것을 말입니다. 유비도 형제는 수족이지만 처와 자식은 의복에 불과하다고 했으니까요. 하지만 이는 어디까지나 형제와 부하들을 감동시켜 더욱 충성하게 만드는 연기에 불과한 것이지요. 조조나 유비 모두가 후흑(厚黑)의 대가들이니 말입니다.

조조가 머리카락을 잘라 군령을 세우다

원술은 회수 남쪽의 넓고 비옥한 땅을 차지하고 있었습니다. 그는 손책이 맡겨둔 옥새를 보며 점점 마음이 부풀어 올랐습니다. 급기야 황제가 되기로 마음먹었습니다.

그러자 주부(主簿) 염상이 말렸습니다.

"그것은 안 될 일입니다. 옛날 주나라 후직(后稷)은 몇 대에 걸쳐서 덕과 공을 세웠고, 문왕(文王) 때에는 천하의 대부분을 차지했음에도 신하로서 예의를 다하며 은나라를 섬겼습니다. 지금 공의 가문이 대대로 고귀하다고는 하나 주나라 후직처럼 왕성하지 않았고, 한 왕실이 쇠약하다고는 하나 은나라의 주왕(紂王)처럼 포악하지 않습니다. 지금 그런 일은 절대로 해서는 안 됩니다."

황제를 참칭한 원술

이 말을 듣고 화가 난 원술은 반대하는 자는 모조리 참수하겠다며 입을 막은 후 황제에 올랐습니다. 연호를 중씨(仲氏)라 하고 풍방의 딸을 황후로 책립했습니다. 여포의 딸을 오게 하여 동궁비로 삼으려고 했는데, 여포가 중매자로 나선 한 윤을 잡아 허도로 보내서 조조가 죽였다는 것을 알고 20여 만 명의 대군을 이끌고 서주로 쳐들어왔습니다.

여포는 대책회의를 열고 진등의 계략을 받아들여 원술의 부하인 한섬과 양봉이 여포와 내응토록 하는 한편, 유비에게도 구원을 청했습니다. 황제의 깃발을 나부끼며 진격해 온 원술이 여포를 꾸짖었습니다.

"툭하면 주인을 배반하는 종놈아!"

화가 머리끝까지 치민 여포는 말이 필요 없었습니다. 화극을 뻗쳐들고 적토마를 내달렸습니다. 원술의 장수와 부하들은 추풍낙엽처럼 쓰러지고 산 자들은 도망치느라 아수라장이 되었습니다. 원술이 패잔군을 이끌고 허둥댈 때 이번에는 관우가 길을 막았습니다.

"황제를 참칭하는 반역자 놈아! 아직도 죽음을 받지 않았더냐?"

원술은 크게 패하고 회남으로 쫓겨 갔습니다. 원술은 손책에게 군사를 빌려달라고 손을 내밀었습니다. 손책은 자신이 맡겨놓은 옥새로 황제를 참칭하는 대역부도(大逆不道)한 놈이라며 거절했습니다. 둘이 맞붙으려는 때에 조조의 사자가 손책에게 왔습니다. 손책을 회계태수(會稽太守)에 제수하고 원술을 정벌하라는 것이었습니다. 손책은 조조와 협공할 것을 요청했습니다. 그러자 조조는 17만 명의 군사를 이끌고 유비, 여포 등과 함께 원술을 정벌하러 달려왔습니다.

원술은 전세가 불리해지자, 부하들에게 수춘성(壽春城)을 지키게 하고 자신은 몸을 피했습니다. 조조군의 군량이 바닥나기만을 기다리는 지연작전을 펴기로 한 것입니다.

전투는 지지부진했습니다. 흉년으로 군량미 마련도 쉽지 않았습니다. 조조는 손책에게 양곡 10만 섬을 빌렸지만 넉넉하지 못했습니다. 양곡 창고지기 왕후가 걱정하자 조조가 말했습니다.

"우선 작은 되로 나누어 주어 급한 불부터 꺼야 할 것이다."
"병사들이 원망을 할 텐데 괜찮겠습니까?"
"괜찮다. 나에게 다 생각이 있느니라."

양식을 줄이자 왕후가 염려한 것처럼 군사들의 불만이 높아졌습니다. 조조는 은밀하게 왕후를 불러 한 가지 물건을 빌려달라고 했습니다. 왕후가 당황하고 있는 사이에 끌어내어 단칼에 목을 베어버리고 군사들이 볼 수 있도록 방을 붙였습니다.

'왕후가 군량을 작은 되로 나누어 주고 나머지는 빼돌렸으므로 군법에 따라 처형하노라.'

이와 함께 영채의 장수들에게 명령을 내렸습니다. 사흘 안에 성을 함락하지 못하면 모두 참형에 처하겠다고 말입니다. 결국 조조군은 힘을 합쳐 성을 점령했습니다. 원술이 황제를 참칭한 것에 대하여 모종강은 아래와 같이 평했습니다.

'원술이 황제를 칭하자 천하가 함께 그를 공격한다. 조조가 호시탐탐 기다리며 속내를 보이지 않는 것은 천자의 자리가 시답지 않아서 가만히 있는 것이 아니라, 바로 천하의 공격이 두려워 감히 엄두를 못내는 것뿐이다. 천자가 되는 것은 천하의 권력을 손아귀에 잡는 것인데, 권력은 모두 자신이 잡고 명분은 모두 황제에게 돌리니 조조의 계획은 훌륭하기만 하다. 조조는 호칭은 사양하고 실속만을 차지했는데, 원술은 실속도 없이 호칭만 고집했으니 어찌 교묘한 조조요, 우둔한 원술이라고 아니 할 수 있겠는가.'

曹操割髮權
為首乙酉春
羲雄畫

↑ 머리카락을 잘라
참수를 대신하는 조조

조조가 원술을 뒤쫓아 뿌리를 뽑으려고 할 때, 장수가 다시 세력을 뻗쳐 남양(南陽)의 여러 현들이 반기를 들었습니다. 조조는 허도로 돌아와 군세(軍勢)를 점검하고 반란을 일으킨 장수를 토벌하기 위하여 출병했습니다. 이때는 보리를 수확할 때였습니다. 조조는 전군에 '보리를 밟는 자는 누구든 참수하겠다'는 군령을 내렸습니다. 군사들은 모두 조심해서 지나갔고 백성들은 모두 기뻐하며 절을 했습니다.

그런데 조조의 말이 비둘기에 놀라 보리를 밟았습니다. 조조는 자신이 내린 명령을 자신이 어긴 것이 되자, 즉각 칼을 빼어 스스로 목을 찌르려고 했습니다. 이에 참모들이 다같이 달려들어 말렸습니다. 그러자 조조는 자신의 두발(頭髮)을 잘라 참수를 대신했습니다. 이를 본 군사들은 군령을 엄수하며 무사히 보리밭을 지나갔습니다.

용사 10만이면 마음도 10만 가지니	十萬貔貅十萬心
한 사람 명령으로 다잡기는 어렵도다.	一人號令衆難禁
머리칼 싹둑 잘라 수급으로 삼으니	拔刀割髮權爲首
조조의 깊은 속임수를 여기서 보네.	方見曹瞞詐術深

모종강도 이 부분에서 또 조조를 이렇게 평했습니다.

'조조는 평생 빌려서 활용하지 않은 것이 없다. 천자를 빌려 제후를 호령했고 제후를 빌려 제후를 공격했다. 나아가 군사들을 진정시키기 위해서 왕후의 머리도 빌렸고, 군령을 잡기 위해서 자신의 머리카락도 빌렸다. 무엇이든 빌리는 꾀는 점점 기이해지고 어떻게든 빌리는 기술은 점입가경(漸入佳境)이다. 그야말로 천고에 길이 남을 간교한 영웅이다.'

조조는 남양으로 진군하여 장수를 공격했습니다. 장수는 성을 지키며 나오지 않았습니다. 이에 조조는 성을 유심히 관찰하고는 서문과 북쪽에 장작과 풀단

등을 높이 쌓고 공격토록 했습니다. 장수의 참모인 가후는 이 광경을 보고 즉시 조조의 뜻을 간파했습니다. 그리고 조조의 계책을 역이용해서 공격하기로 했습니다. 조조가 찬탄했던 책사 가후. 그는 어떻게 조조의 계략을 알아채고 조조를 무찔렀을까요?

곽가가 원소를 무찌르는 십승십패설을 제안하다

가후는 조조군이 서북쪽으로 공격하자 반대편을 공격하기 위한 속임수임을 간파하고 정예군을 동남쪽에 숨겨 놓았습니다. 가후의 예상대로 조조는 밤이 되자 서북쪽 공격을 멈추고 동남쪽으로 진격해왔습니다. 조조가 기분 좋게 쳐들어 가려 할 때 꽹소리와 함께 복병이 사방에서 공격해왔습니다. 조조군은 크게 패하여 달아났습니다. 장수는 유표에게 편지를 보내 퇴각하는 조조를 막고 공격하게 했습니다.

유표가 군사를 일으키자 장수도 군사를 이끌고 조조를 뒤쫓았습니다. 조조는 천천히 후퇴했습니다. 육수(淯水)에 이르러서는 지난 싸움에서 죽은 전위와 조카 조안민, 큰 아들 조앙을 제사지냈습니다. 퇴각하는 자가 이리 태연하다니 조바심이 생기지 않을 수 없습니다. 순욱이 조조에게 파발을 보내 유표가 퇴로를 막고 있다고 알려주었습니다. 그러자 조조가 순욱을 안심시켰습니다.

"내가 적들이 뒤쫓아 오는 것을 몰라서 하루에 몇 리씩만 행군하는 것이 아니다. 내 계략을 세웠으니 안중에 이를 때쯤이면 반드시 장수를 깨부술 것이다. 모두 의심하지 말라."

조조가 안중에 이르자 밤을 이용해 험지를 파서 길을 내고 군사들을 매복시켰습니다. 날이 밝았습니다. 유표와 장수는 조조군이 적은 것을 보고는 자신 있게 공격했습니다. 하지만 매복시켰던 군사들의 공격을 받아 크게 패하고 말았습니다.

조조가 장수와 싸우고 있는 사이 원소가 허도를 노리고 있다는 급보가 날아왔습니다. 조조는 어쩔 수 없이 급히 군사를 돌려야만 했습니다. 이 사실을 안 장수가 조조를 추격해 패배를 설욕하려고 했습니다. 그러자 가후가 말렸습니다.

"추격하면 안 됩니다. 그랬다가는 반드시 패할 것입니다."

유표가 극력 싸울 것을 권하자 장수는 조조군을 추격했습니다. 하지만 가후의 말대로 대패하고 돌아오자, 가후가 다시 가서 싸울 것을 주문했습니다.

"이제 군사를 다시 점검하여 추격하면 반드시 크게 이길 수 있을 것입니다. 만일 또다시 패하면 내 목을 내놓겠소."

장수는 가후의 말을 믿었지만 유표는 믿지 않았습니다. 이에 장수 혼자서 다시 군사를 이끌고 조조군을 추격했습니다. 그리고 크게 승리하고 돌아왔습니다. 유표와 장수는 가후의 높은 식견에 감복할 수밖에 없었습니다.

↑ 형주자사 유표

조조가 허도로 돌아오자 곽가가 편지를 전했습니다. 내용인즉, 원소가 공손찬을 치려고 하니 특별히 군량과 군사를 빌려달라는 것이었습니다. 조조는 원소의 편지가 무례하기 짝이 없는 것을 보고 토벌하고 싶었습니다. 하지만 힘이 모자람을 한탄했습니다. 그러자 곽가가 그렇지 않음을 설파했습니다.

"지금 원소는 공에게 열 가지를 지고 있고, 공은 원소에게 열 가지를 이기고 있으니 비록 그의 군사가 많더라도 전혀 두려울 것이 못 됩니다."

그 열 가지란 도(道), 의로움(義), 다스림(治), 헤아림(度), 계책(謀), 덕(德), 인(仁), 밝음(明), 문(文), 무(武)입니다. 이 열 가지에서 모두 원소를 능가하니 원소를 이기는 것은 어렵지 않다는 것이었습니다. 조조가 과찬이라 하자 순욱도 곽가의 십승십패설(十勝十敗說)을 지지했습니다. 이 부분에서 모종강의 평을 살펴볼까요.

'장수란 전략을 잘 세워야지 용감하기만 하다고 장수가 아니다. 가후는 상대방을 간파하고 자신도 잘 알았기 때문에 지고 이기는 것을 확실하게 알 수 있었다. 참으로 훌륭한 지략이다. 곽가가 원소와 조조의 우열을 비교하며 조조의 걱정을 덜어준 부분에 이르면 한신이 단에 올라 했던 말에 뒤지지 않는다. 십승십패설은 그 말이 모두 맞다. 그러나 인과 덕으로 이긴다고 하는 것에는 분명하게 할 점이 있다. 조조에게 무슨 인과 덕이 있는가? 어진 척 가장하는 것[假仁]은 어짊이 아니고, 덕을 파는 것[市德] 또한 덕이 아니다. 조조는 단지 재주(才)와 술수(述)로 이긴 것에 불과하다.'

곽가는 원소를 치기 전에 먼저 여포를 쳐서 걱정거리를 없애야 한다고 했습니다. 조조는 유비에게 편지를 보내고, 원소를 대장군(大將軍) 태위(太尉)에 봉하여 공손찬을 치게 했습니다. 밀서를 받은 원소는 곧바로 공손찬을 공격했습니다.

여포는 자주 연회를 열어 술자리를 벌였습니다. 그때마다 진규 부자가 여포를 한껏 칭찬하는 것을 보고는 진궁이 여포에게 조심해야 한다고 했습니다. 그러자

▲ 원소를 이기는 열 가지
장점을 말하는 곽가

↑ 조조의 장수 하후돈

여포가 되레 성을 내며 꾸짖었습니다. 진궁은 하늘을 보며 탄식했습니다.

"충성으로 하는 말을 받아들이지 않으니 이제는 필히 재앙 받을 일만 남았구나. 그렇다고 여포를 떠나자니 차마 그럴 수도 없고, 게다가 남들이 비웃을 테니 두렵기만 하구나."

진궁은 울적한 마음을 달래려고 사냥을 나왔습니다. 그러다가 유비가 조조에게 회답하는 밀서를 보내는 파발마를 잡았습니다. 밀서를 본 여포는 노발대발하며 곧바로 전투태세로 돌입합니다. 그리고 고순과 장료에게는 유비가 있는 소패를 치게 했습니다. 유비는 곧장 조조에게 구원을 청하고 성을 사수합니다. 하후돈이 지원병을 이끌고 소패로 왔습니다. 고순이 달아나자 하후돈이 추격했습니다. 그런데 후성이 고순을 돕기 위해 화살을 쏘아 하후돈의 왼쪽 눈을 맞혔습니다. 하후돈이 화살을 뽑자 눈알까지 나왔습니다. 하후돈은 자신의 눈알을 삼켰습니다. 그러고는 후성을 향해 쏜살같이 말을 달렸습니다. 후성은 깜짝 놀라 손 쓸 틈도 없이 하후돈의 단창에 얼굴이 꿰뚫려 죽었습니다.

나관중본에는 자신의 눈알을 먹은 하후돈의 이야기에 대한 시가 한 수 있습니다.

영토를 넓힌 자 하후돈이니	開疆展土夏侯惇
창으로 숲 이룬 적군 속에서도 빛났더라.	槍戟叢中敵萬軍
뽑은 화살에 눈동자 빠져 애꾸눈 되니	拔矢去眸枯一目

눈알 삼키고 분함에 부모를 외치네.　　　　唉睛忿氣喚雙親

충성심으로 힘껏 백성을 구하고　　　　　忠心力把黎民救

원한을 풀고 역적마저 삼켜버렸네.　　　　雪恨平將逆賊吞

외로운 달 홀로 밝고 밝으니　　　　　　　孤月獨明堪比論

이제껏 공적이 천지를 비추도다.　　　　　至今功迹照乾坤

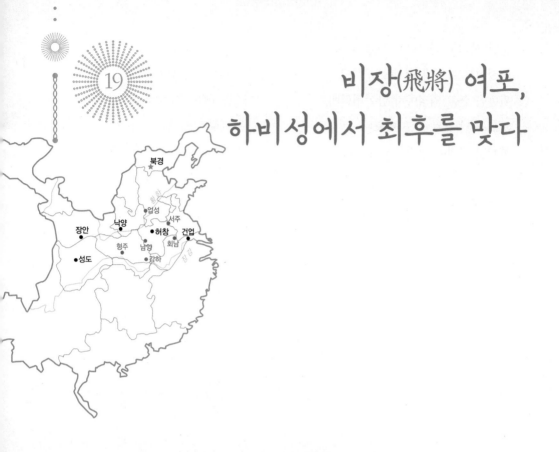

비장(飛將) 여포,
하비성에서 최후를 맞다

여포는 부하장수인 고순, 장료와 함께 관우와 장비의 영채를 공격했습니다. 유비가 지원했지만 여포를 이길 수 없었습니다. 유비는 기병 수십 명만 이끌고 소패성으로 달아났습니다. 여포가 바짝 추격했습니다. 다급해진 유비가 적교(吊橋)를 건너는 사이 적토마를 탄 여포도 번개처럼 적교를 건너왔습니다. 성문을 무사통과한 여포는 종횡무진 화극을 휘둘렀습니다. 유비군은 모두 사방으로 달아나기 바빴습니다.

유비도 가족을 버려둔 채 혼자 성문을 빠져 달아났습니다. 여포가 유비의 집으로 들이닥쳤습니다. 미축이 집을 지키고 있다가 여포에게 말했습니다.

"제가 알기로 대장부는 모름지기 남의 부인을 해치지 않는다고 했습니다. 지금

장군과 천하를 다투는 사람은 조조입니다. 유비는 늘 장군이 원문 밖의 극을 쏘아 맞혔던 은혜를 잊지 않고 감히 장군을 배반하려 하지 않았습니다. 지금 어쩔 수 없이 조조의 편이 된 것이니 장군께서는 가엾게 여겨주소서."

"나와 유비는 오래전부터 친구인데 어찌 그의 처자를 해친단 말이오."

여포는 미축에게 유비의 식솔을 데리고 서주로 가서 지내도록 했습니다. 그리고 미축에게 특별한 권한을 부여했습니다. 모종강이 삭제한 나관중본의 내용을 알아볼까요?

'여포는 미축에게 자신이 지니고 있던 보검 한 자루를 주고는, 문으로 들어오는 자는 누구를 막론하고 목을 베라고 하였다.'

이 한 문장이 있느냐 없느냐의 차이는 큽니다. 여포의 심중을 이해하는 데 중요한 역할을 하기 때문입니다.

유비는 손건을 만나서 함께 조조에게로 갑니다. 큰길은 위험하여 오솔길로 숨어 다니고 마을에 들어가 걸식을 하며 허도로 향했습니다. 하루는 사냥꾼인 유안의 집에 묵게 되었습니다. 유안은 존경하는 유비에게 맛있는 고기로 대접하고 싶었지만 마침 집에는 잡아놓은 짐승이 없었습니다. 결국 아내를 죽여 이리 고기라고 속여 유비를 배불리 대접했습니다. 조조를 만난 유비는 함께 여포를 잡으러 갔습니다.

여포는 진규와 진등의 말을 곧잘 믿었습니다. 이에 비해 오랫동안 보필한 진궁의 충고는 무시당하기 일쑤였습니다. 결국 진등의 속임수에 놀아난 여포는 서주와 소패를 잃고 하비성으로 달아났습니다. 조조가 여포를 회유하려 하자 진궁이 활로 조조의 해 가리개를 맞혔습니다. 이제 더 이상의 휴전은 없고 승패를 가르는 일만 남았습니다. 진궁은 조조군이 피로할 때 속공할 것을 주문했습니다. 여포도 찬성했습니다. 하지만 여포의 처 엄씨가 가로막았습니다.

"당신은 성을 남에게만 맡기고 이제는 처자까지 내버리고 홀로 군사를 이끌고 나가신다는 말입니까? 만일 무슨 변고라도 생기면 제가 어찌 장군의 아내로 남을 수 있겠습니까?"

"내 다시 생각해보니 나가서 싸우는 것보다는 굳게 지키는 것이 낫겠소."

여포는 아내의 말에 마음이 바뀌었습니다. 다시 진궁이 조조의 양도(糧道)를 끊을 것을 제안하자 여포도 옳다고 생각했습니다. 하지만 이번에도 엄씨가 통곡하며 막았습니다.

"장군은 앞길이 만 리 같을 터이니 저 같은 것은 생각지도 않는군요."

여포의 후실(後室)인 초선도 맞장구를 쳤습니다.

"장군이 저를 지켜주시려면 가벼운 차림으로 밖에 나가지 마옵소서."

정에 약한 여포가 밖으로 나와 진궁에게 말했습니다.

"조조가 군량을 옮긴다는 것은 거짓일 것이오. 그자는 속임수를 잘 쓰니 아직은 내가 먼저 움직일 때가 아닌 것이오."

"아! 이젠 죽은 후에도 묻힐 곳 하나 없겠구나."

모종강은 유안이 굶주린 유비를 대접하기 위해서 아내를 죽인 것에 대해서 '아무리 그래도 너무 잔인하다'고 했습니다. 여포가 위기에 처했음에도 불구하고 아내와 차마 떨어지지 못한 것에 대해서는 '너무 어리석었다'고 했습니다. 부부간의 도리로 보자면 유안은 살인자요, 여포는 애처가일 뿐입니다.

여포는 원술과 손을 잡기 위해 딸을 보내 혼인을 하고자 했으나 유비의 철통 포위망에 걸려 수포로 돌아갔습니다. 여포는 철옹성인 하비성에서 수비만 하며 처첩들과 함께 술만 마셔댔습니다. 그러자 조조는 곽가의 제안대로 기수(沂水)와

조조를 향해
활을 쏘는 진궁

사수(泗水)를 터서 하비성을 물바다로 만들었습니다.

위기를 느낀 여포는 금주령을 내리고 단속을 시작했습니다. 부하장수 후성이 잃어버렸던 말을 되찾은 기쁨에 술을 빚어 여포에 바쳤다가 겨우 목숨만 건졌습니다.

분한 마음에 동료장수들과 함께 여포를 배반하기로 모의하고 적토마와 화극을 빼앗았습니다. 그리고 조조와 내응하여 여포를 사로잡았습니다.

여포의 참모이자 조조를 죽음의 위기에서 구해주었던 진궁은 죽음을 앞두고도 두려워하지 않았습니다. 오히려 조조의 묻는 말에 떳떳하게 응징했습니다. 그리고 뒤도 돌아보지 않고 분연히 죽음을 맞이했습니다. 조조는 진궁의 모습을 보며 처형장으로 들어가는 진궁이 듣도록 말했습니다.

"진궁의 노모와 처자는 즉시 허도로 모시고 편히 살게 해주어라. 만약 이를 소홀히 하는 자는 목을 베겠다."

진궁은 아무 말 없이 죽었습니다. 많은 사람이 이 광경을 보고 눈물을 흘렸습니다. 조조는 진궁의 시신을 거두어 허도에서 장사지냈습니다. 후세 사람이 진궁을 노래하는 시를 지었습니다.

살아서나 죽어서나 두 마음 안 갖는 게	生死無二志
장부로서 무엇이 장하리요마는,	丈夫何壯哉
귀중한 계책 펴도 따르지 않으니	不從金石論
헛되이 동량지재만 책임지웠네.	空負棟梁材
주군을 모실 때는 진정 공경하였고	輔主眞堪敬
어머니와 이별할 땐 실로 애절하구나.	辭親實可哀
백문에서 몸이 죽음을 맞이하는 날	白門身死日
어느 누가 가히 진궁처럼 할까.	誰肯似公臺

呂布殞命白門樓
乙酉春 素雄畵

◀ 유비를 꾸짖으며
처형당하는 여포

그런데 여포는 진궁과 반대로 무척이나 살고 싶었습니다. 그래서 조조에게 천하를 평정하는 데 앞장서겠다며 선처를 바랐습니다. 조조가 유비에게 의견을 물었습니다. 그러자 유비가 퉁명스럽게 말했습니다.

"공께서는 정원과 동탁의 일을 잊지 않으셨겠지요?"
"네놈이 진정 믿을 수 없는 놈이구나! 귀 큰 놈아! 원문 밖 극을 쏘던 때를 잊었느냐?"

여포가 분함을 못 이겨 큰소리를 쳤지만 그것으로 끝이었습니다. 여포는 죽으면서 무슨 생각을 했을까요. 양부(養父)인 정원과 동탁을 배신하던 일과 자신이 부하들에게 배신당해 죽는 꼴이 낡은 영사기의 필름처럼 겹쳐지지 않았을까요.
유비가 조조에게 여포를 죽이라고 한 장면을 평한 시 한 편이 멋집니다.

사람 먹는 주린 범은 단단히 옥조여야 하니　　傷人餓虎縛休寬
동탁과 정원의 피 아직 마르지 않았는데,　　董卓丁原血未乾
아비 잡아먹는 여포인 줄 유비 이미 알았건만　　玄德旣知能啖父
어찌 살려 두어 조조를 잡아먹게 하지 않았나.　　爭如留取害曹瞞

헌제가 혈서로 '조조 암살'을 지시하다

북경

업성
낙양 서주
장안 허창 건업
형주 남양 회남
성도 강하

여포가 살기 위해 애걸한 반면, 또 한 명의 부하장수는 죽음을 두려워하지 않았습니다. 그는 바로 장료였습니다. 장료는 오히려 한 술 더 떠서 조조를 죽이지 못한 것을 안타까워했습니다. 조조가 칼을 빼어 장료를 죽이려 하자 유비가 조조의 팔을 붙잡았습니다. 관우는 무릎을 꿇고 장료를 살려줄 것을 사정했습니다. 그러자 조조가 칼을 던지고 웃으며 말합니다.

"나도 장료가 충의로운 장수임을 잘 알고 있소. 그래서 한번 장난친 것이오."

조조의 여러 수법 중 하나가 장난으로 상대방을 떠보는 것이지요. 이 수법에 넘어가지 않아야만 능히 조조와 상대할 수 있습니다.

조조가 손수 장료의 결박을 풀고 자신의 옷을 입혀주며 대하자 장료도 감동하여 진심으로 항복합니다. 장료는 이후 많은 전투에서 전과(戰果)를 올립니다. 조조는 여포의 처와 딸 및 초선을 잡아 허도로 왔습니다. 중국의 4대 미녀 중의 한 명인 초선. 연의에서 그녀의 이야기는 이제 더 이상 등장하지 않습니다.

허도로 돌아온 조조는 출정했던 사람들에게 벼슬과 상을 내렸습니다. 또한 유비의 공을 헌제에게 알리고 직접 배알하게 했습니다. 헌제는 황실족보를 검토하여 유비가 아저씨뻘이 되는 것을 알았습니다. 즉시 유비를 좌장군(左將軍) 의성정후(宜城亭侯)에 봉했습니다. 이때부터 사람들은 유비를 유황숙(劉皇叔)이라고 불렀습니다.

순욱 이하 조조의 참모들은 유비가 황숙으로 인정된 것은 조조에게 이롭지 못한 일이라고 했습니다. 하지만 조조의 생각은 달랐습니다.

"유비가 이제 황숙으로 인정되었으니 내가 천자의 명으로 명령하면 그는 더더욱 복종해야만 할 것이오. 또한 지금 그를 허도에 묶어 두고 있으니 호칭은 임금과 가깝지만 실제로는 내 손아귀 안에 있는데 두려울 게 무엇이오?"

조조는 원술의 친척인 태위(太尉) 양표가 더 염려스러웠습니다. 그리하여 그가 원술과 내통하고 있다고 무고하게 하여 처단하려고 했습니다. 이 사실을 안 북해태수(北海太守) 공융이 조조에게 따졌습니다. 조조는 황제가 하는 일이라고 시치미를 뗐습니다.

그러자 공융이 다시 정곡을 찔렀습니다.

"성왕(成王)으로 하여금 소공(召公)을 죽이게 해놓고 주공(周公)은 모르는 일이라고 할 수 있습니까?"

↑ 관우의 청으로 살아난 장료

조조는 양표의 관직을 삭탈하고 낙향하여 살도록 했습니다. 의랑(議郎) 조언이 조조의 횡포를 탄핵하는 상소를 올렸습니다. 이에 노한 조조는 조언을 잡아 죽였습니다. 이후 백관들은 모두 조조만 보면 사시나무 떨 듯 벌벌 떨었습니다.

조조의 위세가 날로 높아지자 모사 정욱은 왕패(王覇)의 업을 이룰 것을 제안합니다. 조조는 아직 고굉지신(股肱之臣)들이 많으니 천자와 사냥을 하면서 그들의 동정을 살펴보기로 했습니다. 헌제는 조조의 제안을 거부할 수가 없어 함께 사냥을 나왔습니다. 유비도 참가했습니다. 헌제는 유비의 활솜씨를 보고 싶었습니다. 유비는 풀 섶의 토끼를 맞혔습니다. 헌제는 사슴을 향해 화살 세 대를 쏘았으나 맞히지 못했습니다. 조조에게 쏘라고 하자 그는 천자의 활과 화살을 달라고 하여 한 방에 사슴을 거꾸러뜨렸습니다. 문무백관들은 모두 헌제가 맞춘 것인 줄 알고 환호를 지르며 만세를 불렀습니다. 그러자 조조가 앞으로 나서서 그 환호를 받았습니다. 순간, 분위기는 어두워졌습니다.

이 모습을 지켜보던 관우는 분노가 치밀어 올라 당장에 조조의 목을 칠 기세였습니다. 유비가 이를 보고 급히 손을 저으며 안 된다는 눈짓을 하자 관우도 움직이질 못했습니다. 오히려 유비는 조조에게 몸을 구부리고 칭찬했습니다.

"승상의 귀신같은 활솜씨는 세상 어느 누구도 미치지 못할 것입니다."
"하하하. 이 모두가 황제의 홍복(洪福)이오."

조조는 즉시 천자에게 칭하하는 말을 했지만 활은 돌려주지 않았습니다. 이 부분을 읽을 때면 유비의 행동이 비굴해 보입니다. 하지만 나관중본에 있는 문장을 살펴보면 이해가 됩니다. 그 문장은 이렇습니다.

▲ 북해상 공융

'(유비가 눈짓을 하자) 관우가 감히 움직일 수 없었다.

조조가 빤히 유비 자신만을 바라보자 이에 당황한 유비가 얼른 몸을 굽히며 조조에게 칭찬의 말을 건넸다.'

조조가 유비와 관우의 눈짓언어를 날카롭게 살펴보고 있었던 것입니다. 그러자 유비는 이를 감추기 위해 얼른 조조에게 몸을 굽히고 극찬을 한 것이지요. 임기응변에 뛰어난 유비의 모습이 눈에 선합니다. 조조가 천자와 사냥을 다녀온 장면에 대해서도 모종강의 평이 빠질 수 없습니다.

'조고는 호해에게 사슴을 말이라고 고집하면서(指鹿爲馬) 누가 자신을 따르고 반대하는지를 살폈고, 조조는 허전(許田)에서 천자 대신 만세에 환호하면서 대신의 마음이 자기를 따르는지 아닌지를 살폈다. 전후의 일이 어쩌면 이렇게 똑같은가. 활을 빌려 쓴 후 돌려주지 않았다. 처음에는 빌려달라고 해서 빌려주자 이젠 아주 받은 것으로 알고 있다. 어찌 빌린 것이 활뿐이겠는가?'

모종강의 평을 읽다보면 조조는 매사 나쁜 짓만 일삼는 악인입니다. 칭찬은 유비의 발뒤꿈치에도 이르지 못합니다. 조조는 언제나 빌려서 일을 벌이는 자라고 비판하면서 유비가 빌렸다가 돌려주지 않은 형주에 대해서는 왜 잠잠한지 모르겠습니다. 결국 연의에서도 주인공은 조조인 셈입니다. 모종강의 회평(回評)마다 거의 빠지지 않고 나오는 인물이 조조이니까요. 다만 유비처럼 착하고 인자하지 않을 뿐이지요.

사냥에서 돌아온 헌제는 시름에 빠졌습니다. 조조의 권세가 날로 높아져 목숨까지 위태롭게 되었기 때문입니다. 이에 헌제는 조조를 처단하기로 마음먹고 혈서를 써서 옥대(玉帶) 안에 넣어 꿰맸습니다. 헌제는 장인인 거기장군(車騎將軍) 동승을 불러 금포(錦袍)와 옥대(玉帶)를 주며 자세히 살펴볼 것을 당부합니다. 동승은 그 뜻을 알아차렸습니다. 그런데 문제가 생겼습니다. 조조가 조정으로 들어와 동승이 받은 금포와 옥대를 살펴보았습니다. 나아가 이를 갖겠다고 하며 동

疊承夜讀 衣帶詔 乙酉春 蔡雄畵

▲ 천자의 혈서를 읽으며
눈물짓는 동승

승을 떠보았습니다. 동승은 위기를 모면하고 집으로 와서 옥대를 자세히 살펴보았습니다. 도저히 알 수가 없었습니다. 밤새 뜬눈으로 고민하다가 잠깐 잠든 사이 등잔의 심지가 떨어져 옥대를 태웠습니다. 그런데 그 안쪽에 헌제의 혈서가 있는 것을 발견했습니다.

동승은 눈물로 혈서를 읽고 뜻을 같이할 수 있는 자들을 모았습니다. 시랑(侍郎) 왕자복, 장군(將軍) 오자란, 장수교위(長水校尉) 충집, 의랑(議郎) 오석, 서량태수(西涼太守) 마등까지 모두 6명이 조조 암살계획에 서명했습니다. 마등은 조정관원 명부를 뒤져 제일 중요한 인물을 찾았습니다. 마등이 찾아낸 사람은 바로 유황숙 유비였습니다.

유비가 조조에게서
벗어나다

서량태수 마등이 황숙(皇叔) 유비를 추천하자 동승은 '조조와 붙어 지내는 자'
라며 거부감을 나타냈습니다. 마등은 지난번 사냥터에서 관우가 조조를 죽이려
할 때의 상황을 설명하면서 유비는 반드시 응할 것이라고 강조했습니다. 동승은
마등의 말을 확인하기 위하여 밤늦게 유비를 찾아갔습니다. 유비는 동승이 온
이유를 듣고 처음엔 시치미를 뗍니다. 그러자 동승은 상기된 얼굴로 자리에서 일
어나며 유비에게 한 마디 합니다.

"나는 공이 황숙이기 때문에 심중의 말을 진정으로 하는데 공은 어째서 거짓으
로만 대하십니까?"
"용서하시오. 국구께서 나를 떠보는 것인 줄 알고 해본 말입니다."

曹操煮酒論英雄 乙酉春 宗嬉 畵圖

↑ 조조의 영웅론에 놀라 젓가락을 떨어뜨리는 유비

유비는 헌제가 동승에게 준 의대조(衣帶詔)를 읽고 여섯 명의 서약서도 보았습니다. 흔쾌히 좌장군(左將軍) 유비라고 서명했습니다. 서명자가 열 명이 되면 국적(國賊) 조조를 처단하기로 했습니다. 유비는 동승에게 조심하고 또 조심할 것을 당부했습니다. 이후 유비는 자신의 속내를 숨기고 후원(後園)에서 채소밭을 가꾸며 한가롭게 지냈습니다. 이 모습을 본 관우와 장비는 답답했습니다.

"형님! 천하대사(天下大事)를 생각하셔야지 그깟 소인들의 일은 배워서 무엇 합니까?"
"글쎄, 두 아우가 알 수 있는 일이 아니라네."

유비가 아우들까지도 속이며 채소밭을 가꾸고 있던 어느 날, 허저와 장료가 홀로 있는 유비를 찾아와 승상 조조가 부르니 속히 같이 갈 것을 주문했습니다. 유비는 갑작스레 군사들과 들이닥친 이들을 보고 깜짝 놀랐습니다. 하지만 안 갈수도 없었습니다. 잔뜩 긴장하여 조조를 만났습니다.

"요즘 집 안에서 큰일을 하고 계신다지요?"
"황숙이 채소밭을 가꾸는 것은 쉬운 일이 아닐 것이오."

유비는 흙빛 얼굴과 놀란 가슴을 얼른 진정시켰습니다. 그러고는 능청스럽게 대답합니다.

"예, 그냥 소일거리로 하는 것입니다."

조조는 매실주가 잘 익어서 한 잔 하고자 불렀다며 유비를 청매정(靑梅亭)으로 안내했습니다. 유비는 그제야 몸과 마음이 편안한 상태로 조조와 술상을 마주했습니다.
술이 거나해지자 조조가 유비에게 천하의 영웅에 대해 물었습니다. 유비는 원술, 원소, 유표 등을 둘러대며 조조의 물음에 즉답을 피했습니다. 조조는 유비가 말한 인물은 하나같이 다 하찮은 자들이라고 일갈합니다. 영웅이란 모름지기 가슴에 큰 뜻을 품고 뱃속에 좋은 계책이 있으며 우주의 기미를 싸 감추고 천지의 뜻을 삼키거나 뱉는 사람이 진정한 영웅임을 설파합니다.

"그런 사람이 누구입니까?"
"지금 천하의 영웅은 당신과 나뿐이오."

순간, 유비는 소스라치게 놀라 들고 있던 젓가락을 떨어뜨렸습니다. 그때 마침 비가 쏟아지며 천둥이 쳤습니다. 유비는 급히 젓가락을 주우며 천둥소리에 놀라 떨어뜨린 것처럼 행동했습니다. 그 모습을 지켜본 조조는 이때부터 유비를 의심하지 않았습니다.

청매정에서 있었던 두 영웅의 심리전은 유비의 승리로 끝났습니다. 이를 기리는 시 한 편을 살펴볼까요?

마지못해 복종하며 범굴에서 지내는데	勉從虎穴暫趨身
영웅을 설파하니 놀래어 죽겠구나.	說破英雄驚殺人
천둥의 탓이라고 얼버무려 넘기다니	巧借聞雷來掩飾
임기응변 재주는 정말로 귀신같도다.	隨機應變信如神

모종강도 이 부분에서 한 마디 평을 남겼습니다.

'두 영웅이 같이 있을 수는 없다. 그러면 반드시 서로를 죽인다. 조조가 유비를 영웅으로 본 것은 조조가 장차 유비를 처치하겠다는 것이다. 반대로 유비가 장차 자기를 죽일 것을 아는 것이다. 유비는 동승 등과 조조를 살해하기로 하였는데 갑자기 이런 말을 들으면 어찌 놀라지 않을 수 있겠는가. 젓가락을 떨어뜨리지 않을 수 없을 것이다. 만일 유비가 천둥소리를 듣고 나서 일부러 젓가락을 떨어뜨렸다면 어린아이는 속일 수 있을지 몰라도 조조는 속일 수 없었을 것이다.'

猖狂袁術凄然死 乙酉春 菜雄畵

◀ 황제를 참칭하다
피를 토하고 죽는 원술

다음 날, 조조가 또 유비를 불렀습니다. 유비는 다시 술상을 마주했습니다. 이때 공손찬이 원소에게 패망했다는 소식을 듣습니다. 또한 원술과 원소가 힘을 합치면 공략하기 어렵다는 만총의 이야기를 듣는 순간, 유비는 드디어 조조에게서 탈출할 때가 왔다고 생각했습니다.

"원술이 원소와 만나려면 반드시 서주를 지나갈 수밖에 없습니다. 저에게 한 무리의 군사를 빌려주시면 원술이 가는 길을 막고 사로잡을 수 있을 것입니다."

조조는 5만 명의 군사를 주고 원술을 잡도록 했습니다. 유비는 밤을 도와 무기를 수습하고 서둘러 허도를 출발했습니다. 관우와 장비가 서두르는 까닭을 묻자 이렇게 답했습니다.

"나는 그동안 새장 속에 새였고 그물 속에 고기였다. 이번 출정은 바로 새가 하늘로 날아가고 고기가 바다로 들어가는 것이니 어찌 서두르지 않겠느냐."

곽가와 정욱은 유비를 풀어준 것은 '만대의 걱정거리를 만드는 것'이라며 뒤쫓아 데려올 것을 청했습니다. 조조는 이 일을 허저에게 시켰지만 성공하지 못했습니다. 사슬에서 벗어난 유비는 기운이 넘쳤습니다. 원술을 몰아쳐 대승을 거두었습니다. 대패한 원술은 끼니마저 없어 굶어 죽을 지경이 되었습니다. 그런 그가 아직도 황제인 줄 착각하고 있었습니다.

"갈증을 풀게 꿀물이나 가져와라."
"있는 것은 핏물뿐인데, 웬 꿀물이란 말입니까?"

원술은 모든 것이 허망했습니다. 지나온 일들이 주마등처럼 지나쳤을 것입니다. 그는 외마디 비명을 지르며 땅바닥에 거꾸러져 한 말의 피를 토하고 죽었습니다. 황제를 참칭한 원술은 천하의 공적이 되어 쓸쓸하게 운명을 마쳤습니다. 후세 사람이 허망하게 죽은 원술을 시로 읊었습니다.

한말에 사방에서 군사들이 일어났지만   韓末刀兵起四方
바르지 못한 원술이 미처 날뛰었네.   無端袁術太猖狂
대대로 삼공이 된 것은 생각지도 않고   不思累世爲公相
저 혼자 편히 제왕에 오르려 했네.   便欲孤身作帝王
폭압으로 억누르며 옥새만 자랑하고   强暴枉誇傳國璽
교만하게도 하늘의 뜻이라고 막말했네.   驕奢妄說應天祥
갈증에 꿀물 생각뿐 얻을 곳 없으니   渴思蜜水無由得
평상에 홀로 누워 피 토하며 죽었네.   獨臥空床嘔血亡

진림의 격문에 조조의 두통이 사라지다

조조의 감시망을 빠져나온 유비는 서주를 차지하고 근거지를 마련합니다. 이 과정에서 조조의 심복인 차주를 죽였습니다. 유비는 조조가 이를 빌미 삼아 쳐들어올 것이 걱정되었습니다. 그러자 진등이 원소에게 구원을 청하면 도와줄 것이라고 알려주었습니다. 유비는 탁현에 있을 때 스승으로 섬겼던 정현을 찾아가 사정을 이야기하고 편지를 부탁했습니다. 정현이 곧바로 편지를 써주자 손건이 밤을 도와 원소에게 전했습니다.

편지를 받은 원소는 생각했습니다.

'유비는 내 아우를 멸망시켰으니 도와준다는 것은 말도 안 되는 일이다. 하지만 정현의 뜻을 존중하려면 구해줄 수밖에 없구나.'

↑ 유비의 손발 역할을 하는 손건

생각을 정한 원소는 참모들을 불러서 조조 토벌을 상의했습니다. 전풍과 저수는 시간을 두고 싸우는 것이 좋다고 했고, 심배와 곽도는 지금 당장 토벌해야 한다고 주장했습니다.

논쟁이 벌어지자 원소는 망설였습니다. 이에 허유와 순심의 주장을 듣기로 했습니다. 두 사람은 곧장 조조를 토벌할 것을 주장했습니다. 원소는 즉시 30만 명의 군사를 일으켜 조조를 치고 유비를 구원하기로 했습니다. 곽도가 조조를 치기 전에 그의 죄악을 꾸짖는 격문(檄文)을 배포하는 것이 필요하다고 하자, 원소는 서기(書記) 진림에게 격문의 초안을 잡으라고 했습니다.

진림은 원래부터 글재주가 뛰어났습니다. 그는 붓을 들자 망설임 없이 즉시 격문을 완성했습니다. 격문에는 조조의 집안을 송두리째 꾸짖는 내용도 포함되었습니다. 그 부분을 살펴볼까요?

'사공(司空) 조조의 할아비 되는 조등은 중상시(中常侍)였고 좌관·서황과 함께 사악한 재앙으로 꼽혔는데 탐욕과 수탈을 일삼아 질서를 무너뜨렸고 백성들에게는 가혹한 행패를 부렸다. 아비 되는 조숭은 사정사정하여 양자가 되었고, 뇌물로 벼슬길에 올랐으며 세도 있는 집안에 금은보화를 수레째 퍼주고 부당하게 중신의 자리를 차지하고는 요직에 있던 훌륭한 인물을 내쫓았다. 조조는 환관의 양자요, 따라서 추한 씨알로 애초부터 덕이라고는 없었는데 약삭빠름과 날램만 믿고 남을 능멸했으며 혼란을 좋아하고 재난을 즐겼도다.'

진림은 조조의 죄상을 조목조목 낱낱이 밝혔습니다. 그리고 마지막은 다음과 같이 끝맺었습니다.

'조조의 수급을 가져오는 자는 5천 호의 제후로 봉하고 상금도 5천만 전을 주겠다. 부곡이나 장수 및 부속 관리들 중 항복하는 자는 아무것도 묻지 않고 널리 은혜와 신의를 베풀 것이며 규정에 따라 포상할 것임을 널리 알리는 바이니, 천자께서 속박당하고 있는 처지를 알리고 모두 법에 따라 집행토록 하라.'

격문을 본 원소는 대단히 만족했습니다. 즉시 격문을 각처로 보내 널리 알리도록 했습니다. 격문은 조조가 있는 허도에도 알려졌습니다. 조조가 두통으로 누워 있다가 격문을 보았습니다. 온몸에 소름이 돋고 진땀이 흘렀습니다. 아프던 두통도 싹 가셨습니다. 조조는 진림이 지은 격문을 평가했습니다.

"격문의 내용에는 반드시 무략(武略)이 있어야만 성공할 수 있거늘 진림의 글은 아름답기는 하지만 원소의 무략이 없으니 어쩌겠느냐."

모종강은 조조가 격문을 보고 병이 더하지 않고 오히려 나은 이유에 대해서 설명했습니다.

'보통 사람은 조조가 간웅(奸雄)임을 알지 못하지만 이를 알아보는 사람은 그 역시 잘 통하는 친구라고 생각할 것이다. 보통 사람은 조조의 죄상을 비난할 수 없지만 비난할 사람이 있다면 그 역시 기분 좋게 받아들일 것이다. 요즘도 아첨하는 사람이 있지만 가려운 곳을 긁듯 아첨하지 않으면 좋아하지 않을 것이다. 따라서 욕하는 사람도 정곡을 찌르는 욕을 해야만 욕을 먹는 사람도 시원하다고 여길 것이다'

이어서 조조가 여타 인물들과 다른 이유를 밝혔습니다.

▲ 격문으로 조조의 투통을 낮게 한 진림

'당의 측천무후가 낙빈왕 격문을 보고 탄식하기를 "이런 인재가 있었음에도 등용하지 않은 것은 재상(宰相)의 잘못이다."라고 하였다. 측천무후가 격문을 보고 분노하여 그를 욕했다면 우리가 아는 측천무후가 되지 못했을 것처럼, 조조가 격문을 보고 분노하여 진림을 욕했다면 우리가 아는 조조는 되지 못했을 것이다.'

조조가 원소에 대항하려 할 때, 공융이 화친책을 내놓았습니다. 그러자 순욱이 원소의 내부사정을 정확히 꿰뚫는 말을 했습니다. 즉 참모들 간에 조율이 안되어 내부적으로 변란이 생길 것이라고 하자 공융은 할 말이 없었습니다. 조조는 유대와 왕충에게 5만 명의 군사와 승상의 깃발을 주고 서주의 유비를 묶어두라고 지시했습니다.

원소와의 결전이 지지부진하자 조조는 부하장수들에게 원소군을 맡기고 허도로 왔습니다. 그리고 유대와 왕충에게 서주공격을 명령했습니다.

유비는 조조가 어디에 있는지 궁금했습니다. 그래서 관우로 하여금 조조가 있는지 확인토록 했습니다. 관우는 허세를 떠는 왕충을 간단하게 사로잡아 영채로 돌아왔습니다. 이에 장비도 술에 취한 척하며 허위정보를 흘려 유대를 사로잡았습니다.

유비는 왕충과 유대를 조조에게 보내주었습니다. 손건은 유비에게 공격받기 쉬운 서주성에 머물지 말고 소패와 하비성으로 나누어 주둔함으로써 기각지세(掎角之勢)를 이루어 대항하는 것이 좋다고 제안했습니다. 유비는 손건의 제안대로 아우들을 데리고 그대로 따랐습니다. 서주성은 손건과 간옹 등에게 맡겼습니다.

모종강은 진림의 격문에 많은 아쉬움을 표명했습니다. 조조의 죄악을 다 열거하지 못했기 때문입니다. 하지만 그럴 수밖에 없었습니다. 그럼에도 아쉬운 마음을 숨기지 않았습니다.

'진림이 격문을 지을 때에는 동귀비도 살아 있었고 복황후도 시해당하지 않았으며 동승 등 일곱 사람과 공융, 경기 등도 죽기 전이라 조조의 죄악을 절반밖에

關雲長生擒
王忠乙酉春
漢雄[印]

왕충을 가볍게 낚아채는 관우

나열할 수 없었다. 그럼에도 조조는 식은땀을 흘렸다. 만일 동귀비가 죽고 복황후가 시해되고 동승 등이 역시 살해된 뒤, 진림의 붓을 빌려 다시 욕하게 했다면 통쾌함이 어떠했겠는가?'

조조 암살 실패, 의대조 사건의 전모가 드러나다

조조가 서주를 공격하기 위해 군사를 일으키려 하자 공융은 겨울임을 들어 옳지 않다며 먼저 장수와 유표를 귀순시킨 후, 서주를 도모하는 게 좋다고 제한했습니다. 조조는 그의 말을 따라서 유엽을 장수에게 보냈습니다. 이때 원소도 장수에게 사신을 보냈습니다. 장수의 참모인 가후는 원소의 사신을 만난 자리에서 편지를 찢고 그를 꾸짖어 물리쳤습니다. 장수가 의아해서 물었습니다.

"지금 원소는 강하고 조조는 약한데, 이렇게 원소의 편지를 찢고 사자를 꾸짖었으니 그가 쳐들어오면 어쩌려고 그러시오?"
"조조를 따라야 합니다."
"나는 그와 원수진 일이 있는데 어찌 가능하겠소?"

"조조는 천자의 명을 앞세워 천하를 정벌하고 있고, 원소는 강성한 까닭에 우리를 크게 생각하지 않지만, 오히려 조조는 약한 까닭에 우리를 얻으면 크게 기뻐할 것입니다. 또한 조조는 천하에 뜻이 있어 사사로운 원한은 잊고 인덕을 펴고자 할 것이니 의심할 필요가 없습니다."

장수는 가후의 말이 틀린 적이 없음을 잘 알고 있었기에 그의 말대로 조조에게 투항했습니다. 조조는 장수를 양무장군(揚武將軍)에 임명했습니다. 조조는 유표도 귀순시키길 원했습니다. 가후는 유표가 명사들과 사귀기를 좋아하니 반드시 문명(文名) 있는 사람을 보내야만 투항할 것이라고 했습니다. 순유가 공융을 추천했습니다. 공융은 자신의 친구인 예형이 훨씬 적임자라고 헌제에게 표를 올려 천거했습니다.

조조는 예형을 불러 대면하고는 앉으라는 말도 하지 않았습니다. 예형이 세상에 사람이 없음을 한탄했습니다. 그러자 조조가 수하의 참모들을 거론하며 모두가 영웅들이라고 주장했습니다. 예형은 모두가 하찮은 일이나 할 인물들이라고 비꼬았습니다. 그리고 본인이야말로 유불도(儒佛道)는 물론 제자백가(諸子百家)까지 능통하여 요순(堯舜)을 만들 수도 있고 성인(聖人)이 될 수도 있다면서 조조를 훈계했습니다. 조조가 예형에게 조만간 벌어질 연회에서 고수(鼓手)나 하라고 하자 예형도 흔쾌히 허락했습니다.

장료가 불손하기 짝이 없는 예형을 죽여야 한다고 목소리를 높였습니다. 조조는 실속 없는 명성이 꽤나 알려진 그를 죽이면 천하는 자신에게 손가락질을 할 터이니 북이나 치게 하여 욕보이려고 했습니다.

↑ 조조를 철저히 무시한 예형

彌正平目中無人

乙酉春業雄

➜ 조조의 참모들을 풍자와
조소로 비꼬는 예형

드디어 연회의 날이 되었습니다. 예형은 새 옷으로 갈아입지 않고 들어가 북을 쳤습니다. 담당관리가 꾸짖자 입고 있던 헌 옷을 모두 벗어던졌습니다. 모두가 사색이 되었지만 예형은 얼굴빛 하나 변하지 않고 다시 바지를 입었습니다. 조조가 그의 무례함을 꾸짖자 기다렸다는 듯이 대답했습니다.

"황제를 기만하는 것이야말로 무례한 짓입니다. 나는 부모가 낳아주신 깨끗한 몸을 그대로 보였을 뿐입니다."
"네 짓이 깨끗하면 대체 누가 더럽다는 것이냐?"
"너는 어진 사람과 어리석은 사람도 분간을 못하니 눈이 더럽고, 시서(詩書)를 읽지 않으니 입이 더럽고, 충직한 말을 듣지 않으니 귀가 더럽고, 고금을 통달하지 못하니 몸이 더럽고, 제후들을 용납하지 못하니 뱃속이 더럽고, 항상 역적질만 할 생각만 있으니 마음까지도 더럽다."

공융이 사태가 위급함을 느끼고 친구인 예형을 구하려고 나서자, 조조는 예형을 사자로 삼아 유표에게 보내서 그의 항복을 받아오도록 했습니다. 예형이 형주에 도착하여 유표를 만났습니다. 유표의 덕을 칭송했지만 실은 비꼬는 것이었습니다. 기분이 상한 유표는 예형을 강하태수(江夏太守) 황조에게 보냈습니다. 그러자 주위에서 예형을 죽이지 않은 것을 궁금해했습니다. 유표가 그 이유를 설명했습니다.

"조조가 몇 번씩이나 자신을 모욕한 예형을 죽이지 않은 것은 인망(人望)을 잃을 것을 걱정했기 때문이다. 그래서 내 손을 빌려 예형을 죽이고 내게는 현자(賢者)를 죽였다는 오명을 씌우려는 것이다. 내가 예형을 황조에게 보낸 것은 나도 조조만큼 어리석지 않다는 것을 보여 주려는 것이다."

모두가 유표의 훌륭함을 칭찬했습니다. 황조는 예형을 만나 술을 한 잔 마시며 인물평을 하던 중 자신을 비꼬자 크게 노해 즉시 예형을 죽였습니다. 조조가 그 소식을 듣고는 웃으면서 말했습니다.

"썩어빠진 선비 놈이 세 치 혀를 함부로 놀려 자신을 죽였구나!"

여기서 잠시 모종강의 평을 살펴볼까요?

'예형, 공융, 양수 세 사람은 재주는 같으나 인품은 달랐다. 양수는 조조를 섬겼고, 공융은 조조를 섬기지 않았지만 조조를 대접했고, 예형은 조조를 섬기지도 않고 대접하기도 싫어했다. 세 사람은 모두 조조에게 죽었지만 예형이 가장 굳세었기 때문에 남보다 일찍 요절한 것이다. 조조는 스스로 간웅임을 자랑했듯이 그의 재주와 역량은 당대를 주무르기에 충분했다. 하지만 예형은 그런 조조를 우습게 여기고 철저히 무시해버렸다. 보통의 담력으로는 할 수 없는 것이다.'

한편 동승은 유비와 마등이 없는 허도에서 왕자복 등과 밤낮으로 조조 암살을 의논했습니다. 하지만 뾰족한 수가 떠오르질 않아서 결국 병이 되고 말았습니다. 헌제가 이 소식을 듣고 태의(太醫) 길태를 보냈습니다. 동승은 비몽사몽간에 꿈을 꾸었습니다. 바로 조조를 속 시원히 처단하는 꿈이었습니다. 길태가 동승의 계획을 알아채고는 자신이 간단하게 조조를 없애겠다고 장담했습니다. 조조는 두통이 심할 때마다 태의(太醫)를 부르는데, 그때 길태가 약에 독을 타서 먹이면 된다는 것이었습니다.

동승이 꿈속에서 조조를 처단한 부분에 이르러 모종강이 아쉬워하며 평을 내렸습니다.

'동승이 보름밤에 진정 그런 꿈을 꾸었다면 어찌 상쾌하지 않을 수가 있겠는가. 그런데 왜 꿈처럼 되지 않았는지 애석하기만 하다. 하지만 천지(天地)는 몽수(夢藪)이고 고금(古今)은 몽연(夢緣)이며 인생은 몽혼(夢魂)이라고 하지 않던가. 한나라가 변해 삼국이 되고 삼국이 변해 진나라가 된 것을 보면 모두가 초록몽(蕉鹿夢)이고 호접몽(胡蝶夢)이며 한단지몽(邯鄲之夢)이자 남가일몽(南柯一夢)인 것이다. 정녕 사실이라 하여도 어찌 꿈이 아닐 수 있고, 꿈이라 하여도 어찌 사실이 아닐 수 있겠는가.'

길태가 가져온
독약을 밀치는 조조

동승은 기쁜 마음에 병이 다 나은 것 같았습니다. 오랜만에 안채를 돌며 대사(大事)의 성공을 예감했습니다. 그런데 일이 안 되려면 사소한 곳에서 어그러지게 마련이지요. 안채 어둔 곳에서 시첩(侍妾) 운영이 종놈인 진경동과 속삭이는 것이 보였습니다.

동승은 크게 노해 두 사람을 잡아 죽이려 했다가, 부인의 만류로 각각 40대씩을 때리고 종놈은 냉방에 가뒀습니다. 원한을 품은 진경동은 쇠사슬을 끊고 담을 넘어 조조에게로 달려가 그간 동승의 모의를 낱낱이 고해바쳤습니다. 조조는 진경동을 숨겨주었고, 동승은 아무리 찾아도 그가 보이지 않자 멀리 도망간 것으로 알았습니다.

조조는 두통이 도진 것처럼 행세하며 길태를 불렀습니다. 길태는 준비한 약에 독을 타서 조조에게 바쳤습니다. 조조가 길태에게 먼저 마셔보라고 하자 일이 누설되었음을 알고 조조에게 달려들었지만 실패하고 사로잡혔습니다. 조조는 사주한 자들의 이름을 대라고 고문했습니다. 길태는 혼자 한 것이라며 조조를 꾸짖었습니다.

조조는 길태를 잡아가두고 다음 날 연회를 열었습니다. 동승은 병을 핑계로 참석하지 않았습니다. 연회가 무르익을 즈음, 조조는 길태를 끌어내어 고문을 가했습니다. 그럼에도 길태는 끝까지 발설하지 않았습니다. 조조는 왕자복 등 공모자들을 잡아두고 동승에게 갔습니다. 길태와 종놈을 대질시켰습니다. 길태는 끝까지 부인하며 홀로 한스럽게 죽었습니다.

사관(史官)이 길태를 칭송한 시를 남겼습니다.

한나라는 되살아날 기색이 없건만	漢朝無起色
나라 병 고치려고 길태를 불렀구나.	醫國有稱平
간사한 것들 없애겠노라 맹세하고	立誓除奸黨
제 한 몸 던져 천자 은혜 보답했네.	捐軀報聖明

극한 형벌 받아도 말은 더욱 매서웁고　　　極刑詞愈烈

참혹하게 죽었어도 살아있듯 느껴지네.　　慘死氣如生

열 손가락 붉은 피가 알알이 맺힌 그곳　　十指淋漓處

세세년년 우러르는 또 다른 그 이름을.　　千秋仰異名

　동승이 종놈인 진경동을 보고도 부인하자, 조조는 그의 침실에서 헌제가 혈서를 숨겨서 준 의대조(衣帶詔)와 의장(義狀)을 찾아냈습니다. 조조는 동승의 전 가족을 잡아 가두었습니다. 이제 곧 피바람이 몰아치게 생겼습니다.

유비 삼형제,
조조에게 패하여
뿔뿔이 흩어지다

조조는 참모들에게 헌제가 쓴 의대조(衣帶詔)와 주모자들이 쓴 의장(義狀)을 보여주며 천자를 폐하고 덕 있는 사람을 골라 새로운 천자를 세우려고 했습니다. 정욱이 천하를 평정하지 못한 때에 황제를 갈아치우는 것은 전쟁을 일으키는 빌미가 된다고 하자, 조조는 폐립(廢立)에 대해서는 논의를 중지하고 동승을 비롯한 네 명의 주모자와 그들의 식솔들을 모조리 처단했습니다. 그 수가 무려 7백여 명이나 되었습니다.

조조는 그래도 분이 풀리지 않았습니다. 칼을 찬 채로 궁전으로 들어갔습니다. 헌제는 복황후와 함께 동승의 일이 어찌 되어 가고 있는지 궁금해하던 중이었습니다. 조조가 들이닥치자 헌제는 얼굴빛이 사색이 되었습니다. 조조가 의대조 사건을 말하자 대답도 할 수 없었습니다.

조조는 즉시 동승의 딸인 동귀비를 잡아들였습니다. 헌제는 귀비가 임신한 몸이니 불쌍히 여겨달라고 했지만 조조에게 통할 리 없었습니다. 동귀비가 온전하게 죽기를 원하자 명주 한 필을 가져다주었습니다. 이 광경을 지켜보던 헌제가 울면서 작별인사를 했습니다.

"구천(九泉)에 가더라도 짐을 원망하지는 마오."

조조는 무사들을 호통 쳐 동귀비를 목 졸라 죽였습니다. 후세 사람들이 억울하게 죽은 동귀비를 한탄했습니다.

임금게 받은 은혜 속절도 없이	春殿承恩亦枉然
애달파라, 뱃속 아기마저 버려야 하네.	傷哉龍種竝時捐
당당한 제왕조차 구해내지 못하고	堂堂帝王難相求
얼굴만 감싸고 눈물만 샘솟네.	掩面徒看涙湧泉

↑ 어리고 힘없는 마지막 황제 헌제

조조는 궁문을 지키는 관리들에게 명령했습니다.

'이제부터 외척이건 종친이건 막론하고 내 허락 없이 멋대로 궁을 들어오는 자는 목을 베겠다. 엄중하게 지키지 않는 자도 역시 목을 벨 것이다.'

헌제는 이제 수족도 부리지 못한 채 옴짝달싹할 수 없게 되었습니다. 조조는 주모자 중 도망친 유비와 마등을 제거해야 했습니다. 유비를 먼저 제거하고 싶지만 원소가 쳐들어올 것이 걱정되었습니다. 곽가가 의견을 내었습니다.

"원소는 성품이 느리고 의심도 많은데 그의 모사들도 서로 시기하니 걱정할 게 없습니다. 유비는 군사를 편성한 지 얼마 안 되어서 아직 그들을 통솔할 수 없을 터이니 이제 곧 군사를 이끌고 공격하시면 한 번 싸워서 쓸어버릴 수 있습니다."

조조는 기뻐하며 즉시 20만 대군을 거느리고 서주로 쳐들어갔습니다. 소식을 들은 유비는 원소에게 편지를 보내 구원을 요청했습니다. 전풍은 조조를 칠 수 있는 절호의 기회가 왔음을 알고 원소가 결단을 내려주기를 바랐습니다. 그런데 원소는 어처구니없는 의견을 내놓았습니다.

"다섯 아들 가운데 막내만이 나를 즐겁게 해주고 더없이 이쁜데, 지금 그 아이가 옴이 옳아 위태위태하네. 만약 막내가 잘못된다면 나는 아무런 낙이 없을 것이야."

원소는 군사를 일으키지 않기로 결정하고, 유비가 일이 뜻대로 되지 않거든 자신을 찾아오라고 했습니다. 전풍은 애석한 마음에 땅을 치며 한탄했습니다.

모종강은 동귀비의 죽음을 막지 못한 헌제와 유비를 구원하지 않은 원소에 대하여 다음과 같이 평했습니다.

'천자가 비빈도 보호할 수 없는데, 제후라는 자가 가족만 생각하고 하찮은 병에 걸린 자식에게만 정신이 쏠려 임금의 씨가 해침을 받는 것은 마음에도 두지 않는다. 원소는 4대에 걸쳐 삼공(三公)을 지내며 한나라의 녹을 먹었다. 그런 자가 온몸으로 충절을 바치는 길태만도 못하니 어찌 통탄스럽지 않을 수 있겠는가.'

▲ 결단력 없이 우유부단한 원소

그는 이어 모사 전풍과 원소의 잘못을 각각 아래와 같이 말했습니다.

'전풍은 지난번엔 전투를 늦추더니 이번에는 서두르고 있다. 하지만 곽도와 심배는 전풍과 불화하여 원소로 하여금 전풍의 계책을 따르지 않게 하고 있다. 이는 모두가 자기들의 집안만을 위할 뿐 국가대사를 위해 도모하지 않는다. 붕당(朋黨)의 해악이 예부터 이러했다.'

'원소는 천자의 명을 무시하고 기주(冀州)를 빼앗고 한복을 속였으며 공손찬을 배반했으니 그 죄가 하나요, 이각, 곽사의 난리 때 임금을 구하지 않았으니 그 죄가 둘이요, 원술이 천자를 참칭해도 토벌하지 않고 원술이 자신에게 제호(帝號)를 돌리려 하자 이를 받으려 했으니 그 죄가 셋이다.'

유비는 어쩔 수 없이 혼자서 조조를 막아내야만 했습니다. 하지만 조조의 대군을 상대할 수 없었습니다. 장비의 기습공격은 오히려 조조의 매복 작전에 말려들어 크게 패하고 말았습니다. 장비는 망탕산으로 달아났습니다.

유비도 갈 곳이 없었습니다. 혼자서 하루 3백리를 달려 원소의 장남인 원담이 있는 청주성으로 달아났습니다. 곧이어 원소가 있는 업성(鄴城)으로 갔습니다. 유비는 또다시 남에게 의탁하는 신세가 되었습니다. 모종강도 유비의 이런 나그네 신세를 인정했습니다.

'원소는 처음에는 거만했지만 뒤에는 공손하였고, 유비 또한 예전에는 서먹했지만 지금은 친밀하다. 하지만 이는 원소가 어질어서 유비를 받아들인 것이 아니다. 급한 유비가 원소에게 의탁한 것이다. 처음에 유비는 여포에게 의탁했고 또 조조에게 의탁했다. 나중에는 유표에게 의탁하고 또 손권에게 의탁했다. 외로운 몸은 항상 나그네 신세를 면하지 못한다. 유비는 군(君)이 된 이후 6, 7할의 세월을 매번 나그네로 보냈다.'

조조는 서주를 차지하고 백성을 안정시켰습니다. 이제 관우가 있는 하비성을 함락시키는 일만 남았습니다. 순욱은 유비의 가족을 보호하고 있는 관우가 죽기로

劉備匹馬

投青州乙酉春
槃雄畫於滬上

➡ 가족과 의형제도 버린 채 도망치는 유비

버틸 것이므로 속히 함락시킬 것을 주문했습니다. 조조는 관우의 무예와 인품을 아껴 그를 수하에 두고 싶었습니다. 관우와 일면식(一面識)이 있는 장료가 관우를 만나 설득하겠다고 나섰습니다. 그러자 정욱이 말했습니다.

"장료가 비록 관우와 아는 사이라고는 하지만, 제 생각에 관우는 말로 설득할 수 있는 장수가 아닙니다. 그러므로 그가 옴짝달싹 못하게 만들어 놓은 다음에 장료를 보내어 달래면 그때는 반드시 승상께 의지할 것입니다."

이 말을 들은 조조는 귀가 번쩍 뜨였습니다. 정욱은 과연 어떻게 관우를 항복시킬까요?

배신자의 전형 여포, 그를 위한 변론

　연의 둘째 권 읽기가 끝났습니다. 2권의 책씻이로는 여포를 다시 생각해보기로 하겠습니다.

　'사람 중에 여포요, 말 중에 적토마'라는 말처럼 여포는 천하무적의 무용(武勇)을 자랑하는 장수입니다. 그런데 연의에서는 '배신자'와 '패륜아'의 전형으로 그려졌습니다.

　물론 역사에 기록된 여포의 행적을 바탕 삼아 연의에서의 여포상이 만들어졌습니다. 하지만 연의가 오랜 시대를 거치며 각색된 것처럼 여포의 형상도 시대마다 변했습니다. 연의의 전 단계 버전인 『삼국지평화』('평화'로 약칭합니다.)에 그려진 여포의 형상과 비교해 보면, 여포가 진짜 나쁜 배신자이자 패륜아인지 다시 생각해보게 됩니다. 이제 하나씩 살펴보겠습니다.

　연의에서 여포가 동탁을 만나는 부분은 고향이 같은 이숙의 꼬드김에 양아버지인 정원을 살해하고 동탁에게 의탁합니다. 그런데 평화에서는 동탁이 황건적의 난을 진압하기 위해 서량(西涼)으로 가는 도중에 여포를 만납니다.

　　말을 탄 한 사람이 사나운 호랑이처럼 군사들 속으로 쳐들어가니 죽은 자가 얼마나 되는지 알 수조차 없었다. 군사를 더하고 장수가 더 덤벼서야 그를 잡을 수 있었다. 태사 동탁이 대체 넌 누구냐고 소리쳐 물었지만 그는 대답하지 않았다. 백성들이 모두 소리쳐 말했습니다.

"이 사람은 정원의 노비였습니다. 정원을 죽이고 그의 말을 훔쳐서 타고 달아나다가 군사들에게 붙잡힌 것입니다."

태사는 병사와 장수들로 하여금 그를 포박하게 하여 태사부로 끌고 왔다.

여포의 첫 등장은 이미 정원을 죽이고 달아나던 때였습니다. 여포의 신분도 정원의 수하 부장이 아닌 가노(家奴)입니다. 정원과 여포의 관계가 연의와는 다름을 알 수 있습니다. 또한 여포가 정원을 죽이고 배신하게 된 이유도 연의와는 딴판입니다.

드디어 심문을 하려는데 정원과 가까운 사람이 말했다.
"이자는 다른 것이 아니라 말 때문에 그를 죽였습니다."
그러자 여포가 항변하기를,
"나는 말 때문에 주공을 죽인 것이 아닙니다. 주공은 평소에도 자주 저를 모욕했기에 죽인 것입니다."

여포는 정원의 괴롭힘과 수모를 참고 견디다가 한계에 이르자 정원을 살해한 것입니다. 노비의 신분이었으니 얼마나 비인간적인 대우와 모욕을 당했을지 짐작이 됩니다. 나관중과 모종강이 연의로 재창작하는 과정에서 정원을 여포의 양부(養父)로 만들고, 여포를 양부 정원을 죽이는 배신자이자 패륜아로 설정한 것입니다.

⬆ 천하제일의 무력(武力)을 지닌 여포

여포와 초선의 관계 설정도 전혀 다릅니다. 연의에서의 초선은 사도 왕윤의 가기(歌妓)이지만, 평화에서의 초선은 여포의 부인입니다.

왕윤은 초선을 정원에서 나가지 못하게 하고 물었다.

"왜 향을 태우느냐? 사실대로 고해라."

초선은 깜짝 놀라 무릎을 꿇고 사실대로 말했다.

"저는 원래 임씨로 어릴 때 이름은 초선입니다. 제 남편은 여포인데 임조부에서 헤어진 후로는 지금까지 만나지 못해서 향을 태웠습니다."

왕윤은 크게 기뻐하며 말했다.

"한나라의 천하를 안정시킬 인물이 바로 이 여인이구나. 내 너를 친딸같이 대해 주도록 하마."

초선에게 금은보화를 내어주니 초선이 감사 인사를 하고 돌아갔다.

왕윤은 초선에게서 그녀가 여포의 부인이라는 것을 들어서 알았습니다. 그래서 그녀에게 남편과 같이 살게 해 주겠다고 약속합니다. 하지만 초선을 동탁에게 보내놓고 이를 여포가 알게 합니다. 남편인 여포로 하여금 동탁을 죽이게 만든 것이지요.

갑자기 초선의 옷매무새가 흐트러진 채 밖으로 나오자 이를 본 여포가 크게 화를 냈다.

"역적은 어디 있느냐?"

"벌써 술에 취해 쓰러졌어요."

➜ 섬서성 미지(米脂)에 있는 초선상

여포가 칼을 뽑아 들고 안채로 들어가니 동탁은 천둥치듯 코를 골며 고깃덩어리가 산을 이룬 듯 누워 있었다.

"늙은 도둑놈이 무도하기 짝이 없구나!"

욕설을 내뱉은 여포가 한번 칼을 휘두르니 동탁의 목에서 선혈이 솟구쳤다. 한 번 더 몸통을 찌르니 동탁은 그대로 죽었다.

여포는 천만다행으로 아내 초선과 재회하게 되었습니다. 이제 곧 행복한 삶을 살고자 할 때 동탁이 아내를 빼앗았습니다. 자신의 아내를 탐한 파렴치한을 처단하는 것은 남편의 입장에서 보면 범죄자를 응징하는 정당방위입니다. 왕윤이 동탁을 살해하기 위해 꾸며낸 계략임을 몰랐던 것뿐이지요.

하지만 연의에서의 여포는 파렴치한 동탁을 처단한 초선의 남편이 아닙니다. 초선의 미색에 빠져 양부인 동탁을 죽인 배신자이자 패륜아로 바뀌었습니다. 아내와 가정을 되찾기 위해 분연히 칼을 빼들었던 여포가 되레 '천하에 죽일 놈'이 된 것입니다. 아무리 소설이라고 해도 여포의 입장에서는 참으로 억울하고 분통

▶ 여포의 고향인
내몽골의 바오터우[包頭]에
있는 여포상

이 터질 노릇입니다.

평화에서의 여포는 극단적 상황에 내몰리어 살인을 한 인물이었습니다. 이때 여포에게 배신자라는 말은 통하지 않습니다. 유비, 조조, 손권 등도 수시로 배신을 일삼는 난세였기 때문입니다. 반인륜적인 패륜아라는 말도 이치에 맞지 않습니다. 정원이 양부가 아니었기 때문입니다. 동탁은 양부였지만 양아들의 부인을 탐했습니다. 오히려 동탁이 반인륜적인 짓을 저지른 것이지요.

그럼에도 불구하고 연의에서 여포라는 인물은 오늘날 우리가 알고 있는 '배신자'이자 '패륜아'의 전형으로 그려졌습니다. 나관중은 왜 여포를 이토록 나쁜 인간으로 바꿔놓았을까요. 그것은 여포의 출신과 관계가 있는 것 같습니다.

여포의 고향은 병주(并州) 오원군(五原郡)입니다. 오늘날에는 내몽골의 바오터우〔包頭〕입니다. 나관중은 명(明)나라 때 사람입니다. 명은 몽골이 만든 원(元)을 멸망시키고 건국했습니다. 원나라는 한족이 세운 나라가 아닌 오랑캐가 세운 나라입니다. 원나라의 통치기간 동안 한족이 오랑캐에 당한 수모와 치욕이 얼마나 컸겠습니까. 나관중은 이러한 수모와 치욕을 연의에서 여포라는 인물을 통해 갚아준 것입니다. 연의는 이런 방식으로 역사에서 당한 치욕을 맘껏 되갚았습니다. 연의가 '칠실삼허(七實三虛)'라고 하지만, 속속들이 파헤치면 '삼실(三實)'에도 미치지 못할 것입니다.

조조와 유비가 천하 영웅을 논한 곳, 허창 청매정

조조가 헌제를 모셨던 허창(許昌)은 하남성(河南省) 중부에 위치한 도시입니다. 정주(鄭州)에서 남쪽으로 약 80km 정도 떨어져 있습니다. 주나라와 춘추시대에는 허국(許國), 진나라 때에는 허현(許縣)으로 불렸고, 동한 말기에 수도가 되어 허도(許都)라고 불렀습니다. 조비가 황제가 되고 나서 지금의 이름인 허창이 되었습니다.

허창은 동한 말에 중국 북방의 정치와 경제, 문화의 중심지였지만 이를 누린 기간은 25년뿐이었습니다. 조조의 큰아들 조비가 헌제로부터 선위를 받아 낙양으로 도읍을 옮겼기 때문입니다.

정주에서 자동차로 한 시간이면 허창 시내에 도착합니다. 도시는 고색창연한 풍취보다는 현대적 건물이 즐비합니다. 시내 중심가에서 멀지 않은 곳에 관공사조처(關公辭曹處) 공원이 있습니다. 입구에는 근대 중국의 유명한 역사가이자 시인이기도 한 곽말약(郭沫若)이 활달한 필체로 쓴 편액이 걸려있습니다. 이곳에는 조조가 유비를 불러 매실주를 마시며 천하의 영웅을 논한 청매정(靑梅亭)이 있습니다. 청매정은 삼국시대에 허창에서 매우 유명한 정자였다고 합니다.

공원으로 들어서니 중국의 관광지가 늘상 그렇듯이 여기저기 연의의 이야기를 펼쳐놓았습니다. 파릉교도 있고 청매정도 있고, 관우의 오관참육장 장면을 새겨놓은 부조상도 멋집니다. 공원 입구를 지나 얼마 가지 않아서 작은 연못과 조화를 이룬 아늑한 분위기의 정자가 보입니다. 청매정입니다. 정자 안에는 조조와 유비가 천하의 영웅에 대해서 이야기하는 장면이 화려한 대리석상으로 표현되어 있습니다. 실제로 조조와 유비가 영웅에 대해 이야기한 사실은 진수의 『삼국지』에 나오는 세 구절뿐입니다. 이것을 나관중이 문학적 상상력과 재미를 동원하여 연의에서는 한 편의 흥미진진한 이야기를 만들어냈습니다. 그리고 연의는 이곳에 새롭게 청매정을 만들게 했으니, 이곳에 있는 청매정은 연의가 탄생시킨 일종의 문학적인 유적인 셈입니다.

그렇다면 원래의 청매정은 어디에 있었을까요? 허창 시내에서 19km 떨어진 곳에 조조 군영의 요지였던 영음현성(潁陰縣城) 구곡만(九曲灣)이 있는데, 그 서쪽에 있었다고 합니다. 지금의 허창시 위도구(魏都區) 구곡가(九曲街) 제8중학의 서쪽

◀ 조조와 유비가 영웅론을
논한 청매정

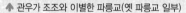
▲ 관우가 조조와 이별한 파릉교(옛 파릉교 일부)　　　　　　　　▲ 현재의 파릉교

부근입니다. 청매정은 조조가 완성(宛城)을 차지한 후 병사들의 노고를 잊지 않기 위해서 지은 것인데 이미 오래전에 흔적 없이 사라졌다고 합니다. 그 내력만 전해 져오던 것을 허창 시내의 공원에 다시 만들어 놓은 것입니다.

　관우가 조조와 작별한 파릉교도 마찬가지입니다. 지금은 애초의 파릉교와는 다르게 호수와 어울리도록 아치형으로 만들어 놓았습니다. 호수 끝 한쪽 구석에 는 원래의 파릉교에 있었던 돌조각들을 진열해 놓았습니다.

　'아는 만큼 보인다'는 말처럼 허창에서 만나는 삼국지 관련 유적들은 역사적 인 것과 문학적인 유적과 유물이 뒤섞여 있습니다. 이를 가려내며 둘러보는 것도 또 하나의 삼국지를 음미하는 쏠쏠한 방법이 될 것입니다.

⬆ 관우와 조조의 이별 장면을 표현한 부조

PART 3

명장 안량, 관우를
호의로 대하다
맥없이 죽다

조조는 관우에게서 항복을 받고 자신의 부하로 삼고 싶었습니다. 그러자 정욱
이 계책을 냈습니다.

"관우는 만인(萬人)에 필적할 장수라 계책으로 얻을 수 없습니다. 지금 곧 항복한
유비의 병사를 하비성에 들여보내 관우에게는 도망쳐왔다고 말하게 하고 그 안에
서 내응하도록 하십시오. 관우가 나와서 싸우도록 하고 거짓으로 패한 체하며 다
른 곳으로 유인한 다음, 날쌘 군사들로 하여금 그의 퇴로를 막은 뒤에 설득하면 될
것입니다."

조조는 정욱의 계책을 따라 관우를 고립무원(孤立無援)의 상태로 만들었습니
다. 지난날 관우 덕에 살아났던 장료가 관우를 만났습니다. 관우가 사생결단으

로 싸우다가 죽겠다고 하자 장료는 그것이야말로 세 가지 죄라고 말합니다. 첫째, 의형제가 되어 생사를 같이하기로 맹세한 것을 저버리는 죄. 둘째, 유비가 부탁한 두 부인을 지키지 못한 죄. 셋째, 한 황실을 바로잡지 못하고 어리석은 죽음을 택하는 필부의 용맹입니다. 관우는 곰곰이 생각에 잠겼다가 다음 세 가지 조건을 받아주면 항복하겠다고 했습니다.

첫째, 한나라 황제에게 항복하는 것이고 조조에게 항복하는 것은 아니다.

둘째, 두 분 형수에게는 황숙(皇叔)의 봉록과 대우를 하고 누구든 출입을 금지시킨다.

셋째, 유비가 있는 곳을 알면 어디든 상관없이 즉시 떠난다.

장료가 세 가지 죄에 대해 말한 부분을 관우는 정반대의 논리로 제안했습니다. 조조는 세 번째 조건에 대해 망설였지만 장료가 설득하자 흔쾌히 수락했습니다. 집을 마련해주고 편장군(偏將軍)에 임명했습니다. 이로써 관우는 한 황실로부터 공식 직함을 갖게 되었습니다.

조조는 관우를 후하게 대했습니다. 사흘에 한 번씩 작은 연회를, 닷새에 한 번씩 큰 연회를 열었습니다. 10명의 미녀를 뽑아 모시게도 했지만 관우는 그들을 모두 안채로 보내 형수들을 모시도록 했습니다. 하루는 관우가 입고 있는 녹색 비단 전포가 낡아서 새 비단으로 한 벌을 지어주었습니다. 관우는 조조가 준 전포 위에 낡은 전포를 덧입었습니다. 조조가 의아해하자 관우는 유비를 잊지 않기 위해서라고 대답했습니다. 조조가 섭섭해 하는 것은 인지상정(人之常情)입니다. 그럼에도 불구하고 조조는 관우의 환심을 사려고 무던히 애를 썼습니다. 어느 날은 관우가 삐쩍 마른 말을 타고 있자 여포가 타던 적토마(赤兎馬)를 주었습니다. 관우는 기쁜 마음에 조조에게 연거푸 감사함을 표했습니다.

"공은 내가 미녀와 황금, 비단을 주어도 고맙다는 인사 한 번 없더니만 오늘은 이렇게 기뻐하며 감사하니 어찌 사람은 천하게 여기고 말은 귀하게 여기시는가?"

"저는 이 말이 하루에 천 리를 달린다고 알고 있습니다. 형님이 계신 곳을 알게 되면 그날로 달려갈 수 있지 않겠습니까?"

이 말을 들은 조조는 당황스럽고 이내 후회가 들었습니다. 그 후, 조조는 장료를 통해 관우가 조조의 후의에 보답하는 마음으로 반드시 공을 세운 후에 가겠다는 뜻을 알게 되었습니다. 그러고 나서는 관우에게 공을 세울 기회를 주지 않기로 마음먹었습니다.

영웅호걸의 위엄이 삼국을 제압하는데   威傾三國著英豪
두 집에 나뉘어 기거하니 의기도 높도다.   一宅分居義氣高
간사한 승상 몸 낮춘 채 가식으로 대하니   奸相枉將虛禮待
관우가 조조에게 항복 안 할 줄 어찌 알겠느뇨.   豈知關羽不降曹

한편 유비는 이때 원소에게 의탁하고 있었습니다. 그런 까닭에 아우들과 가족의 소식을 알 길이 없어서 근심 속에 나날을 보냈습니다. 이를 본 원소가 조조를 공격하기로 마음먹었습니다. 모사 전풍이 지구전(持久戰)을 펼 것을 제안합니다. 원소가 전풍의 전략을 숙고하자, 마음 급한 유비가 원소를 꼬드겼습니다.

"조조는 황제를 속이는 역적입니다. 공께서 빨리 토벌하지 않으면 천하의 대의를 잃을 것이 걱정됩니다."
"그대의 말이 매우 훌륭하오."

나관중본에는 유비가 원소에게 말한 내용 앞에 한 문장이 더 있습니다. 함께 살펴보겠습니다.

"붓이나 놀리는 선비들은 번잡하게 출정하여 싸우는 것을 좋아하지 않습니다. 그저 아침부터 저녁까지 편안히 앉아서 녹봉이나 받아먹으려고 합니다."

關雲長
秉燭達
旦乙酉春
葉雄畫

➡ 촛불을 밝히고 두 형수를 지키는 관우

↑ 관우가 도망 오는 것으로 알고
무방비로 당하는 안량

유비의 음험한 화술이 찐득하게 느껴지지 않나요? 모종강이 이 부분을 삭제하는 것은 아주 지당합니다. 유비는 인의(仁義)의 화신(化神)이어야 하니까요. 전풍이 원소에게 재삼재사 간청했습니다만, 그의 입에서 나온 말은 유비에게서 들은 말 그대로입니다.

"너희들은 글장난이나 하면서 무력을 깔보기만 하니 내가 대의를 잃어도 좋다는 말이냐?"

원소는 전풍을 죽이려다가 유비가 말리자 옥에 가뒀습니다. 원소의 사람됨이 이토록 편협하고 얄팍하니 전풍의 마음이 어떠했을까요. 이를 지켜본 또 다른 참모인 저수는 친척들에게 전 재산을 나눠주고 눈물로 작별인사를 했습니다.

"나는 이제 군사를 따라 전쟁터로 가오. 이긴다면 더할 나위없지만 진다면 이 한 몸도 보전할 수 없을 것이오."

원소는 안량을 선봉으로 삼아 백마현으로 진격했습니다. 조조도 15만 명의 군사를 이끌고 나왔습니다. 안량은 연달아 조조군의 장수들을 베었습니다. 조조군에서는 감히 나서는 자가 없었습니다. 정욱이 관우를 천거하자 조조는 관우가 공을 세우고 가버릴 것이 걱정되었습니다.

"유비는 분명 원소에게 의탁하고 있을 것입니다. 이제 관우를 앞세워 원소군을 무찌른다면 원소는 유비를 의심하여 죽일 것입니다. 그가 죽으면 관우야말로 갈 곳이 없으니 어쩌겠습니까?"

조조는 관우를 출정시킵니다. 관우는 안량의 10만 병사를 '흙으로 빚은 닭과 개(土鷄瓦犬)'로 치부하고 적토마를 타고 달려갔습니다. 그리고 안량이 미처 손을 쓸 참도 없이 목을 베었습니다.

조조군의 장수들을 연이어 목을 베던 안량이 관우와는 싸우지도 못하고 이렇게 맥없이 죽다니 너무 이상하지 않나요? 나관중본에는 안량이 무방비인 채로 죽은 이유가 나옵니다. 그 내용은 이렇습니다.

'안량이 원소에게 인사하고 싸움터로 떠날 때 유비가 조용히 부탁하였다.
"내게 관우라는 동생이 있는데 키는 아홉 자 다섯 치요, 수염은 한 자 여덟 치나 되고, 얼굴은 대추처럼 붉고, 봉황 같은 눈에 누에 같은 눈썹이 있다. 주로 푸른 비단 전포를 입고 누런 말을 타면서 청룡대도를 잘 쓰는데 분명 조조 쪽에 있을 것이니 그를 만나거든 즉시 나를 찾아 오라고 전해주시오."
이에 안량은 유비가 말한 관우가 오는 것을 보고서도 그저 관우가 자기에게로 오고 있는 것인 줄로만 알고 맞서 싸울 준비를 하지 않았다. 그래서 관우의 단칼에 찍혀 말 아래로 떨어져 죽은 것이다.'

이제 사건의 전모가 이해되지요? 관우는 무신(武神)이어야 하는데 이런 내용이 있다면 그야말로 커다란 흠이 아닐 수 없습니다. 모종강은 이 부분을 싹둑 잘라내어 관우의 무용담을 흠뻑 키웠던 것입니다.

관우가 두 형수를 모시고 조조를 떠나다

관우가 안량을 죽이자 조조군은 여세를 몰아쳐 원소군을 대파시켰습니다. 원소는 유비의 아우인 관우가 안량을 죽인 것을 알고는 유비를 끌어내어 죽이라고 명령했습니다. 그러자 유비는 세상에 비슷한 사람은 얼마든지 있을 수 있다고 항변하며 겨우 위기를 모면합니다.

안량의 원수를 갚기 위해 8척 장신의 문추가 나섰습니다. 저수가 가벼이 움직이지 말고 상황을 보면서 대처하는 것이 좋다고 간언했습니다. 원소가 화를 내며 소리쳤습니다.

"너희들이 군사의 사기를 꺾고 날짜를 늦추기 때문에 일이 제대로 풀리지 않는 것이다. 어찌 군사를 움직일 때는 적이 알아채지 못하게 재빠르게 해야 한다는 말도 모른단 말이냐?"

문추는 유비와 함께 황하를 건너 연진에 영채를 세웠습니다. 조조는 군량과 마초(馬草)를 미끼로 문추의 군사들을 유인했습니다. 장료와 서황이 나섰지만 상대가 되지 않았습니다. 다시 관우가 나섰습니다. 문추는 3합을 겨루고 달아났습니다. 관우의 적토마가 문추를 따라잡자 청룡도가 번쩍이면서 문추가 말에서 떨어졌습니다. 조조군은 다시 대승을 거두었습니다. 조조가 문추를 무찌른 계략에 대해 모종강은 이렇게 평했습니다.

'조조는 군량과 군마를 내어 적을 유인하고 황금과 인수(印綬)를 내어 인재를 유인한다. 죽이고 싶은 자도, 등용하고 싶은 자도 유인한다. 그리하여 문추는 조조에게 유인되지만 관우는 그렇지 않은 까닭에 조조도 어쩔 수가 없는 것이다.'

원소는 안량과 문추를 죽인 자가 관우라는 것을 알고 다시 유비를 죽이려고 하였습니다. 유비는 기죽지 않고 청산유수로 원소를 설득했습니다.

"조조는 처음부터 이 유비를 싫어했습니다. 그는 지금 내가 공과 함께 있다는 것을 알고 내가 공을 도울 것이 두려워 관우를 시켜 두 장수를 죽인 것입니다. 그러면 공은 반드시 화가 나서 나를 죽이려고 할 것이니, 조조는 공의 손을 빌려 이 유비를 죽이려는 것입니다. 부디 잘 생각하시기 바랍니다."

원소는 다시 유비와 마주 앉았습니다. 유비는 심복부하를 시켜 관우에게 밀서를 보내면 반드시 와서 도울 것이니 함께 조조를 토벌하자고

↑ 원소의 명장 안량

제안했습니다. 줏대 없는 원소는 매우 기뻤습니다.

"내가 관장군을 얻는다면 열 명의 안량과 문추가 있는 것보다 훨씬 좋을 것이외다."

한편 조조는 관우의 복심(腹心)을 알고 싶어서 장료를 보냈습니다. 장료가 관우에게 물었습니다.

"형과 유비의 교분은 이 아우와 형의 사귐과 비교하면 어느 정도입니까?"
"나와 아우는 벗으로 사귀는 것이지만, 나와 유비는 벗이자 형제이며 또한 군신이니 어찌 같은 자리에 놓고 말할 수 있는 것이겠소?"

묻고 답하는 게 너무나 간단명료하지요? 그런데 나관중본에는 둘의 대화가 구구절절(句句節節) 옳은 말들입니다. 내용이 조금 길지만 그 차이점을 살펴보겠습니다.

↑ 원소의 무장 문추

"공은 『춘추』를 즐겨 읽으시는데 관중과 포숙의 사귐은 어떠합니까?"
"관중은 언제나 이렇게 말했다 하오. '나는 세 번 싸우다가 세 번 모두 물러섰으나 포숙은 나를 비겁하다고 여기지 않았으니, 이는 내게 늙은 어머니가 있음을 알았음이요, 나는 세 번 벼슬길에 나갔다가 세 번 모두 쫓겨났으나 포숙은 나를 무능하다고 여기지 않았으니, 이는 내가 때를 못 만났음을 알았음이요. 나는 늘 포숙과 이야기할 때면 궁지에 몰렸으나 포숙은 나를 어리석다고 여기지 않았으니, 이는 사람이란 좋지 않을 때가 있음을 알았음이요. 나는 늘 포숙과 같이 장사를 하면서도 이윤을 나눌 때는 언제나 많이 챙겼으나 포숙은 내가 욕심쟁이라고 말하지 않았으니, 이는 내가 가난함을 알았음이라. 나를 낳은 것은 부모이지만 나를 아는 자는 포숙뿐이니라.' 이것이 바로 관중과 포숙이 서로의 마음을 안다는 사귐이오."

"그렇다면 형과 유비의 사귐은 어떠합니까?"

"나는 형님과 생사를 같이하기로 한 사이요. 살아도 같이 살고 죽어도 같이 죽을 것이니 관중과 포숙의 사귐에 어찌 비하겠소."

"저하고 형과의 사귐은 어떻습니까?"

"우리야 우연히 만나 사귀는 사이니, 흉한 일이 닥치면 서로 구해주고 어려운 일이 있으면 서로 도와주지만, 구할 수 없을 경우에는 그만둘 것이니 어찌 생사를 같이하는 사귐에 비할 수 있겠소?"

"유비가 이전에 소패에서 패했을 때 형은 왜 죽기로 맘먹고 싸우지 않았습니까?"

"당시는 사실을 몰랐소. 만약 형님이 돌아가셨다면 낸들 어찌 혼자 살겠소?"

어떻습니까? 나관중본의 내용이 훨씬 진솔함이 배어있지요? 이토록 따뜻한 대화를 단 한 문장으로 줄여버렸으니, 이를 읽는 독자들의 느낌은 인정머리 없는 '싸늘함' 그 자체입니다.

원소의 부하인 진진이 몰래 관우에게 유비의 밀서를 전달했습니다. 관우는 답장을 써서 주며 조조가 허락하지 않으면 죽기를 각오하고 유비에게 갈 것이라고 약속했습니다. 조조는 관우가 떠나려는 것을 알고는 문에다 '면회사절' 팻말을 걸었습니다. 관우는 몇 번을 찾아갔지만 매번 조조를 볼 수 없었습니다. 장료도 병을 핑계로 만나주지 않았습니다.

관우는 더 이상 기다릴 수 없었습니다. 작별의 편지와 함께 한수정후(漢壽亭侯) 인수(印綬)와 그동안 받은 금은(金銀) 등을 모두 봉해놓고 두 형수를 모시고 출발했습니다.

조조는 관우를 부하로 삼으려고 했지만 실패했습니다. 참모들이 죽이라고 했

關雲長掛印封金 三國演義挿圖 之三十九 乙酉春日 薹娃畵 於滬上

▲ 부귀영화를 마다하고
두 형수를 모시고
떠나는 관우

지만 조조는 그렇게 하지 않았습니다. 모종강은 그 이유를 이렇게 밝혔습니다.

'조조는 평생 귀신과 불여우처럼 간사하고 거짓 행동만 일삼았는데 갑자기 정정당당하고 늠름(凜凜)하고 열렬(烈烈)하며 청명한 하늘처럼 티 없고 태양처럼 눈부신 사람을 만났다. 그러자 보물 앞에 있는 자신의 추한 모습을 알게 되어 자신도 모르게 관우를 좋아하고 공경하는 마음이 우러나 차마 죽이지 못한 것이다.'

여러 장수도 관운장을 배워
이름을 높이도록 하라

관우는 조조의 극진한 대우를 뿌리치고 유비를 찾아 나섰습니다. 조조의 부하 채양이 관우를 뒤쫓아 가서 잡아오겠다고 하자 조조가 말렸습니다. 그리고 자신이 허락한 일임을 명확히 했습니다.

"옛 주인을 잊지 않고 또한 오가는 것이 분명하니 진정한 대장부다. 너희들도 본받아야 할 일이다."
"내가 이미 허락했건만 어찌 신의를 저버릴 수 있겠느냐? 그 역시도 나름대로 자기 주인을 위하는 일이니 추격하지 말라."

조조는 홀쩍 떠난 관우를 전송하겠다며 먼저 장료를 보냈습니다. 관우는 조조의 진심을 알고 비단 전포를 받고는 곧바로 가던 길을 재촉해서 떠났습니다.

조조는 관우의 마음을 잡을 수 없음을 한탄하며 돌아갔습니다. 모종강은 이 부분을 다음과 같이 평했습니다.

'재물과 미인을 싫어하는 사람은 없다. 재물과 미인은 싫어하더라도 벼슬과 봉록을 싫어하는 사람은 더욱 없다. 벼슬과 봉록은 싫어하더라도 지성으로 접대하고 몸을 굽혀 모시는 것을 싫어하는 사람은 더더욱 없다. 조조가 수많은 인재를 부리고 영민하고 준수한 사람들을 이용하면서 스스로 믿는 것은 이 몇 가지뿐이다.'

'모두가 조조의 대접에 넘어갔지만 관우만은 옛 주인을 철석같이 생각하여 금은과 미녀를 주어도 흔들리지 않고 편장군(偏將軍)과 한수정후(漢壽亭侯)로 봉해도 변하지 않으며 평등한 예절로 대하며 술잔을 부딪치는 술수를 써도 정녕코 마음을 돌릴 수 없었다. 그리하여 간웅의 계략도 바닥나서 더 이상 어찌해 볼 도리가 없었다. 이에 비로소 세상에 자기 맘대로 함부로 할 수 없는 사람이 있음에 놀라게 된 것이다. 어찌 이러한 관우에게 감탄과 존경심을 표하지 않을 수 있겠는가?'

모종강은 조조의 행태를 하나부터 열까지 모두 나쁜 짓거리로만 일축하고 있습니다. 유비를 주인공으로 하는 소설이기에 그러려니 하고 넘어갈 수도 있습니다. 하지만 아무리 미워도 잘한 점은 인정해 줄 필요가 있습니다. 그래야 소설이 더 재미있으니까요.

이런 점에서 나관중은 조조에게도 신경을 썼습니다. 나관중이 조조가 관우와 이별하는 장면을 표현한 부분을 살펴보겠습니다.

"내가 이미 옛날에 허락했으니 오늘 놓아주는 것이다. 쫓아가서 죽인다면 천하 사람들 모두 내가 신의를 지키지 않았다고 할 것이다. 어찌 내가 신의를 저버리는 일을 할 수 있겠느냐? 그도 나름대로 자기 주인을 위하는 일이니 추격하지 말라."

조조는 관우의 성품을 잘 알기 때문에 마음속으로 그 뜻을 갸륵하게 여겼다. 그래서 떠나는 사람을 쫓지 못하게 하여 그 도리를 이루도록 했으니, 왕패(王覇)의 넓은 도량이 없으면 어찌 이러한 정도에까지 이르렀으랴? 이것이야말로 조조의 아름다운 소행이다.

조조가 준 비단전포를
청룡도로 받는 관우

나관중은 앞의 문장에 이어 조조를 찬양한 옛 사람들의 시 두 수를 실었습니다. 그 시도 살펴보겠습니다.

공을 이룬 후 스스로 유비 만나러 돌아가니	功成自合歸玄德
인수도 금은도 남겨두고 조조와 헤어지네.	解印封金離許都.
금은보화 부귀로움 부러워하지 않고	不羨金銀光照室
오직 은의만 생각하며 먼 길을 달려가네.	惟思恩義走長途.
천년에도 보기 힘든 준걸이라 말하지만	人言俊杰千年少
스스로 맹세 지키는 장군은 만고에도 없도다.	我道將軍萬古无.
추격함이 옳지 않아 철기병 보내지 않았으니	不是追兵无鐵騎
조조의 뛰어난 도량은 길이 남을지라.	曹公尤重去時書.

삼국초기 쟁투는 세력이 나눠지지 않았지만	三國初爭勢未分
홀로 최상의 책략 고민하고 전술을 행했네.	獨行謀策最机深.
관우를 추격 않고 주인에게 돌아가게 하니	不追關將令歸主
실로 중원천하 다스리고도 남을 마음이로다.	便有中原霸業心.

나관중은 이 시 밑에 조조를 평가하는 문장을 추가했습니다.

'이 시는 조조 평생의 좋은 점을 이야기한 것으로 곧 유비를 죽이지 않고 관우를 쫓지 않았음이다. 조조가 너그럽고 인자한 덕을 갖추었음을 알 수 있으니 곧 중원의 주인이 될 만하다.'

어떻습니까? 나관중본과 모종강본의 차이를 확실하게 알 수 있지요? 모종강은 조조를 절대로 용서해서는 안 되는 악인으로 보았기에 위의 부분을 대거 삭제한 것입니다. 그리고 회평(回評)마다 교활한 수단이라고 평가함으로써 '조조 악인론'을 더욱 공고하게 구축했습니다.

나관중본에는 조조가 관우에게 비단 전포를 주고 돌아가면서 탄식할 때, 조조가 부하장수들에게 한 말이 있습니다.

"여러 장수도 관운장을 본받아서 만세(萬世)에 빛날 맑은 이름을 이루어야 할 것일세."

모종강은 조조의 이 말도 삭제했습니다. 조조는 교활하고 사악한 말만 하는 인물이어야 하니까요.

관우는 파릉교에서 조조와 작별인사를 하고 두 형수와 함께 유비를 찾아 떠났습니다. 조조의 명령과는 다르게 관문을 지키는 장수들은 출입허가증이 없는 관우를 쉽게 보내주려 하지 않았습니다. 그래서 관우는 다섯 관문을 지나며 여섯 명의 장수를 죽입니다. 조조도 허락한 마당에 한시가 급하게 형님에게 가야 하는 관우의 입장에서는 어쩔 수 없는 상황이었습니다.

이 편에서 살펴본 장면은 우리가 연의를 읽을 때 가장 재미있게 읽는 관우의 '천리독주(千里獨走)'와 '오관참육장(五關斬六將)'이었습니다. 호쾌하고 충의로운 관우의 행동을 찬양하는 시가 빠질 수 없습니다.

관인 걸고 황금도 봉한 채 조조와 작별하니	挂印封金辭漢相
형님 찾아가는 길, 멀리 돌아가는 길	尋兄遙望遠途還
적토마 타고 천리 길을 내달리고	馬騎赤兎行千里
청룡언월도 휘두르며 다섯 관문 돌파하네.	刀偃青龍出五關
충의기상은 분연하게 하늘까지 오르고	忠義慨然冲宇宙
영웅은 이때부터 천하를 호령하네.	英雄從此震江山
홀로 가며 여섯 장수 베니 누가 나서겠는가.	獨行斬將應無敵
옛날부터 시서화의 글감이로다.	今古留題翰墨間

매복을 피해 변희를
죽이는 관우

관우는 손건을 만나 원소가 유비를 죽이려 했던 일과 이로 인해 유비가 몸을 피해 여남(汝南)에 있다는 것을 알았습니다. 그는 하북으로 가던 발걸음을 돌려 즉시 여남으로 향했습니다.

삼형제 다시 만나고
조운도 충성을
맹세하다

관우는 손건을 만나 유비가 여남에 있다는 것을 알고 그곳으로 향했습니다. 이때 하후돈이 군사를 이끌고 쫓아왔습니다. 승상인 조조가 허락했어도 다섯 관문을 통과하면서 부하들을 죽였으니 관우를 사로잡아 조조의 처분을 받도록 하겠다는 것이었습니다.

관우와 하후돈이 맞붙어 싸웠습니다. 이때 전령이 달려와 조조의 공문을 보여주며 싸우지 말 것을 알렸습니다. 하지만 하후돈은 다시 관우와 싸웠습니다. 또 다른 전령이 달려와 재차 싸움을 중지하고 관우를 보내줄 것을 알렸습니다. 그래도 하후돈은 관우를 보내주지 않았습니다. 다시 또 싸우려 할 때 장료가 달려왔습니다.

"멈추시오. 내가 승상의 명령을 전하려고 왔소. 관우가 관문을 나가며 장수들을 죽였다는 보고를 받으시고 우리 장수가 가는 길을 계속 막을 것을 아시고는 각 관문으로 가서 그를 보내주도록 하라고 특별히 나를 보내셨소."

하후돈은 물러서지 않을 수 없었습니다. 관우는 장료에게 사례하고 다시 여남으로 향했습니다. 관우가 며칠을 가다가 폭우를 만나 곽상이라는 노인의 집에 묵어가게 되었습니다.

그에게는 아들이 하나 있는데 불효막심한 망나니였습니다. 그 아들이 한밤중에 관우의 적토마를 빼앗으려다가 들켜서 혼쭐이 났습니다. 그러자 새벽에 집을 나가 산적들과 길목을 지키고 있다가 관우 일행이 오자 다시 적토마를 빼앗으려고 달려들었습니다. 하지만 두목이 관우의 수염을 보고는 평소 자신이 존경하는 관우임을 알고 엎드려 용서를 빌었습니다. 관우는 곽상의 호의를 생각해서 불초한 아들을 크게 꾸짖고 살려주었습니다.

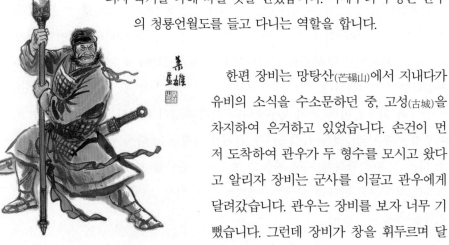

관우는 이 과정에서 주창을 만났습니다. 주창은 황건적 장보의 부하였는데, 그때 관우를 보고 즉시 따르고 싶었지만 도적의 무리에 있었기에 따를 수 없었습니다. 이제 다시 관우를 만나게 되자 죽기를 다해 따를 것을 원했습니다. 이때부터 주창은 관우의 청룡언월도를 들고 다니는 역할을 합니다.

한편 장비는 망탕산(芒碭山)에서 지내다가 유비의 소식을 수소문하던 중, 고성(古城)을 차지하여 은거하고 있었습니다. 손건이 먼저 도착하여 관우가 두 형수를 모시고 왔다고 알리자 장비는 군사를 이끌고 관우에게 달려갔습니다. 관우는 장비를 보자 너무 기뻤습니다. 그런데 장비가 창을 휘두르며 달

▲ 청룡언월도를 들고 있는 주창

려오자 너무 당혹스러웠습니다.

"아우야, 대체 왜 이러느냐? 도원결의를 잊었더냐!"
"너는 형님을 배반하고 조조에게 항복하여 제후가 되고 벼슬까지 받더니 이제
는 나까지 팔아서 무슨 욕심을 챙기려고 왔느냐! 내 너와 사생결단을 해야겠다."

두 형수가 말려도 소용없었습니다. 그야말로 막무가내였습니다. 연의에서 묘사
되는 장비는 생각을 숨기지 않고 시원시원하게 말하기도 하지만, 진중함이 없이
너무 급하고 화가 나면 물불을 안 가리는 성격입니다. 위의 장면은 장비의 이런
성격을 어김없이 보여 주는 부분입니다. 결국 관우가 조조군의 장수인 채양을 죽
이고, 두 형수가 그간의 자초지종을 설명한 후에야 장비는 엉엉 울며 무릎을 꿇
고 관우에게 절했습니다.

여기서 잠깐 장비가 관우를 죽이려고 한 이유를 알아볼까요? 연의의 전신인
『평화』에는 유비와 장비가 만나서 관우의 이야기를 하는 장면이 있습니다.

"큰형님! 둘째 형님은 대체 어디에 계십니까?"
"관우가 조조를 보좌하여 수정후가 된 후로는 원소의 두 장군을 죽여 나의 목
숨을 위태롭게 했는데, 그는 도원결의를 잊은 모양이다."
"뭐라구요? 그냥 둘 수가 없구나, 이 수염 긴 놈! 이놈이 같은 날 태어나지는
못했어도 같은 날 죽기로 맹세해 놓고 지금 조조에게 붙어 부귀영화를 누린다고?
내 이놈을 만나기만 하면 그냥 두지 않겠다."

결국 유비의 떨떠름한 말 한 마디에 성질 급한 장비가 관우를 죽이려고 한 것
이지요. 물론 모종강은 장비에게 불씨를 제공한 유비의 말은 슬쩍 빼버렸습니다.
언제나 잘못은 성미 급한 장비가 뒤집어쓰는 것이지요.
모종강은 두 형수를 모시고 조조에게서 빠져나온 관우의 어려움에 대하여 다
음과 같이 평했습니다.

▲ 관우를 보자 큰절을 하는 주창

'관우에게는 세 가지 어려움이 있었다. 첫째 어려움은 말고삐를 늦춰 잡고 두 형수가 탄 수레를 호위하며 가야 하니 혼자 달려가는 것과는 비교할 수 없어 비록 천리마가 있어도 쓸모가 없다는 것이고, 둘째 어려움은 허도의 성문을 빠져나간다 해도 관문은 첩첩이 막혀 있어 요행으로 돌파할 수 있을까 하는 것이며, 셋째 어려움은 가려는 곳이 바로 조조가 원수로 여기는 곳이라 관문을 지키는 장수들이 다른 곳과 비교가 안될 만큼 엄할 터인데 무사히 통과할 수 있을까 하는 것이었다. 하지만 관우는 이러한 세 가지 어려움을 뚫고 마침내 통과했다. 하늘이 준 행운이라도 사실은 신의 위엄이 도와준 것이다. 결국 뜻을 결정하지 못하면 쉬운 일도 어려워지는 법이고, 뜻을 결정하면 어려운 일도 쉽게 이룰 수 있다는 점을 보여 주는 것이다.'

관우는 장비에게 두 형수를 맡기고 손건과 함께 유비를 찾아갔습니다. 하지만 유비는 다시 하북의 원소에게로 가고 난 후였습니다.

다시 원소가 있는 하북으로 향했습니다. 관우는 이미 안량과 문추를 죽였기에 원소군의 눈에 띄면 안 되었습니다. 손건이 유비를 만나 원소로부터의 탈출을 논의했습니다.

유비는 원소에게 형주의 유표와 손잡고 조조를 치는 것이 좋겠다며 종친인 본인이 직접 찾아가서 일을 성사시키겠노라고 장담했습니다. 원소는 기뻐하며 허락했습니다. 참모 곽도가 유비를 보내면 반드시 돌아오지 않을 것이라고 말하자, 너무 의심해서는 못쓴다고 일축해버렸습니다.

드디어 유비는 원소에게서 빠져나와 관우를 만났습니다. 두 형제는 손을 잡고 울었습니다. 유비는 관우와 와우산으로 가던 중에 조운을 만나는 행운까지 얻었습니다. 조운도 이제는 유비와 떨어지지 않고 평생을 충성하기로 맹세합니다.

↑ 유비의 충성스런 장군 조운

삼지사방으로 흩어져 생사도 몰랐던 삼형제가 다시 해후(邂逅)하고 조운까지
뭉쳤으니 그들의 기쁨은 말로 표현할 수 없었습니다. 모든 장수와 함께 며칠간
술잔치를 열었습니다.

그때 형제들은 오이 떨어지듯 헤어져 當時手足似瓜分
소식도 끊긴 채 암울하게 지냈는데, 信斷音稀杳不聞
오늘 군신 다시 모여 충의 다지니 今日君臣重聚義
용과 범이 기운 모으는 것과 같네. 正如龍虎會風雲

조급한 손책은 죽고 진중한 손권이 강동을 물려받다

원술로부터 독립한 손책은 강동(江東)에서 나날이 세력을 키웠습니다. 드디어 강동의 패자(覇者)가 되었습니다. 조조는 손책이 강성해지자 '사자새끼와는 싸우기가 어렵게 되었다'며 탄식했습니다. 이에 조인의 딸을 손책의 막냇동생인 손광과 혼사시켜 인척이 되게 했습니다. 손책은 대사마(大司馬)가 되기를 원했지만 조조가 허락하지 않았습니다.

그러자 손책은 원한을 품고 허도를 기습할 때를 노리고 있었습니다. 오군태수(吳郡太守) 허공이 눈치를 채고 조조에게 밀서를 보냈습니다.

'손책은 날래고 거칠어 항우와 같습니다. 조정에서 알맞게 높은 벼슬을 내리고 수도로 불러들이십시오. 외지에 두면 반드시 후환이 있을 것입니다.'

편지를 전하려던 사자가 손책의 부하에게 잡혔습니다. 손책은 편지를 보고 대노하여 사자와 오군태수를 죽였습니다. 허공의 식구들은 모두 뿔뿔이 도망쳤습니다. 그런데 허공의 문객(門客) 세 사람이 허공의 원수를 갚기 위해 기회를 노리고 있었습니다. 그러던 어느 날, 손책이 군사를 거느리고 사냥을 나갔습니다. 손책은 사슴 한 마리를 잡기 위해 급하게 말을 달려 산으로 올라갔는데, 숲속에 세 사람이 창과 활을 가지고 기다리고 있었습니다. 그들은 창과 활로 손책을 찌르고 쏘며 소리쳤습니다.

"우리는 허공의 문객이다. 주인의 원수를 갚기 위해 일부러 너를 기다렸다!"

세 문객은 장렬하게 최후를 맞이했습니다. 손책은 부하들의 도움으로 겨우 빠져나왔습니다.

손책의 지혜와 용기 강동에서 드날렸지만	孫郞智勇冠江湄
산속에서 사냥하다 위험에 빠졌다네.	射獵山中受困危
허공의 세 문객이 죽음으로 의리 지키니	許客三人能死義
예양의 살신도 기이하다고 할 것이 아니네.	殺身豫讓未爲奇

모종강도 세 문객의 의로움을 그냥 지나치지 않았습니다.

'예양은 다리 밑에 숨고 측간에서 기다리고 불덩이를 머금고 온몸에 옻칠을 하면서도 조양자를 해치지 못하고 단지 그의 옷만 베었을 뿐이다. 그런데 이 세 사람은 손책의 몸에 직접 화살을 쏘고 창으로 찌르기까지 하였다. 그들이 한 일이 예양이 한 것보다 훨씬 후련하고 사람들 역시 예양보다 장렬하였다. 비록 그들의 이름은 알 수 없지만, 이제 거울로 삼아 후세에 임금을 잊어버리는 신하들이 부끄럽게 여기도록 하여야겠다.'

손책은 상처를 치료하기 위해 화타를 불렀지만 그는 중원에 가고 없었기에 그의 제자가 대신 치료했습니다. 독화살의 독이 뼛속까지 스며들어 반드시 백일 동안 안정을 취해야 한다고 신신당부했습니다. 하지만 성질이 불같은 손책은 당장에 낫지 않는 것을 원망했습니다. 겨우 20일을 참고 지냈을 때, 허도에 있는 그의 부하 장광이 보낸 사자가 왔습니다. 조조 측에서는 모두가 손책을 무서워하고 있고 존경하는데 유독 곽가만이 무시하고 있다는 전갈이었습니다.

손책이 그냥 넘길 수 있는 성격이 아니지요. 망설이고 있는 사자를 꾸짖어 사실대로 고하게 했습니다.

> "곽가가 조조에게 말하길 주공은 족히 두려울 것이 없다고 하였습니다. 경솔한데다 준비성이 없으며 성급하며 꾀도 적으니 이는 필부(匹夫)의 혈기이며, 훗날 반드시 소인배의 손에 죽을 것이라고 말했습니다."
>
> "하찮은 놈이 어디서 감히 나를 바보 취급한단 말이냐! 내 반드시 허도를 쓸어버리고야 말겠다!"

장소가 급히 말렸습니다. 백일도 지나지 않은 위중(危重)한 몸으로 출정은 어렵다고 말입니다. 이때 원소가 보낸 사신인 진진이 도착했습니다. 원소와 동오가 손을 잡고 조조를 쳐부수자는 전갈이었습니다. 그러자 손책은 크게 기뻐하며 연회를 베풀었습니다.

연회가 한창 무르익을 때, 도인(道人) 우길이 나타나자 모두들 그에게 존경심을 표하며 절을 했습니다. 이를 본 손책이 '요망한 것'이라며 잡아들이게 했습니다. 모두가 나서서 모독하지 말 것을 청했지만 소용없었습니다. 요망한 짓으로 사람들을 현혹시키는 자를 살려두어서는 안 된다는 것이었습니다. 그러자 우길이 말했습니다.

> "소인은 낭야궁(瑯琊宮)의 도사입니다. 약초를 캐러 산으로 들어갔다가 백여 권의 신서(神書)를 얻었는데 바로 『태평청령도(太平靑領道)』라는 것으로 이 책에 적혀 있는 것

손책에게서 인수를 물려받는 손권

은 모두가 사람의 병을 다스리는 것이었습니다. 소인은 이것을 얻은 이후 오직 천리를 대신하여 인덕을 펴서 멀리 만민을 구하는 일에만 힘썼을 뿐 남의 물건은 거들떠 본 적도 없는데 어찌 사람들을 현혹하겠습니까?"

우길이 아무리 설명하고 장소와 여러 관리들이 말려도 손책은 막무가내였습니다. 손책의 어머니인 오태부인까지 나서서 만류했지만 소용이 없었습니다. 오로지 '요망한 것을 죽이는 것은 개나 돼지를 죽이는 것과 같을 뿐'이라는 생각이었습니다.

여범이 가뭄이 한창이니 비를 내리게 하여 그의 능력을 본 후에 용서해주자고 했습니다. 그러자 우길은 정해진 시각에 단비가 내리게 했습니다. 그래도 손책은 우길을 죽이고 싶었습니다.

"날이 화창하고 비가 오는 것은 하늘의 정해진 이치다. 저 요망한 것이 우연히 이를 맞춘 것인데 너희들은 어찌하여 이렇게 정신을 차리지 못하고 떠들어대느냐?"

손책은 결국 우길을 죽였습니다. 그 뒤로 우길의 환영(幻影)에 시달리던 그는 결국 몸져눕고 말았습니다. 그리고 자신의 아우인 손권에게 자리를 넘겨주었습니다. 내치(內治)는 장소가, 외치(外治)는 주유가 도와줄 것을 당부하면서 마지막으로 여러 아우들을 불러 유언을 남겼습니다. 그때 손책의 나이는 26세였습니다.

"내가 죽으면 너희들은 모두 손권을 도와주어야 한다. 우리 집안에서 감히 흑심을 품는 자가 생기면 여럿이 힘을 합쳐 죽이도록 하라. 같은 혈육이라도 반역한 자는 선영에 함께 묻지 말라."

손견과 손책은 모두 단명했습니다. 모종강은 그 이유를 이렇게 말했습니다.

'예전에 손견은 30여 기만 이끌고 나갔다가 죽었고, 이번에 손책은 혼자 말을 타고 나갔다가 다쳤다. 모두가 경솔하고 방비를 하지 않았기에 나라를 키우지 못

魯肅深夜說孫權
乙酉春然雄畫

손권과 한 침상에서
대화하는 노숙

하고 도적놈들에게 죽은 것이다. 만승(萬乘)의 지중한 몸일지라도 용맹한 자들은 가벼이 여긴다. 손견과 손책이 제왕이 되지 못한 것도 바로 이러함 때문이다.'

손책 사후 대임을 물려받은 손권은 주유의 제안에 따라 천하의 인재를 모았습니다. 노숙, 제갈근, 고옹 등을 초빙하여 장차 도래할 삼국시대의 기틀을 마련했습니다. 손권은 제갈근의 계책을 듣고 손책이 정했던 '원소와 협동하여 조조를 친다'는 전략을 거절했습니다. 이 소식을 들은 원소는 마침내 자신이 직접 70여만 명의 대군을 이끌고 조조를 공격하기로 했습니다. 드디어 원소와 조조의 한판 승부가 다가오고 있습니다.

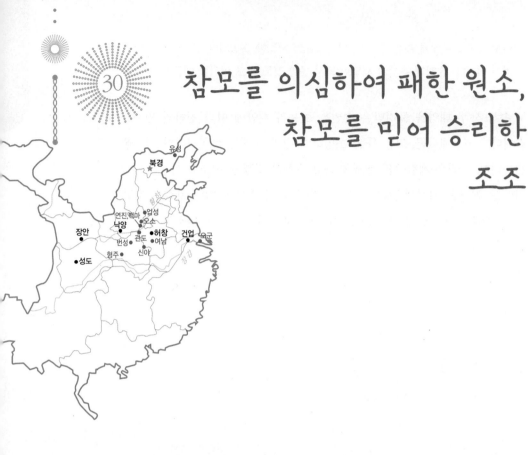

참모를 의심하여 패한 원소,
참모를 믿어 승리한
조조

원소는 70만 명의 대군을 이끌고 관도를 향해 진격했습니다. 조조도 7만 명의 군사를 거느리고 출정했습니다. 감옥에 갇힌 전풍이 출정하는 원소에게 글로 간 청했습니다. 천시(天時)를 기다릴 때이니 가볍게 대군을 움직이면 불리하다는 내용이었습니다. 봉기가 전풍을 헐뜯었습니다. 원소는 전풍을 더 미워하며 조조를 쳐부순 후 죄를 묻겠다고 했습니다.

원소군이 양무(陽武)에 이르러 영채와 방책을 세웠는데 온 들판이 칼과 창으로 숲을 이루었습니다. 저수가 조조군은 군량이 모자라고 우리는 넉넉하니, 지구전을 펴면 제풀에 무너질 것이라는 계책을 말했습니다. 그러자 원소가 노발대발했습니다.

"전풍이 우리 군사의 사기를 꺾는 말을 늘어놓아서 내 돌아가서 죽여 버릴 작정 인데 너도 또 그따위 소리를 하느냐? 내 조조를 쳐부순 다음에 너도 전풍과 함께 처벌하겠다!"

저수도 군중에 갇히는 꼴이 되었습니다. 조조군의 순유는 속전속결을 주장했습니다. 조조도 이를 따랐습니다. 드디어 조조와 원소가 마주쳤습니다. 한바탕 설전이 펼쳐집니다.

"내가 천자께 아뢰어 너를 대장군으로 만들어 주었건만 괘씸하게 반역을 꾀하느냐!"

"너는 한나라 승상을 사칭한 한나라의 역적이다. 이미 죄악이 왕망과 동탁보다 더하여 하늘을 뒤덮었는데, 도리어 남에게 반역을 꾀한다고 거짓말을 하느냐!"

"내 천자의 조칙을 받들어 너를 토벌하겠노라!"

"내 의대조(衣帶詔)의 명을 받들어 역적을 토벌하겠노라!"

첫 싸움은 심배가 쇠뇌잡이와 궁수들을 배치한 덕분에 원소가 이겼습니다. 원소군은 승기를 몰아 관도로 진격했습니다. 토산(土山)을 쌓고 화살로 공격했지만, 조조군은 발석차(發石車)로 공격했습니다. 원소가 굴자군(掘子軍)을 동원하여 토굴을 파자, 조조는 참호를 파서 대항했습니다.

전선은 교착 상태가 되었고 시간이 지날수록 전세는 조조에게 불리했습니다. 조조는 군사도 지치고 군량도 떨어지자 허도로 후퇴하려고 마음먹고 순욱에게 물었습니다. 순욱의 답장은 '절대사수'였습니다.

↑ 우유부단함에 패한 원소

'지금이 천하를 얻을 수 있는 절호의 기회입니다. 공께서는 방어선을 지키면서 중요 길목을 장악하고 적들이 들어오지 못하게 하십시오. 적들이 진격할 수 없다는 생각이 들거나 열세에 빠졌다고 느끼면 반드시 안에서 변고가 생길 것입니다. 그때가 기병(奇兵)을 쓸 때이니 절대로 놓쳐서는 안 됩니다. 잘 살펴서 실행하소서.'

조조는 순욱의 편지에 힘입어 관도를 사수합니다. 원소군의 한맹이 운반하던 군수물자를 태워버리는 쾌거를 이루었습니다. 하지만 조조도 군량이 바닥나서 곤궁에 처했습니다. 허도의 순욱에게 편지를 보냈는데 그 전령이 원소군에게 잡혔습니다. 원소의 모사인 허유가 이것을 알고 원소에게 고했습니다. 조조군의 군량이 바닥났으니 군사를 나누어 허도를 함께 공격하면 대승할 수 있다고 말입니다. 그런데 원소는 허유의 말을 믿지 않았습니다.

"조조는 속임수를 잘 쓰는 놈이다. 이 편지는 바로 우리를 유인하려는 계략인 것이다."

이때 업성에서 군량을 총괄하던 심배의 편지가 도착했습니다. 그 편지에는 허유가 아들, 조카와 함께 기주(冀州) 백성들에게 세금을 무겁게 매겨 착복했다는 내용이 들어있었습니다. 원소는 편지를 읽고 화가 나서 소리쳤습니다.

"너는 조조의 옛 친구인데 지금도 그 놈에게서 뇌물을 받고 간첩질이나 하면서 우리 군사를 속이려는 수작이더냐? 당장 네놈의 목을 쳐야겠지만 잠시 그 대가리를 붙여 두는 것이니 빨리 꺼져라. 다시는 네놈을 보기도 싫다!"

↑ 조조에게 관도전투 승리를 안겨준 허유

허유는 한탄하며 자결하려 했으나 좌우의 말을 듣고는 조조에게 달려갔습니다. 후세의 사람들이 이 부분에서 원소를 책망하는 시 한편을 남겼습니다.

원소의 호방함은 중원을 압도하고도 남았지만　本初豪氣蓋中華
관도에서 마주하며 헛된 탄식만 일삼았네.　官渡相持枉嘆嗟
만약 허유의 계책이 받아들여졌다면　若使許攸謀見用
산하가 어찌 조씨 것이 되었겠는가.　山河爭得屬曹家

조조는 허유가 왔다는 말에 맨발로 뛰어나와 땅바닥에 엎드려 절했습니다. 돌파구를 찾기 위해 고심하던 때 구세주가 찾아왔으니 얼마나 반가웠겠습니까. 인사를 마친 후 허유가 조조에게 물었습니다.

"지금 군량이 얼마나 있소이까?"
"한 1년은 버틸 수 있소."
"그렇지 않을 것 같소이다만."
"실은 반년 치뿐이오.
"나는 공에게 진심으로 의탁하러 왔는데 공은 나를 속이기만 하니 내가 어찌 머물 수 있겠소?"
"내 사실대로 말할테니 노여움을 푸시오. 군중에 있는 양식으로는 석 달뿐이오."
"세상이 모두 그대를 간웅이라더니 과연 그러하오이다."
"'전술이야 속임수도 쓸 수 있다'는 말을 아시지 않소이까? 사실은 이달 치 양식뿐이오."
"그만 속이려 드시오. 이미 양식이 바닥난 것을 내가 다 알고 있소."

깜짝 놀란 조조는 허유를 붙잡고 원소를 무찌를 계책을 알려줄 것을 요청했습니다. 허유는 원소군의 군량과 각종 물자가 있는 오소(烏巢)를 공격할 것을 알려줍니다. 조조는 장료의 의심을 다독이고 전투에 대비하는 전략을 세운 후, 오소를

張郃高覽降曹
三國演義揷圖二百四十五
乙酉春 燕雄畫 於滬上

▲ 조조에게 투항하는
장합과 고람

급습해서 원소군의 군수물자를 모조리 태웠습니다. 이 과정에서 천문(天文)을 살핀 저수가 또다시 간했지만 오히려 원소의 화만 더욱 돋웠습니다.

귀 거슬리는 충언을 원수로 삼으니	逆耳忠言反見仇
민심 떠난 원소여! 지략도 없구나.	獨夫袁紹少機謀
오소의 군량 다 타버려 뿌리가 뽑혔거늘	烏巢粮盡根基拔
그래도 구구하게 기주 땅을 지키려는가.	猶欲區區守冀州

조조는 곽도의 모함에 갈 곳이 없어 투항한 장합과 고람을 편장군(偏將軍)으로 받아들였습니다. 참모와 장수를 잃은 원소군은 순식간에 무너졌습니다. 원소는 갑옷도 걸칠 사이 없이 달아났습니다. 70만 명의 대군이 8백 명으로 줄어들었습니다. 부랴부랴 황하를 건너느라 겨우 몸만 빠져나갔습니다. 많은 전리품 중에는 편지들도 많았습니다. 편지는 모두 허도(許都)나 군중(軍中)에서 몰래 원소에게 보낸 것들이었습니다. 모두가 편지를 보낸 자들을 처형하라고 했지만 조조는 생각이 달랐습니다.

   "원소의 막강한 군사력 앞에서 나도 겁을 먹었는데 다른 사람들이야 오죽했겠느냐?"

조조는 모두 태워버리라고 명령하고 다시는 더 거론하지 못하게 했습니다. 모종강은 관도에서 원소가 패한 것은 의심할 때 의심하고 믿을 때 믿어야 하는데 조조는 이것을 잘한 반면, 원소는 모든 것을 의심하고 또 의심했기 때문에 결국은 대패했다고 평했습니다.

원소는 괴멸하고 유비는 또 방랑 신세가 되다

원소는 패잔병을 이끌고 여양(黎陽)으로 달아났습니다. 조조는 군마를 정돈하여 추격했습니다. 원소는 기주로 돌아와 흩어진 군사를 모으고 다시 군사력을 회복했습니다. 그런데 군중(軍衆)에서 들려오는 말이 심상찮았습니다.

"만일 전풍의 말만 들었더라도 우리가 이렇게 패하지는 않았을 것이다!"

이 말을 들은 원소는 후회막급(後悔莫及)했습니다. 전풍을 보기가 부끄러웠습니다. 원소의 말을 들은 봉기가 기회를 타고 전풍을 모함했습니다.

"전풍은 주군께서 싸움에 졌다는 말을 듣고는 옥중에서 손뼉치고 활짝 웃으면서 '과연 내 예상을 벗어나지 않았다'고 하였답니다."

"이 머저리 같은 선비 놈이 감히 나를 비웃었단 말이냐! 내 반드시 이놈을 죽여 버리겠다."

원소는 사자에게 보검을 주며 먼저 가서 전풍을 죽이라고 명령했습니다. 전풍은 자신이 죽을 것임을 알고는 세상에 태어나 섬길 만한 주인을 찾지 못한 지혜를 한탄하며 스스로 자결했습니다. 후세 사람들이 전풍의 죽음을 안타까워하며 시 한 수를 읊었습니다.

어제 아침엔 저수가 군중에서 죽더니	昨朝沮授軍中死
오늘은 전풍이 옥 안에서 죽는다네.	今日田豊獄內亡
하북의 기둥감 모두 절단나노니	河北棟梁皆折斷
원소가 어찌 멸문당하지 않으리오.	本初焉不喪家邦

원소가 기주로 돌아오자 아내 유씨는 빨리 후사(後嗣)를 세울 것을 요청했습니다. 원소에게는 장남 원담, 차남 원희, 막내 원상이 있었는데, 막내는 유씨가 낳은 자식이었습니다. 원소가 참모들에게 의견을 물었습니다. 심배와 봉기는 원상을 보좌했고, 신평과 곽도는 원담을 보좌했기 때문에 결론이 나지 않았습니다. 그래서 이 일은 조조와 결전을 치른 후에 정하기로 했습니다.

원소는 아들들과 사위가 이끌고 온 군사들을 모아 30만 명의 대군을 편성했습니다. 다시 조조와 맞섰습니다. 조조는 정욱의 십면매복(十面埋伏) 계책에 따라 황하 연안에 열 개의 부대를 매복시켰습니다. 그리고 조조가 직접 나서서 원소군을 유인했습니다. 원소는 또다시 대패하고 피를 토하며 탄식했습니다.

"나는 이제까지 수십 번의 전쟁을 치렀지만 오늘처럼 이토록 낭패할 줄은 몰랐구나! 이것은 하늘이 나를 망하게 하려는 것이다. 너희들은 각각 차지하고 있는 곳으로 돌아가서 끝까지 조조 놈과 자웅을 겨뤄라."

冀
州
獄
田
豊
冤
死
圖
素
雄
畫

▲ 옥중에서 자결하는 전풍

승리한 조조는 군사들에게 상을 주어 사기를 진작시키고, 기주(冀州)의 동태를 살피게 했습니다. 원소는 치료 중이고 원상과 심배가 성을 지키고 있다는 보고가 왔습니다. 여러 장수들이 서둘러 공격하자는 장수들에게 조조는 답했습니다.

> "지금은 들판에 농작물이 자라고 있어서 백성들의 생업을 그르치게 될 것이오. 잠시 참았다가 추수가 끝난 후에 빼앗아도 충분할 것이오."

나관중본에는 이 문장 뒤에도 몇 문장이 더 있습니다. 살펴보겠습니다.

> '부하들이 말했다.
> "백성을 아끼는 것도 좋지만 그렇게 하면 큰일을 그르칩니다."
> 조조가 점잖게 타일렀다.
> "백성은 나라의 근본이다. 근본이 튼튼해야만 나라도 안정되는 것이오. 만약 근본인 백성을 버리고 빈 성을 얻은들 무엇에 쓴단 말이오?"'

유비의 전매특허나 다름없는 말이 조조 입에서 나왔습니다. '조조 악인론'을 연의에서 구현하고자 한 모종강에게는 있을 수 없는 일입니다. 그래서 모종강은 이를 가차 없이 삭제해버렸습니다.

조조가 기주공략을 미루자고 할 때 순욱의 편지가 도착했습니다. 여남에 있는 유비가 허도로 쳐들어온다는 내용이었습니다. 조조는 조홍으로 하여금 지키게 하고 대군을 이끌고 여남으로 향했습니다. 가던 도중, 허도를 기습하러 오던 유비와 마주쳤습니다.

> "나는 너를 빈객(賓客)으로 대접했건만 너는 괘씸하게도 의리를 배반하고 은혜를 저버렸다!"
> "너는 승상을 사칭하며 나라를 훔친 역적이다. 내 이제 한 황실의 종친으로서 천자의 밀조(密詔)를 받들어 역적을 토벌하러 왔다!"

첫 싸움은 유비가 승리했습니다. 유비는 조운을 내세워 다음 날도 그다음 날도 싸움을 걸었지만 조조군은 나오지 않았습니다. 모종강본에는 이렇게 내용이 전개됩니다. 하지만 나관중본에는 첫 싸움에서 승리한 후 유비의 모습이 다음과 같이 표현되어 있습니다.

'유비가 기분이 좋아서 사람을 보내 알아보았다. 조조군은 50~60리를 퇴각했다. 유비가 여러 사람에게 말했다.
"이번 싸움에서 조조의 날카로운 기세를 꺾다니 조조도 별 것 아니군."
관우가 말했다.
"얕잡아 보아서는 안 됩니다. 조조는 간사한 계책이 많은 자이니 또 무슨 계교가 있을까 두렵습니다."
"이번에 물러간 것으로 보아 그가 싸움을 겁내는 것이네.'"

조조군은 열흘이 되어도 나오지 않았습니다. 자랑하던 유비도 불안했습니다. 그때 갑자기 보고가 들어왔습니다. 아군이 군량을 가져오다가 포위되고 여남성은 이미 하후돈에게 빼앗겼다는 것이었습니다. 유비는 조조군이 앞에 있는 줄 알았는데 완전히 뒤통수를 얻어맞은 것이었습니다. 유비는 갈 곳 없이 쫓기는 신세가 되었습니다. 유비는 한숨을 쉬며 부하들에게 말했습니다.

"그대들은 모두 일국의 재상이 될 만한 인재들인데 나를 따라서 불행하게 되었구나! 나의 명운이 막히어 그대들까지 고생하는 것이다. 지금 내게는 송곳 하나 꽂을 만한 땅도 없으니 정녕코 그대들이 잘못될까 걱정이다. 그대들은 어서 현명한 주인을 찾아가 모두 공명을 이루도록 하시오."

모종강은 이 부분을 읽으면서 유비의 본심을 밝혔습니다.

'유비가 수하 장수들을 애석하게 생각하면서 가라고 한 것은 바로 수하의 참모들을 잡으려는 것이다. 보내겠노라고 하면 더욱 있으려고 하고 이별하겠다고 하면 더욱 보내주지 않으려 하는 것을 유비는 진작에 알고 있었기 때문이다.'

中埋伏袁紹慘敗

乙酉春 燕游畵

조조에게 참패하고 통곡하는 원소

유비의 작전은 보기 좋게 성공합니다. 모두 얼굴을 가리고 흐느꼈습니다. 유비의 말을 듣고 떠날 참모들이었으면 유비가 말하기 전에 벌써 떠났을 것입니다.

"전쟁에서는 이길 때도 있고 질 때도 있으니 크게 상심하실 것이 못 됩니다. 여기서 형주는 멀지 않습니다. 유표는 아홉 고을을 차지하고 있으며 군사도 강력하고 군량도 풍족합니다. 그와 공은 모두 한 황실의 종친이오니 그리로 가서 의탁하는 것이 어떻겠습니까?"

유비를 위로한 손건은 즉시 형주로 가서 유표를 만나 설득했습니다. 유표는 크게 반겼습니다. 하지만 그의 참모인 채모가 반대했습니다.

"유비는 처음 여포를 따르다가 조조를 섬겼고, 최근에는 원소에게 의탁했으나 모두 끝까지 섬기지는 않았으니 이로 보아 족히 그의 됨됨이를 알 수 있습니다. 지금 그를 오라고 하면 조조를 부르는 것으로 우리는 조조와 쓸데없는 전쟁을 치러야 합니다. 차라리 손건의 머리를 잘라 조조에게 바치는 것이 낫습니다."
"나는 죽음을 두려워하지 않소. 우리 유장군이 한때 그들과 같이했던 것은 어쩔 수 없었기 때문이오. 이제 유장군께서 한나라의 후예로 동기간의 정의가 절실한 공을 믿고 천릿길을 달려오려는 것인데 이처럼 시기하니 답답한 마음을 고하지 않을 수 없습니다."

유표는 손건의 부연설명을 듣고 유비를 받아들이기로 했습니다. 조조가 이 소식을 알고 곧장 공격하려고 했습니다. 정욱이 아직 원소를 제거하지 못했으니 군사의 힘을 기르며 봄까지 기다리는 것이 좋다고 말렸습니다. 원소를 쳐부수고 유표를 공격하는 전략입니다. 조조는 정욱의 말대로 힘을 기른 후, 봄이 되자 관도로 진격했습니다. 원소는 지난번 얻은 병이 아직 다 낫지 않았습니다. 원상에게 대항하라고 하는 한편, 청주의 원담, 유주의 원희, 병주의 고간을 불렀습니다. 이제 제2의 관도전투가 벌어지기 직전입니다.

조조가 원소의 참모였던
진림을 등용하다

　　원상은 조조군의 사환을 죽이고는 자신의 무예가 최고인 양 뽐냈습니다. 그래서 원담과 원희 등이 군사를 이끌고 오기도 전에 직접 여양으로 나가 조조의 선발대를 맞았습니다. 장료가 나섰습니다. 3합을 겨루었을 때 원상이 달아났습니다. 장료가 기세를 몰아 들이치자 원상은 황급하게 기주로 도망쳤습니다.

　　원소는 원상의 소식을 듣고 병이 도져 피를 토하고 정신을 잃었습니다. 병세가 점점 위급해지자 유부인은 참모 심배와 봉기를 급하게 불렀습니다. 원소는 원상을 후계자로 정하고 피를 토하며 죽었습니다. 후세 사람들이 시를 지어 원소 일가를 한탄했습니다.

袁譚袁尚爭
冀乙酉春日業雄畫

▲ 자중지란에 빠져 싸우는
원담과 원상

대대로 조상 덕에 큰 이름 세우고	累世公卿立大名
젊은 시절 의기로 천하를 휘저었네.	少年意氣自縱橫
삼천 인재 헛되이 모으고	空招俊傑三千客
백만 대군 있어도 쓸 줄 몰랐네.	漫有英雄百萬兵
양 기질에 범탈이니 공 세울 수 없고	羊質虎皮功不就
봉황 깃에 닭 배짱이니 어이 큰일 이루겠나.	鳳毛鷄膽事難成
더더욱 가련하고 마음 아픈 한 가지는	更憐一種傷心處
두 형제가 일으킨 가정 분란이라네.	家難徒延兩弟兄

유부인은 투기가 심했습니다. 원소가 죽자 즉시 그가 아꼈던 애첩 다섯 명을 모두 죽였습니다. 그것도 모자라 머리를 밀고 얼굴에는 문신을 새겼으며 시신은 훼손시켰습니다. 애첩들이 죽어서도 원소를 만나지 못하게 하기 위함이었습니다. 원상은 한술 더 떴습니다. 애첩들의 가족들까지 모조리 잡아 죽였습니다.

한편 원소의 장남인 원담은 군사를 이끌고 오다가 부친의 죽음을 듣고 곽도의 말대로 성 밖에서 상황을 지켜보기로 했습니다. 그 사이에 곽도가 원상을 만나 봉기를 데리고 나오자 원담은 그를 인질로 잡고 조조와 싸웠습니다. 하지만 원담도 조조군에 패하고 여양으로 도망쳤습니다. 원상에게 구원군을 요청했는데 겨우 5천 명을 주었습니다. 그나마도 구원하러 오는 도중에 몰살되었습니다. 봉기가 친서(親書)를 보냈습니다. 원상이 봉기의 친서를 보고 심배와 논의했습니다. 그러자 심배가 의견을 냈습니다.

"구원군은 보낼 필요 없습니다. 그대로 두어서 조조의 힘을 빌려 제거하십시오."

원상은 심배의 의견을 따랐습니다. 분노한 원담이 봉기를 죽이고 조조에게 항복하려고 하자 원상은 더욱 겁이 났습니다.

"만약 형이 조조에게 항복하고 그와 힘을 합쳐 쳐들어오면 기주가 위태로울 것이다."

그리하여 원상은 여광과 여상에게 3만 명의 군사를 주어 원담을 지원하게 했습니다. 형제는 다시 힘을 합쳐 조조군에 대항했습니다. 하지만 원상은 여러 번 패하고 조조는 여러 번 이겼습니다. 결국 원씨 형제들은 여양을 버리고 기주로 도망쳤습니다. 성을 굳게 지키며 수비에만 전념했습니다. 그러자 곽가가 계책을 내었습니다.

"원소는 장자를 버리고 막내를 내세웠기 때문에 형제간에 목숨을 내놓고 권력을 다투느라 각자 파당(派黨)을 나눴다고 합니다. 지금은 형세가 위급하니까 서로 도와주지만 편한 시간이 되면 서로가 싸울 것입니다. 주공께서는 군사를 남쪽으로 돌려 형주의 유표를 토벌하면서 원씨 형제가 자중지란이 터지기를 기다리십시오. 그때 가서 공격하면 한 번으로 모두 평정할 수 있을 것입니다."

조조는 곽가의 계책대로 가신과 조홍에게 대응하게 하고 자신은 대군을 이끌고 형주로 진군했습니다. 원씨 형제는 조조가 물러가자 서로 축하했습니다. 그리고 곽가의 예언대로 형제 간에 상쟁(相爭)이 시작되었습니다. 원담과 원상은 서로 치고받고 싸웠습니다. 원담은 수세에 몰리자 평원(平原)으로 달아났습니다. 원상은 평원성을 포위하고 계속 공격했습니다. 평원성에는 양식도 없고 군의 사기도 떨어져 원담에게 불리했습니다. 원담의 참모인 곽도가 계책을 내놓았습니다. 조조에게 항복한다고 하여 조조가 군사를 이끌고 와서 기주를 공격하면, 그때 협공하여 원상을 격파하고 군량과 무기를 거두어 조조에게 대항한다는 것이었습니다.

↑ 조조의 책사 순유

원담은 신비를 사자로 보냈습니다. 조조는 유표가 내세운 유비와 막 싸움을 벌이려던 참이었습니다. 여러 사람이 다시 기주로 가는 것은 무리라고 했습니다. 그러자 순유가 나섰습니다.

"유표는 진작부터 천하에 대한 뜻이 없습니다. 그러나 원씨 일가는 4개 주를 차지하고 수십만 군사를 갖추고 있으니 형제가 화목하며 대업을 이루려고 한다면 천하는 어떻게 될지 장담할 수 없습니다. 지금 형제끼리 싸우다가 막판에 몰리자 우리에게 투항하고자 하는 것인데 우리는 이 틈을 이용하여 군사를 이끌고 먼저 원상을 제거한 후, 사태의 추이를 보면서 원담마저 처단한다면 천하를 평정할 수 있는 좋은 기회가 될 것입니다. 공께서는 이런 기회를 놓쳐서는 안 됩니다."

조조는 크게 기뻐하며 즉시 군사를 돌렸습니다. 유비는 조조가 계략을 꾸며 놓았을 것이라고 생각하여 감히 추격하지 못하고 형주로 돌아갔습니다. 원상은 조조가 온다는 보고를 받고 업성(鄴城)으로 돌아왔습니다. 원상은 원담을 무찌르다가 조조를 걱정했고, 원담은 원상과 싸우다가 조조에게 도움을 청했습니다. 조조는 원담을 적당히 도와주면서 기주를 차지하려고 했습니다.

심배는 성안에 양식도 떨어지자 노소(老少)와 여인들을 성 밖으로 보내 항복하는 척하며 군사를 몰아쳐 조조를 공격하기로 했습니다. 심배는 '기주백성투항(冀州百姓投降)'이라는 백기를 세우고 백성들에게는 흰 깃발을 들게 하여 성 밖으로 내보냈습니다. 나관중본에는 이 모습을 지켜보는 조조가 한 말이 나옵니다.

"'나는 백성들이 성안에서 고생하고 있는 것을 안다. 만약 그들이 성 밖으로 나오지 않으면 조만간 굶어 죽을 것이다."

↑ 조조에게 신임받은 문장가 진림

백성들은 모두 땅에 엎드려 감사의 절을 올렸다. 조조는 백성들에게 식량을 나눠주었다. 늙고 힘 빠진 병졸과 백성들이 몇만 명이나 되었다.'

백성들이 다 나왔을 즈음, 원상의 군사들이 달려 나왔습니다. 하지만 이 계략은 조조에게 간파되어 원상은 오히려 역공을 당했습니다. 군사들은 다시 성으로 숨었습니다. 조조는 장수(漳水)의 물을 끌어들여 기주성을 공격했습니다. 심배의 조카인 심영이 조조와 내통하여 성문을 열어주었습니다. 심배는 끝까지 항복하지 않고 장렬하게 죽었습니다. 원소가 조조를 공격할 때 격문을 작성한 진림도 잡혔습니다. 조조가 잡혀온 진림에게 물었습니다.

"너는 전에 원소를 위하는 격문을 지으면서 나의 죄상만 열거하면 되었거늘, 왜 나의 부친과 조부까지 욕했느냐?"
"이미 화살이 시위에 먹여져 있었기에 쏠 수밖에 없었습니다."

모두가 진림을 죽이라고 소리쳤습니다. 조조는 그의 재주를 아깝게 여겨 용서해 주고 종사(從事)로 삼았습니다. 자신의 가문을 먹칠한 진림을 살려주었으니 과연 대단한 인물이 아닐 수 없습니다. 모종강도 이 부분에 대하여 조조를 평했습니다.

'진림이 쓴 격문은 조숭을 욕하고 또 조등마저 욕했다. 그 욕의 정도가 사람을 죽이는 것보다 더했다. 조조는 장개가 자신의 부친을 죽이자 도겸에게 원수를 갚으려 했다. 진림이 할아버지와 아버지를 죽이는 것보다 더 심한 욕을 했음에도 원수를 갚지 않았다. 왜인가? 진림이 원소를 위해서 욕을 했다면 이는 진림이 아니라 원소가 욕한 것이기 때문이다. 원소가 주인이고 진림은 그의 부하였으니 그 죄가 원소에게 있다는 것이다. 장개가 아버지를 죽였지만 도겸에게 죄를 묻는 것도 같은 의미이다. 하지만 진림이 조조를 위해서 원소를 욕한 후에 원소에게 잡혔다면 원소는 진림을 기필코 죽였을 것이다. 원소는 자신의 능력 밖의 일을 할 수 없지만, 조조는 자신의 능력을 뛰어넘는 일도 할 수 있었다. 이것이 원소와 조조의 차이다.'

곽가의 유언대로 조조가
원씨 형제를 처치하다

조조가 원소를 무찌르고 기주의 업성(鄴城)을 차지할 때입니다. 조조의 맏아들인 조비도 함께 전장에 참여했는데 업성에 이르자 누구보다 먼저 원소의 집으로 달려갔습니다. 군사들은 모두 사라졌고 두 여인만이 울고 있었습니다. 원소의 처 유씨와 원소의 둘째 며느리인 견씨였습니다. 조비는 경국지색(傾國之色)인 견씨를 보자마자 한눈에 반했습니다.

조조는 여러 장수들과 함께 승리를 만끽하며 느긋하게 업성으로 들어왔습니다. 성문에 다다르자 허유가 채찍으로 성문을 가리키며 조조에게 한 마디 던졌습니다.

"아만아! 나를 얻지 못했다면 네가 어찌 이 문을 들어갈 수 있겠느냐?"

曹丕乗
亂納甄
民
乙酉春
蕭雄書

🔺 견씨의 미모에 반한 조비

조조는 껄껄 웃었지만 장수들은 모두 허유의 말이 불쾌했습니다. 조조는 원소의 집 출입을 금했음에도 조비가 들어간 것을 알고 엄히 꾸짖었습니다. 그러자 원소의 처인 유씨가 절하며 그간의 사정을 이야기합니다.

"세자가 아니었다면 첩의 집은 안전하게 보호받을 수 없었을 것이옵니다. 이제 견씨를 바치겠나니 바라옵건대 세자를 곁에서 모시게 해주십시오."

조조는 견씨를 불러내어 자세히 살펴보았습니다. 그리고 '손색없는 나의 며느리'라고 말하고 조비에게 아내로 맞아들이도록 했습니다. 조비의 기뻐하는 모습이 안 봐도 눈에 선합니다. 이 부분에서 모종강이 원소의 후처인 유씨에 대하여 평한 것이 있습니다.

'원상의 어머니인 유씨의 투기는 지나칠 정도로 심하였다. 그런데 가문이 망한 후에도 깨끗하게 죽는 모습을 보이지 않고 조비에게 견씨를 바치면서까지 구차한 삶을 살려는 것을 보면 어떻게 그렇게까지 열부(烈婦)답지 못한지 모르겠다. 이로 미루어보면 정숙한 부인은 투기하지 않고, 투기가 심한 부인은 반드시 정숙하지 못한 것을 알 수 있다.'

조조는 하북을 평정하는 과정에서 난리를 겪은 백성들에게 일 년치의 부역과 조세를 면제해주었습니다. 이제 조조의 군사들도 평화로운 휴식을 취했습니다. 그러던 어느 날, 조조의 측근인 허저가 동문을 들어오다가 허유와 마주쳤습니다. 허유는 지난 날 조조에게 자랑했던 말을 또다시 꺼냈습니다. 그때에는 조조가 있어서 참았지만 지금은 그냥 지나칠 허저가 아니었습니다.

"우리가 천만번 죽음을 무릅쓰고 피 흘리며 싸워서 뺏은 것인데 네 어찌 매번 허풍을 떠느냐!"
"너희 놈들은 모두 무지몽매한 것들이니 말할 가치조차 없다."

화가 난 허저는 칼을 빼어 그 자리에서 허유를 죽였습니다. 그리고 조조에게 사실을 보고했습니다. 조조는 허저를 호되게 책망하고 후하게 장례를 치러주라는 선에서 일을 매듭지었습니다. 친구라면서 무례하기 짝이 없는 허유를 참모가 알아서 처리해주니 조조도 나쁠 것이 없었던 것입니다.

한편 조조가 원담의 상황을 알아보았습니다. 원담은 노략질을 하다가 동생 원상이 조조에게 패하고 달아났다는 소식을 듣고는 원상을 공격했습니다. 원상은 전의(戰意)를 잃고 둘째 형인 원희가 있는 유주로 갔습니다. 원담은 원상의 군사 태반을 빼앗아 다시 기주를 빼앗으려고 했습니다. 이 사실을 알고 조조가 원담을 불렀습니다. 원담이 오지 않자 조조는 곧 대군을 이끌고 원담을 공략하러 나섰습니다. 원담은 일이 급해지자 유표에게 구원을 청했습니다. 유표가 유비에게 의견을 물었습니다.

"지금 조조는 이미 기주를 차지하여 군사들의 사기가 매우 높습니다. 원씨 형제들은 오래지 않아 필시 조조에게 잡힐 것이니 구원해 준다고 해도 아무런 소용이 못 됩니다. 조조는 줄곧 형양(荊襄)을 노리고 있으니 지금은 군사를 양성하여 이곳을 지킬 수 있도록 힘쓰셔야 합니다. 함부로 움직이면 안 됩니다."

유표는 유비의 제안대로 화해하라는 구실을 대고 사절했습니다. 원담은 혼자서 조조와 싸워야만 했습니다. 원담은 조조의 상대가 될 수 없었습니다. 결국 원담은 조홍에게 피살되었습니다.

조조는 항복한 원희의 부하장수인 초촉과 장남에게 선봉에 설 것을 명하고, 계속해서 유주의 원희와 원상을 공격했습니다. 이 소식을 들은 두 형제는 성을 버리고 오환족(烏桓族)에게로 가서 몸을 의탁했습니다.

조조는 이번 기회에 요동(遼東)으로 달아난 원소 일가를 일망타진하여 하북(河北) 지역을 완전히 장악하고자 했습니다. 하지만 길이 험하고 기후도 좋지 않아

遼東郡二袁亮命
乙酉春 茶雄 畵

→ 공손강에게 목이 잘리는
　원씨 형제

여러 번 회군(回軍)을 고려했습니다. 조조는 곽가의 말을 믿고 계속 진군하여 유성(柳城)에 이르렀습니다.

이때 조조가 믿고 의지하던 최고의 참모인 곽가가 풍토병으로 죽었습니다. 그는 죽기 전에 편지로 유언을 남겼습니다. 조조는 그 편지를 보고 더 이상 진군하지 않았습니다. 그렇다고 회군하지도 않았습니다. 여러 장수들이 의아해하며 의심할 때, 요동에 있는 공손강이 원희와 원상의 수급을 바쳤습니다. 조조는 또다시 곽가를 아쉬워하며 말했습니다.

"곽가의 예상이 빗나가지 않았구나!"
"어째서 곽가의 예상이 맞았다고 하십니까?"

조조는 웃으며 그제야 곽가가 남긴 유서를 보여 주었습니다. 그 내용은 대강 이러했습니다.

'제가 듣자니 원희와 원상이 요동으로 도망갔다고 하는데, 공께서는 절대로 공격하지 마소서. 공손강은 오래전부터 원씨 일가가 자기 땅을 뺏을까봐 걱정했는데, 이제 원희와 원상이 의탁하러 갔으니 부쩍 의심이 들 것입니다. 이러한 때 군사를 이끌고 공격하면 그들은 반드시 힘을 합쳐 맞설 터이니 금방 쳐부술 수 없습니다. 하지만 공격을 늦추고 있으면 공손강과 원씨는 반드시 자기들끼리 죽이고자 일을 꾸밀 것입니다. 그들의 형편이 그러합니다.'

편지를 본 모두가 감탄했습니다. 후세 사람들도 시를 지어 38세로 요절한 곽가를 칭찬했습니다. 박종화 작가의 번역으로 살펴보겠습니다.

하늘이 내신 곽가	天生郭奉孝
뭇 영웅 속의 호걸일세.	豪傑冠群英
뱃속에는 경서와 사기를 감추었고	腹內藏經史
가슴 안에는 병갑을 숨겨 두었네.	胸中隱甲兵

용병하는 꾀는 범여와 같고   運謀如范蠡
정책 결단은 진평과 흡사하다.   決策似陳平
아깝다, 몸이 먼저 죽었네.   可惜身先喪
중원 천지에 보가 부러졌구나. 中原梁棟傾

흉마 적로, 단계를 뛰어 유비의 목숨을 구하다

조조는 원소 일가를 모두 쳐부수고 하북 지역을 완전히 장악했습니다. 이제 조조에게 대항할 군벌은 더 이상 없었습니다. 조조는 기쁨에 넘쳐 기주성에 머물렀습니다. 어느 날 밤, 금빛 광채가 나는 곳을 파보니 구리로 만든 참새(銅雀)가 나왔습니다. 조조가 어떤 징조인지 궁금해하자 순유가 알려주었습니다.

"옛날 순임금의 어머니께서 옥작(玉雀)이 가슴으로 들어오는 꿈을 꾸고 순임금을 낳았다고 합니다. 승상께서 이처럼 동작을 얻은 것 또한 매우 상서로운 조짐입니다."

조조는 크게 기뻐하며 장수(漳水)가에 동작대(銅雀臺)를 짓도록 했습니다. 아들 조식이 동작대의 조감도를 건의합니다.

"누각을 층층이 세우시려면 반드시 세 채를 지어야 합니다. 가운데 누각을 가장 높게 지어 동작대라 하고 왼쪽에 있는 것을 옥룡대(玉龍臺), 오른쪽에 있는 것을 금봉대(金鳳臺)라고 하소서. 그리고 다시 두 개의 하늘다리(飛橋)를 놓아 무지개처럼 걸쳐 놓으면 천하의 장관이 될 것입니다."

"내 아들 생각이 아주 훌륭하구나. 네 말대로 지으리라. 뒷날 누대(樓臺)가 완성되면 내가 편안하게 여생을 즐기리라."

한편 유비는 형주의 유표에게 의탁한 채 날마다 융숭한 대접을 받았습니다. 그러던 차에 항복했던 장수인 장무와 진손이 강하(江夏)를 노략질하며 모반을 꾀한다는 보고가 들어왔습니다. 유비는 즉시 3만 명의 군사를 받아 이들을 진압하러 갔습니다. 조운이 장무를 창으로 찔러 죽이고 그가 타던 천리마를 포획해 왔습니다. 그 사이에 장비가 진손을 죽였습니다.

유표는 아주 기뻤습니다. 전공을 축하하는 연회를 열었습니다. 유표는 동생 유비의 공을 치하하며 크게 의지하고자 했습니다. 유표의 처남인 채모가 그의 누이인 채부인에게 이 사실을 알렸습니다. 그날 밤 채부인이 유표에게 베갯밑공사를 했습니다.

"제가 듣자니 형주의 인재들이 유비와 사귀고 있다 합니다. 제때에 방비하지 않으면 안 되겠어요. 그를 성안에 머물게 해서는 득 될 것이 없으니 다른 곳으로 보내는 것이 좋겠습니다."

"유비는 인덕을 갖춘 사람이오."

"다른 사람들도 당신 마음 같은 줄 아십니까?"

↑ 아두의 친모인 감부인

황창으로 장무를 죽이고
말을 끌고 가는 조운

다음 날, 유표는 유비가 장무에게서 빼앗은 명마를 받고 매우 기뻤습니다. 유표의 수하인 괴월이 보니 적로마(的盧馬)였습니다. 괴월은 유표에게 적로는 주인을 해치는 말이니 타지 말라고 조언했습니다. 이튿날, 유표는 유비를 청해 연회를 베풀고 다시 말을 돌려주었습니다. 그와 함께 신야(新野)에서 군사훈련도 하며 지내도록 했습니다. 채부인의 베갯밑공사가 성공한 것입니다.

유비는 군마를 이끌고 신야로 향했습니다. 유표의 막빈(幕賓)으로 있는 이적이 유비를 만났습니다. 괴월이 유표에게 한 말을 전하며 적로를 타지 말 것을 요청했습니다.

"선생이 제 걱정을 해주시니 진정 감사합니다. 하지만 사람이 죽고 사는 것은 천명에 있는 것이니 어찌 말이 해칠 수 있겠습니까?"

유비는 신야에서 군사를 훈련시키며 편안한 한때를 보냈습니다. 이때 감부인이 아들 유선을 낳았습니다. 감부인은 북두칠성을 삼키는 태몽을 꾸고는 아기 이름을 아두(阿斗)라고 했습니다.

유표는 종종 유비를 불러 주연(酒宴)을 베풀었습니다. 근심거리가 있는 것이 역력했습니다. 유표는 몇 번의 망설임 끝에 유비에게 속내를 털어놓았습니다.

"전처 진씨가 낳은 큰아들 기는 어질지만 나약해서 큰일을 맡기기에는 부족하고, 후처 채씨가 낳은 작은아들 종이 총명한 편이오. 그런데 장자를 폐하고 작은아들을 후사(後嗣)로 정하자니 예법에 저촉이 되고, 장자를 세우자니 채씨 일족이 군권을 모두 장악하고 있어서 훗날 반드시 난리가 날 것 같으니 이를 어찌하면 좋겠소? 이러지도 저러지도 못해서 아직까지도 결정을 내리지 못하고 있소이다."

유비는 유표에게 장자 원칙을 주장했습니다. 채씨들의 권력은 관직을 떼어버리면 된다고 조언했습니다. 유비가 허벅지에 붙은 살을 보며 비육지탄(髀肉之嘆)에 빠지자, 유표는 예전에 허도(許都)의 청매정에서 조조와 나눈 영웅론에 대해 말했습니다. 그러자 유비가 술김에 한 마디 툭 던졌습니다.

"저에게 의지할 터전이 생긴다면 천하의 호락호락한 무리들쯤이야 어찌 나의 상대가 되겠습니까?"

유표는 유비의 말에 기분이 매우 언짢았습니다. 병풍 뒤에 숨어서 모두 엿들은 채부인이 후환을 없애기 위해서라도 지금 제거하자고 했습니다. 유표는 말이 없었습니다. 채부인은 채모와 상의하여 역관에 묵고 있는 유비를 없애기로 했습니다. 이적이 이 사실을 알려주어 유비는 작별인사도 없이 신야로 줄행랑을 쳤습니다. 채모가 군사를 이끌고 왔을 때는 이미 늦었습니다.

채모는 유비가 역관 벽에 반역시를 써놓고 도망쳤다고 유표에게 보고했습니다. 유비가 썼다는 반역시는 이러했습니다.

해마다 쓸데없는 고생만 하며	數年徒守困
허망하게 묵은 산천만 쳐다보누나.	空對舊山川
용이 어찌 연못에만 있어야 하는가.	龍豈池中物
우레 타고 하늘로 오르고 싶도다.	乘雷欲上天

▲ 유표의 부하장수 채모

화가 난 유표는 유비를 죽이려고 마음먹었습니다. 그러다가 유비가 한 번도 시를 짓는 것을 본 적이 없음을 깨달았습니다. 이러한 생각에 이르자 유표는 즉시 시를 지워버렸습니다. 모종강은 이 부분에서 원소와 유표의 성품을 비교했습니다.

'원소가 후처를 사랑했듯이 유표 역시 후처를 사랑했다. 원소가 작은아들을 사랑했듯이 유표 역시 작은아들을 사랑했다. 원소가 우유부단했듯이 유표 역시 우유부단했다. 두 사람의 성정(性情)이 어찌 이리 똑같은지 모를 일이다. 한 명은 명문가 자제임을 자부하며 잘난 체하지만 쓸데가 없고, 한 명은 헛된 명성을 자찬하며 우아한 체하지만 역시 쓸데가 없다. 비록 삼공(三公)의 자손이요 팔준(八俊)의 명성이 높다 한들 무슨 소용이 있는가. 하지만 유표가 원소보다 나은 면도 있다. 원소는 봉기의 참소를 믿고 전풍을 죽였지만, 유표는 채모의 참소를 듣고도 유비를 죽이지 않았다. 결국 명성이 있는 사람이 권문세가보다는 나은 셈이다.'

채모는 일이 실패하자 다시 계략을 세웠습니다. 형주의 각 고을 관장들을 양양으로 초청하여 연회를 베풀다가 유비를 죽이기로 했습니다. 유표는 건강이 안 좋아 유비와 두 아들에게 그 일을 맡겼습니다. 소식을 들은 유비는 의심받기 싫어서 조운과 함께 양양으로 갔습니다. 채모는 괴월과 함께 논의하여 단계(丹溪)가 있는 서쪽을 빼고 삼면에 군사를 매복시켰습니다. 이번에도 이적이 이 사실을 알고 유비에게 알려주었습니다.

유비는 연회장을 빠져나와 적로를 타고 서쪽으로 달렸습니다. 채모가 군사를 이끌고 쫓아왔습니다. 유비는 단계가 가로막자 난감했습니다. 적로를 채찍질하며 힘차게 도약했습니다. 그런데 유비를 태운 적로가 무사히 단계를 건넜습니다. 흉마(凶馬)라는 적로가 주인을 살렸으니 유비의 마음 씀에 적로도 보답한 것일까요? 유비는 적로가 너무도 고마워 눈물이 날 지경이었습니다. 모종강은 양양에서의 연회를 이렇게 평했습니다.

'범증이 유방을 죽이려고 했지만 항우가 차마 실행하지 못했고, 채모가 유비를 죽이려고 했지만 유표가 차마 실행하지 못했다. 홍문(鴻門)의 연회장에는 항우도 있었기 때문에 범증이 함부로 명령할 수 없었지만, 양양의 연회에는 유표도 없었으니 채모가 함부로 명령할 수 있었다. 이로 보면 양양 모임이 홍문 모임보다 훨씬 더 위험하였음을 알 수 있다.'

서서가 노래 불러 유비의 참모가 되다

유비가 적로를 타고 단계를 건너 위기를 벗어났을 때 유비를 보좌하던 조운은 마음이 급해졌습니다. 분명 서쪽으로 갔다는 유비는 보이지 않고 채모의 군사는 싸운 흔적이 없었습니다. 단계 건너편으로 한줄기 젖은 자취가 있기는 했지만, 유비가 말을 타고 건너갔다고는 믿기지 않았습니다. 조운은 급히 신야로 달려갔습니다.

유비도 적로가 단계를 뛰어넘어 구사일생으로 살아났음에도 믿기지가 않았습니다. 술에 취해서 저지른 일이거나 순간 바보가 되었던 것이 아닌가 싶었습니다. 유비는 하늘이 도와준 것이라고 믿었습니다. 하긴 유비를 죽이려고 쫓아온 채모도 귀신이 유비를 도와준 것이라고 했으니까요.

유비는 산길을 따라 남장(南漳)으로 갔습니다. 어린 목동이 소를 타고 피리를 불며 오는 것이 보였습니다. 유비는 어린 목동이 자신의 처지보다 나음을 탄식했습니다. 목동이 유비를 알아보자 유비는 깜짝 놀랐습니다.

"저도 사실은 잘 모릅니다. 하지만 늘 선생님을 옆에서 모시다 보니 손님이 오시는 날에는 자주 유비에 대해 말씀들을 하셨습니다. 키가 7척 5촌이고, 팔이 무릎까지 내려오며, 자기가 자기 귀를 돌아볼 수 있는데, 요즘 세상의 영웅이라고 하신 것을 들었을 뿐입니다. 그런데 지금 장군을 뵈오니 모습이 분명하여 그분일 것이라고 짐작한 것입니다."

유비는 목동의 스승이 수경선생(水鏡先生)으로 불리는 사마휘임을 알고, 그를 따라 사마휘가 머무는 곳을 찾아갔습니다. 문 앞에 이르자 거문고 소리가 들려왔습니다.

유비는 목동에게 아뢰지 말라고 이르고 음률을 청취했습니다. 잠시 후 소리가 그치더니 주인이 웃으며 나왔습니다.

"거문고 가락은 맑고 그윽한 법인데, 음률이 갑자기 높아지며 크게 울리는 것을 보니 영웅이 듣고 계신 게 분명하구나!"

유비와 사마휘가 마주 앉았습니다. 사마휘는 유비의 곤궁한 처지를 보고는 천하의 기재(奇才)를 얻어 천하를 평정하라고 했습니다. 유비는 정신이 번쩍 들었습니다.

"그런 기재는 어디에 있습니까? 그는 어떤 사람입니까?"
"복룡(伏龍)과 봉추(鳳雛) 두 사람 중에서 한 사람만 얻어도 천하를 차지할 수 있을 것이오."

유비는 날이 어두워 하룻밤을 묵기로 했습니다. 그날 밤, 서서가 수경선생을 찾아와 하소연을 늘어놓았습니다.

▲ 단계를 넘어 수경선생을
　만난 유비

"내 오랫동안 유표가 착한 사람을 가까이하고, 악한 사람을 멀리한다는 말을 듣고 일부러 찾아가 뵈었는데 막상 만나보니 헛소문에 불과하더이다. 그는 착한 사람을 좋아하지만 쓰지는 못하고, 악한 사람을 미워하지만 버리지는 못하는 결단력 없는 사람이외다."

모종강은 이 부분에서 이렇게 평했습니다.

'유표는 유비가 어진 사람이라는 것을 알면서도 쓰지 못하고, 채모가 사악한 사람이라는 것을 알면서도 버리지 못한다. 이는 유표가 어진 이를 중(僧)만큼도 좋아하지 않는 것이니 어진 이를 아예 모르는 것과 같고, 사악한 자를 환관(內侍)만큼도 미워하지 않는 것이니 사악한 자를 아예 모르는 것과 같다. 서서가 유표를 떠난 것은 잘한 것이다.'

다음 날 아침, 유비는 서서가 궁금했습니다. 하지만 그는 일찍 떠나고 없었습니다. 유비는 수경선생에게 한나라를 위해 함께 일하자고 청했습니다. 수경선생은 자신보다 열배는 나은 사람이 도울 터이니 찾아 나설 것을 주문했습니다. 모종강은 유비가 목동을 보고 탄식한 것과 수경선생이 출사(出仕)하지 않은 것에 대하여 이렇게 평했습니다.

'유비는 전에 비육지탄(髀肉之嘆)하였는데 그때만 해도 꽤나 의기가 넘쳤다. 이번에 남장 쪽으로 가던 길에 피리 부는 목동을 보고는 "나보다 낫구나!" 하며 탄식한다. 흡사 영웅의 기개가 다 사라진 것만 같다. 대개 말을 달리는 것은 몹시 위험한 일이지만 소를 탄다는 것은 아주 평온한 일이고, 말채찍 소리는 몹시 급한 반면 피리 소리는 매우 한가롭다. 하잘것없는 반평생을 안장 위에서 싸우느라 고생한 것이 어찌 머리도 빗지 않은 채 피리를 불며 유유자적(悠悠自適)하는 것만 하겠는가. 이러한 삶이 유비보다 나을 뿐만 아니라, 죽도록 힘을 다한 방통과 있는 힘을 다 쏟은 제갈량보다도 나을 수 있다. 그래서 수경선생은 남장에서 일생을 다할지언정 세상으로는 나가지 않았던 것이다.'

↑ 병법에 능한 이전

조운이 유비를 밤새도록 찾아다니다 드디어 만났습니다. 유비는 함께 신야로 와서 손건을 통해 유표에게 지난 일들을 편지로 알렸습니다. 유표는 노해서 채모를 죽이려고 했지만 손건의 만류로 살려주었습니다. 얼마 후, 유비는 성 안에서 이상한 노래를 부르는 사람을 보았습니다. 노래의 내용은 이러했습니다.

세상이 뒤집혔네.	天地反覆兮
타던 불길도 꺼져가네.	火欲殂
나라가 무너지려 하는데	大厦將崩兮
기둥 하나로 받치기 어렵네.	一木難扶
산골에 훌륭한 사람이 있어	山谷有賢兮
현명한 주인을 찾으려 하는데	欲投明主
현명한 주인은 훌륭한 이 구하면서	明主求賢兮
결국 나를 몰라보시네.	却不知吾

이 노래를 부른 사람은 다름 아닌 서서였습니다. 유비는 서서를 만나자 너무 기뻤습니다. 마침내 그를 군사(軍師)로 임명했습니다.

조조는 허도로 돌아온 후부터 형주를 빼앗을 궁리만 했습니다. 조인과 이전, 여광과 여상에게 3만 명의 군사를 이끌고 번성(樊城)에서 형주를 탐지하도록 했습니다. 여광과 여상이 공을 세우고 싶어서 조인에게 공격할 것을 제안했습니다. 조인이 승낙하자 5천 명의 군사를 이끌고 신야로 갔습니다. 유비는 서서의 계략대로 흩어져 여광과 여상을 죽이고 대승을 거두었습니다.

조인은 즉시 복수를 하고 싶었습니다. 이전이 손자병법(孫子兵法)을 이야기하며 조심할 것을 주문했습니다. 조인이 화를 내며 이전을 몰아세웠습니다. 이전은 어쩔 수 없이 조인과 함께 신야로 향했습니다. 지피지기(知彼知己)없는 조인은 어떻게 신야를 공략할까요?

單福新野遇英主 三國演義插圖 五十三 乙酉年春日朶雄畫於滬上 墨

戲嬰

🔼 노래로 유비의 이목을 끈 서서

서서를 보내는 유비, 제갈량을 천거하는 서서

조인은 이전을 재촉해서 신야를 공격했습니다. 서서는 조인이 신야를 공격할 것을 미리 알고 유비에게 비어있는 번성(樊城)을 빼앗도록 했습니다. 유비는 서서의 계략대로 관우를 보내 번성을 차지했습니다. 조운이 공격해 온 조인군을 맞았습니다. 조인도 이전을 보냈습니다. 이전은 10합을 겨루자 힘이 부쳤습니다.

조인은 팔문금쇄진(八門金鎖陳)을 펴고 대항했습니다. 서서가 이를 간파하고 유비에게 격파 방법을 알려주었습니다. 조운이 나서서 진을 깨고 대승을 거뒀습니다. 조인은 그제야 함부로 대적하면 안 된다는 이전의 말을 믿었습니다. 하지만 이미 전세(戰勢)는 기울었습니다. 조인은 한밤중에 유비군을 기습하기로 했습니다. 서서는 이러한 조인의 생각도 읽고 유비에게 역공을 하게 했습니다. 결국 조인은 대패하여 번성도 잃은 채 허도로 도망갔습니다.

유비는 조인에게서 빼앗은 번성에 입성했습니다. 현령의 사위인 구봉을 매우 좋게 보고는 양자로 삼았습니다. 유비의 성을 따서 유봉이라고 불렀습니다. 관우는 유비가 양자를 들인 일을 좋게 생각하지 않았습니다.

"형님께서는 아드님이 계신데 무엇 때문에 또 양자가 필요한가요? 양자를 들이시면 훗날 분란만 생길 것입니다."
"내가 아들처럼 대하면 저 또한 나를 아버지처럼 섬길 것인데 무슨 분란이 생긴단 말이냐?"

조조는 조인이 패하고 와서 사죄하자 매번 이길 수만은 없다며 용서합니다. 서서가 누구인지 궁금해하자 정욱이 알려줍니다.

"그는 어려서부터 격검(擊劍)을 좋아하고 또 잘했습니다. 남의 원수를 갚아 주고 머리를 풀어 헤치고 얼굴은 먹칠을 하고 달아났지만 관리가 잡았습니다. 문초를 해도 대답하지 않자 수레 위에 달아매고 저잣거리로 조리를 돌렸지만 누구도 감히 나서서 말하지 못했다고 합니다. 그를 아는 친구가 몰래 풀어주었다고 합니다. 그러자 그는 이름을 바꾸고 도망쳐 완전히 다른 사람이 되어 열심히 공부하고 유명한 스승을 두루 찾아다녔는데, 늘 사마휘와 담론을 즐겼다고 합니다."

인재를 보면 꼭 영입하고 싶어하는 조조입니다. 조조는 서서를 옆에 두고 싶었습니다. 정욱이 그를 데려오는 방법을 알려주었습니다.

"서서는 지극한 효자입니다. 일찍 아버지를 여의고 노모만 계신데 지금 그의 아우 서강도 죽어서 노모를 모실 식구가 없습니다. 승상께서 사람을 시켜 그의 어머니를 허도에 데려다 놓고 서서를 부르는 편지를 보내라고 이르면 그는 반드시 올 것입니다."

조조는 정욱의 제안대로 서서의 노모를 데려왔습니다. 그리고 아들을 부르는 편지를 보내라고 했다가 벼루로 맞는 혼뜨검을 당했습니다. 승상인 조조는 크게 노해서 당장에 목 베어 죽이라고 난리쳤습니다. 정욱이 만류하고 조조에게 말했습니다.

"서서 어미가 승상께 밉보인 것은 그렇게 해서 죽으려고 한 것입니다. 만일 이 대로 어미를 죽인다면 승상은 의롭지 못하다는 욕이나 먹게 되고, 서서 어미의 덕만 이루어 주는 꼴이 됩니다. 또한 서서 어미가 죽는다면 서서가 죽기로 유비를 도와 원수를 갚으려 할 것이니 살려두는 것이 좋은 방법입니다. 서서의 몸과 마음이 갈리면 설령 유비를 돕는다고 하더라도 진력하지 못할 것입니다. 당분간 그 어미를 살려두소서. 저에게 서서를 오게 해서 승상을 받들도록 만들 계책이 있습니다."

조조는 정욱의 말이 옳다고 여겼습니다. 정욱은 서서의 어머니를 찾아가 서서와 의형제라고 속이고 자주 편지와 선물을 보냈습니다. 서서 어머니도 편지로 답장을 했습니다. 정욱은 서서 어머니의 글씨체를 모방하여 서서를 부르는 편지를 썼습니다. 이를 모르는 서서는 '아우도 죽고 혼자 있으니 얼른 오라'는 어머니의 편지를 받고는 눈물이 샘솟았습니다.

서서는 편지를 가지고 유비에게 가서 견마지로(犬馬之勞)를 다하지 못하고 어머니에게 가야 하는 사정을 말했습니다. 유비도 큰 소리로 울면서 대답했습니다.

이 사실을 안 손건이 조조에게 서서를 보내지 말 것을 주문했습니다. 서서를 보내지 않고 정욱이 우려하는 일을 만들면 서서는 전력을 다해서 조조를 칠 것이라고 했습니다.

그러자 유비가 정색을 하고 말했습니다.

↑ 조조의 사촌동생이자 부하장수인 조인

"그건 정녕 아니 될 말이네. 남의 어머니를 죽게 하면서까지 내가 그 자식을 쓰는 것은 불인(不仁), 가고픈 사람을 못 가도록 잡아서 모자의 정을 끊는 것은 불의(不義)이네. 차라리 죽을지언정 어질고 의롭지 않은 일은 하지 않을 것이야!"

유비는 서서와 짧은 밤을 꼬박 새우며 이별주를 마셨습니다. 둘의 처지가 서로 난감하여 술을 마셔도 취하지 않았습니다. 마시면 마실수록 정신은 더욱 말짱했습니다.

"지금 늙으신 어머님께서 갇혀 계시다는 소식을 듣고 나니 비록 금파옥액(金波玉液; 좋은 술)이라 해도 목으로 넘어가지 않습니다."
"나는 공이 떠난다는 말을 들으니 양쪽 팔을 다 잃은 것 같아, 비록 용간봉수(龍肝鳳髓; 매우 진귀한 음식)라고 해도 쓰기만 하오."

모종강은 유비가 서서를 보내는 것을 조조가 관우를 보내는 것과 비교하고 있습니다.

'조조가 관우를 못 가게 잡아 두지 않았던 것은 형제간의 의리를 다하게 하려는 것이었고, 유비가 서서를 못 가게 잡아 두지 않았던 것은 모자간의 은혜를 다하게 하려는 것이었다. 그렇다면 조조와 유비의 보내주는 마음이 똑같은 것일까? 아니다. 조조는 관우를 거짓으로 놓아 주고 뒤에서 막다가 막지 못하자 보내 주었다. 그러나 유비는 서서를 처음부터 진실하게 보내 주었다. 또한 조조는 원소가 유비를 죽여주기를 바랐지만 유비는 오직 조조가 서서의 어머니를 죽일까봐 걱정하였다. 거짓되고 진실한 그들의 차이가 하늘과 땅보다도 크다.'

드디어 날은 밝고 서서는 유비와 헤어졌습니다. 유비는 아쉬운 마음에 신야의 경계까지 전송했습니다. 떠나가는 서서가 숲속에 가려 보이지 않자 나무를 몽땅 베어버리라고도 했습니다. 유비의 찢어지는 듯한 마음을 누가 알겠습니까. 눈물만 비오듯 흘릴 뿐이었습니다.

↑ 전쟁보다는 학문을 좋아했던 유표

徐庶走馬薦諸葛

國演義挿圖二五十四乙酉年唇日葉雄畫

유비에게 제갈량을
추천하는 서서

어진 인재 언제 또 보리요, 한스럽고 원통하여	痛恨高賢不再逢
눈물 강 돌아서는 두 마음 애달파라.	臨岐泣別兩情濃
돌아와 전하는 말, 봄날 천둥소리만 같아서	片言却似春雷震
남양의 와룡을 벌떡 깨워 일으키네.	能使南陽起臥龍

그때, 서서가 다시 달려왔습니다. 유비는 서서의 생각이 바뀐 줄 알고 기뻤습니다. 하지만 서서는 자신보다 나은 사람을 추천하고 돌아갔습니다.

> "양양성 밖 20리 융중(隆中)에 살고 있습니다."
> "서서가 나를 위해 그를 청해 올 수 없겠소?"
> "이 사람은 부른다고 올 사람이 아닙니다. 사군께서 직접 찾아가셔서 구해야 합니다. 만일 이 사람을 얻는다면 주나라가 강태공을 얻고 한나라가 장량을 얻은 것과 같습니다. 그는 복룡(伏龍)으로 이름은 제갈량입니다."

유비는 서서의 말을 듣고 뛸 듯이 기뻤습니다. 이제 꿈에서 깨어난 것 같았습니다. 즉시 넉넉한 예물을 갖추어 관우, 장비와 함께 제갈량을 찾아가기로 마음먹었습니다.

막강 명문 원소,
자질 부족과 자중지란으로 멸망하다

3권 책씻이는 원소의 패망에 대해 살펴보겠습니다. 원소는 삼국 초기의 군웅 할거 시기에 가장 막강한 인물이었습니다. '사세삼공(四世三公)'을 배출한 명문가 집안의 자손이고, 하북 지역을 장악한 최대의 군벌이었습니다. 제후들이 반동탁 연합군을 결성할 때에는 그를 연합군의 맹주(盟主)로 추대할 정도였습니다. 원소 는 무엇 하나 부러울 것이 없었습니다. 하지만 이 '부러울 것 없는' 환경이 원소에 게는 결정적인 단점이 되었습니다.

원소는 삼국시대 개막의 주인공이었습니다. 대장군 하진이 십상시를 처치하려 다가 되레 그들에게 죽자, 원소가 이들을 무자비하게 도륙하면서 후한은 절망의 시기로 빠져들기 때문이지요. 우리에게 『삼국지강의』로 잘 알려진 이중톈 교수도 '사족지주계급(士族地主階級)'인 원소가 권력을 잡기 위하여 하진에게 십상시를 절 멸시키자는 아이디어를 냈다고 했습니다. 하지만 십상시를 제거하는 과정에서 호시탐탐 기회를 노리던 동탁에게 주도권을 빼앗기게 됩니다. 결국 원소는 수고 롭게 재주만 부린 꼴이 되었습니다.

막강한 권력과 군사력을 이끈 원소. 그가 패망한 이유를 들라 하면 첫째로 우 유부단하고 임기응변에 능하지 못한 성격을 듭니다. 이러한 성격은 조조와 함께 방탕한 청년 시절을 보내던 이야기에도 잘 나타나 있습니다.

'조조가 원소와 함께 늦은 밤에 결혼식이 있었던 집에 몰래 들어가서 "도둑이야!" 하고 소리쳤다. 안에 있던 사람들이 모두 나와서 둘러보는 사이에 둘은 칼을 빼들고 들어가서 신부를 겁탈한 뒤 나왔다. 오는 도중에 원소가 길을 잃어 가시나무 속으로 떨어져 꼼짝할 수 없었다. 어찌할 바를 모르는 원소를 본 조조는 "도둑이 여기 있다!"라고 크게 소리쳤다. 원소가 다급한 나머지 자기 힘으로 뛰쳐나옴으로써 마침내 둘은 붙잡히지 않았다.'

두 사람은 어린 시절부터 친했습니다. 조조는 이때 원소의 성격을 나름대로 잘 파악했습니다. 세상 부러울 것 없는 원소는 생각을 다듬기보다는 그저 정상에서 즐기기만 하는 인간형이었습니다.

원소의 우유부단한 성격은 연의에 수시로 나타납니다. 조조의 공격을 받은 유비가 도움을 청할 때, 참모가 조조를 칠 수 있는 절호의 기회라고 건의했지만 막내가 아프다는 이유로 움직이지 않았습니다. 관도대전 초반에 관우가 안량을 베자 유비를 죽이려다가는, 유비의 말에 혹해서 다시 생각을 바꾼 것도 원소의 우유부단한 성격을 잘 보여 줍니다.

원소의 성격 중 더욱 치명적인 것은 고집이었습니다. 부하들의 건의에 대하여 숙고하지 않고 자신의 뜻대로 처리를 합니다. 안량이 관우에게 죽자 문추가 나섭니다. 원소는 문추에게 10만 병사를 주며 관우를 무찌르라고 합니다. 원소의 책사인 저수는 성급하게 공격하지 말고 지연책을 쓰는 것이 유리하다는 제언을 합니다. 원소는 크게 노하여 저수에게 모멸감을 주며 야단을 칩니다.

▲ 삼국지 초기 최대의 군벌이었던 원소

원소에게 혼쭐이 난 저수가 물러나와 한탄하는 말 속에는 원소의 안하무인 성격과 전략 없는 싸움만 하려는 장수들의 모습이 보입니다.

"윗사람은 자기 생각으로만 꽉 차 있고, 아랫사람은 공만 세우려고 다투니 아득한 황하를 내가 건너야 할 것인가?"

원소는 허유가 조조의 본거지인 허도를 기습하라는 제안도 받아들이지 않습니다. 오히려 참모들의 권력다툼에 놀아나 사태를 직시하는 힘을 잃어버립니다. 일급비밀을 알고 있는 참모를 한창 전쟁이 진행되는 와중에 적에게 투항하게 만들었으니, 설사 천만 대군이 있다 한들 어찌 이길 수 있겠습니까. 모종강은 원소가 모두 세 번의 기회를 놓쳤다고 평했습니다.

'조조가 여포를 칠 때 원소가 전군을 몰아쳐 허도를 기습할 수 있었는데 그렇게 하지 않은 것이 첫째요, 조조가 유비를 칠 때 원소는 또다시 전군을 휘몰아 허도를 기습할 수 있었는데 그렇게 하지 않은 것이 둘째요, 여포가 멸망하고 유비가 패퇴한 뒤에 싸우고 있으니 때는 너무 늦었다. 하지만 이때까지도 관도에서 조조의 앞을 막으면서 일부 군사를 내세워 허도를 기습하여 조조의 뒤를 끊었다면 이길 수 있었을 것인데 그렇게 하지 않은 것이 셋째다.'

조조는 관도전투에서 원소군을 대파시킴으로써 중원의 패자로 부상했습니다. 모종강은 의심 많은 두 사람의 싸움에서 조조가 이길 수 있었던 이유를 이렇게 말했습니다.

'원소는 의심을 잘하고 조조 역시 의심을 잘한다. 하지만 조조는 의심하는 일을 순욱이 판별해 주면 곧 의심하지 않고 승리를 이끌어 내고, 원소는 의심하는 일을 저수가 판별해 주어도 또 의심하고 허유가 다시 판별해 주어도 더욱 의심하다가 결국 패했다.

조조는 의심할 것을 의심하지만 또한 믿을 것은 믿는다. 한맹이 수송하는 군량이 적을 유인하려는 것이라고 의심하지 않기 때문에 승리를 거둔 것이다. 그러나 원소는 의심하지 말아야 할 것도 의심하고 믿지 말아야 할 것도 믿는다. 조조가 순욱에게 보내려던 편지를 가로채고도 거짓이라고 의심하고, 심배가 허유를 모함하는 편지를 보고는 사실이라고 믿는다. 허유가 허도를 기습하자는 말은 속임수라고 의심하고 곽도가 장합을 모함하는 말은 사실이라고 믿으니 그가 패하는 것은 당연한 것이다.'

원소의 또 다른 결점은 자신의 잘못을 부하들에게 전가(轉嫁)시킨다는 것에 있습니다. 이는 지도자가 가장 경계해야 하는 덕목인데, 원소는 이 점에서도 자격이 없습니다. 모종강은 원소의 이러한 성정을 조조와 대비하여 잘 정리해 놓았습니다.

'조조가 오환을 물리치고는, '내가 이기게 된 것은 하늘이 도운 것이다. 앞서 나를 간한 것은 바로 만전을 기하려는 계책이었다'며 간하던 사람에게 상을 주고 '다음에도 말하기 어려워 말라'고 했다. 그러나 원소는 관도에서 패하자 '모든 사람은 내가 패했다는 소식을 들으면 반드시 슬퍼하겠지만, 오직 전풍만은 자신이 한 말이 맞은 것을 기뻐할 것이다'며 전풍을 죽였다. 현명한 주인을 위하여 계책을 말하면 충성스러운 말이 비록 맞지 않아도 상을 받고, 용렬한 주인을 위하여 계책을 말하면 충성스러운 말이 비록 맞아도 죄를 받는다. 어찌 이렇게 다를 수가 있단 말이냐!'

원소 패망의 절대적 이유를 한 가지 더 꼽는다면 '자중지란(自中之亂)'을 들 수 있습니다. 난세에는 무엇보다도 형제 자식 간의 화합이 최대의 힘입니다. 형제와 자식이 똘똘 뭉쳐야 이를 보고 따르는 사람들이 늘어날 터이니까요.

하지만 원소는 그렇지 못했습니다. 초기에는 동생인 원술과 불화했고, 원소가 죽은 후에는 자식들 간에 쟁투(爭鬪)가 끊이지 않았습니다. 적을 물리치기는커녕

◀ 관도대전 입구의 조형물

🔻 영채 모양으로 세워진 관도고전장 예술관

스스로 무너지고 있는데 어찌 천하의 주인이 될 수 있겠습니까.

'원소 집안의 난리를 보면 진실로 예부터 형제가 우애로 돕지 않으면 큰일을 계획하여 성공할 수 없다는 것을 알 수 있다. 도원의 형제들은 성이 달랐어도 친형제 같았으니 더 말할 것도 없다. 그리고 손권이 오나라를 차지하게 된 것도 '너는 나만 못하고 나는 너만 못하다'는 형이 있었고, 조조가 위나라를 세우기까지도 '차라리 조홍은 없어도 되지만 조조는 없어서는 안 된다'는 아우가 있어서 마음을 합치고 힘을 합쳤다. 이렇게 함으로써 제업(帝業)을 이룰 수 있었던 것이다. 그러나 원씨들은 원소와 원술이 앞에서 서로 다투었고 원담과 원상이 뒤에서 서로 싸우고 있다. 각자가 창과 방패가 되어 적들에게 이익만 더해 준 꼴이다. 어찌 거듭 안타까운 일이라고 하지 않을 수 있겠는가!'

원소와 조조가 중원을 놓고 겨룬
관도대전, 정주 관도

조조와 원소가 중원을 놓고 한판 승부를 겨룬 관도(官渡)는 현재의 하남성(河南省) 중모(中牟)입니다. 지금은 황하가 멀리 흘러가지만 당시 이곳은 황하가 흐르는 화북평원의 요충지였습니다. 허창(許昌)의 북쪽 대문이기도 한 이곳은 서쪽으로는 낙양(洛陽), 동쪽으로는 개봉(開封)으로 통하는 교통의 요지로서 전략적으로도 중요한 장소입니다.

정주(鄭州) 시내에서 8차선으로 널따랗게 뚫린 도로를 40분 정도 달리면 관도에 도착합니다. 예전에는 길이 좋지 않아 두 시간 넘게 걸렸는데 그야말로 상전벽해(桑田碧海)가 아닐 수 없습니다. 마을 입구에 거창하게 세워놓은 관도전투지임을 알리는 조형물은 그새 녹이 슬고 부서져 아무도 찾아보지 않는 곳이 되었습니다. 널따란 도로와 함께 새롭게 로터리가 만들어졌는데 그 가운데에는 말을 타고 호령하는 조조의 동상이 서 있습니다. 조조가 관도전투에서 원소군을 대파한 곳에 세워진 조공대(曹公臺)의 모양을 그대로 본떠 만든 것입니다.

관도고전장(官渡古戰場)은 중모현에서 북동쪽으로 2.5km가량 떨어진 지점으로 그 옛날 관도전투의 주요 싸움터였습니다. 지금은 관도교촌(官渡橋村)이라 불리는데, 예전에 관도수가 이곳으로 흘러 그 위에 다리를 놓았던 것에서 유래가 되었다고 합니다. 관도수는 명나라 때 이미 말라버렸지만 청나라 초기까지만 해도 언덕이 연이어져 있어서 조조군이 쌓은 보루의 흔적을 볼 수 있었다고 합니다. 현재는 비옥한 평야만이 드넓게 펼쳐져 있어 이곳에서 관도전투를 벌였다는 것이 실감이 나질 않습니다. 이곳 평야는 여름이면 온통 옥수수밭이고, 겨울이면 온통 마늘로 초록융단이 깔립니다.

마을 끄트머리에 있는 관도소학교에는 청나라 건륭 연간에 관도전투를 기리며 지은 아주 소담한 관도사(官渡寺)가 있습니다. 이 조그마한 절에는 관우를 모신 관제묘가 있는데 관우가 주창과 관평을 거느리고 앉아있는 모습입니다. 그런데 모두가 재미있는 모자를 쓰고 있습니다.

축록영(逐鹿營)이라는 마을의 마늘밭가에는 '조조정(曹操井)'이라는 오래된 우물이 있습니다. 이 우물은 조조가 식수용으로 판 것이라고 하는데 지금도 물이 마르지 않아 채소를 가꾸는 농업용수로 쓰인다고 합니다. 축록영이라는 이름은 조조와 원소가 이곳에서 천하(鹿)를 얻기 위해 다투었던 곳이라는 뜻입니다.

조조정에서 백여 미터 떨어진 곳에 조조가 말을 타고 힘차게 진군 명령을 내리는 모습의 조공대가 있습니다. 이 지역이 조조가 원소를 대파한 곳입니다. 이곳에 조조상을 세움으로써 천하를 얻은 조조의 기개를 그대로 표현해 놓았는데, 사람들이 찾아오지 않아서인지 주변이 온통 쓰레기장으로 변했습니다.

관도교촌 마을 끝에는 관도전투 당시의 군영을 재현해놓은 커다란 건축물이 있습니다. 바로 '관도고전장예술관(官渡古戰場藝術觀)'입니다. 그런데 대문이 굳게 잠겨 있습니다. 수소문을 해보니 폐쇄된 지 꽤 되었다고 합니다. 그래도 어렵게 먼 길을 왔기에 보기를 청했더니, 일꾼 중에서 감독인 듯한 자가 빨리 보고 나가라며 안내를 합니다.

군영 장막을 연이어 놓은 것처럼 만든 건물 안에는 관도대전의 과정을 처음부터 끝까지 그림과 밀랍인형으로 재현해 놓았는데, 문을 닫은 까닭에 인형들이 망가진 채로 버려져 있습니다.

▲ 관도사의 관우상

▲ 조조가 식수용으로 팠다는 우물

▼ 관도고전장에 세워진 관도사

↑ 조조가 원소를 대파한 곳에 세워진 조조상

　이곳은 삼국지 3대 전투의 하나인 관도대전이 일어난 곳이어서 지방정부 차원에서 많은 예산을 투입하여 삼국지 관광 사업을 집중적으로 육성했다고 합니다. 그러나 홍보가 부족했는지 찾아오는 관광객이 점차 줄더니 이제는 일부러 찾아오는 사람 외엔 찾는 이가 없다고 합니다. 전기마저 끊어져 어두컴컴한 통로엔 먼지만이 뽀얗고 그 속에 엉켜 뒹구는 밀랍인형들을 보니, 마치 관도전투가 끝난 전쟁터를 걸어가고 있는 것만 같아 기분이 으스스해집니다.

PART 4

삼형제가 천하의
대현(大賢)을 찾아나서다

서서는 유비와 작별하고 어머니가 계신 허도로 갔습니다. 조조는 서서를 반갑게 맞이하고 좋은 의견을 들려달라고 합니다. 서서가 어머니를 뵙자 노모는 아들이 온 것을 보고 깜짝 놀랐습니다. 이어 서서로부터 경위를 들은 노모는 크게 노했습니다.

"이 치욕스러운 녀석아! 여러 해 동안 강호를 다니기에 네 공부가 좀 나아진 것으로 알았는데 어째서 예전만도 못하느냐? 네가 글을 제대로 읽었다면 충성과 효도는 함께 잘할 수 있는 일이 아니라는 것을 진작 알았을 게다. 어째서 조조가 천자를 속이는 역적이고, 유비가 세상에 인의를 펴는 군자임을 모른단 말이냐!"

노모는 아들을 호되게 야단치고 자결했습니다. 서서는 통곡과 혼절을 반복했습니다. 부모에게 효도를 하려다가 오히려 불효막심한 아들이 되어버렸습니다. 조조는 제물을 보내고 조문을 했습니다. 하지만 서서는 조조가 주는 것은 모두 받지 않았습니다.

유비는 서서와 작별한 후, 서서가 추천한 제갈량을 만나려고 했습니다. 이때 사마휘 선생이 유비를 만나러 왔습니다.

유비는 반갑게 맞이하고 서서가 추천한 제갈량에 대해 물었습니다. 사마휘가 웃으며 한 마디 합니다.

"서서는 가려면 저만 갈 것이지 왜 또 남은 끌어들여서 심혈(心血)을 기울이게 하는고."

유비가 제갈량에 대해 더욱 궁금해하자, 사마휘는 '제갈량은 자신을 관중과 악의에 비교하지만 그 재능은 가늠할 수조차 없다'고 설명했습니다. 그러자 관우가 끼어들었습니다.

"제가 알기에 관중과 악의는 춘추 전국 때의 위인(偉人)으로 두 사람의 공은 천하를 덮었지요. 제갈량이 스스로를 그들과 비교한다는 것은 너무 심한 것이 아닙니까?"

사마휘는 관우의 말에 빙긋이 웃고, 그들뿐만 아니라 그 밖의 두 사람과도 견줄 만한 인물이라고 말합니다. 그 두 사람이 누군지 궁금해하자 다음과 같은 대답을 들려줍니다.

↑ 수경선생 사마휘

▲ 제갈량을 만나러 가는
유비 삼형제

"주나라 8백 년의 기초를 다진 여상과 한나라 4백 년의 기초를 다진 장량과도 비교할 만합니다."

제갈량의 인물됨을 확실하게 알려준 사마휘는 유비와 작별하고 대문을 나서며 하늘을 우러러 보고 크게 웃으며 말했습니다.

"제갈량이 비록 주인은 만났지만 때를 만나지 못했으니 안타까운 일이구나!"

유비는 사마휘의 설명을 듣자 더욱 제갈량을 만나고 싶었습니다. 다음 날, 아우들을 데리고 제갈량이 사는 와룡강(臥龍岡)을 찾아갔습니다. 하지만 제갈량은 출타 중이었습니다. 다시 날을 잡아 오기로 하고 돌아왔습니다. 돌아오는 길에 제갈량의 친구인 최주평을 만나 세상일을 논하기도 하지만 유비의 생각은 은둔자인 최주평과 맞을 수 없었습니다. 며칠 후 제갈량이 돌아왔다는 전갈을 받은 유비는 다시 채비를 서둘렀습니다. 그러자 장비가 못마땅한 어투로 말합니다.

"그깟 촌놈 하나 데려오려고 형님이 이 난리를 치십니까? 사람을 시켜서 오라하면 될 것을!"
"너는 어찌 '훌륭한 이를 모시려고 하면서 예의를 다하지 않는 것은 그에게 들어오라고 말하면서 문을 닫는 것과 같다'는 맹자의 말씀도 모른단 말이냐? 그는 지금 천하의 대현(大賢)인데 어떻게 부른단 말이냐?"

관우와 장비는 유비를 따라 길을 나섰습니다. 마침 한겨울이어서 날씨는 매섭게 추웠습니다. 검은 구름이 깔리더니 눈이 펑펑 쏟아졌습니다. 장비가 다시 투덜대자 유비는 재차 주의를 주었습니다. 하지만 이번에도 허탕이었습니다. 제갈량의 동생인 제갈균만 집을 지키고 있었습니다. 유비는 마음이 급했지만 어쩔 수 없었습니다. 이에 자신의 마음을 담은 편지를 써서 동생에게 맡겼습니다.
유비의 편지는 어떤 내용이었을까요? 박종화의 필치로 읽는 것이 글맛이 더 있습니다.

'유비, 오랫동안 높으신 이름을 사모하여 두 차례나 뵈러 왔다가 만나 뵙지 못하고 그대로 돌아가니 슬픈 마음 어찌하오리까. 가만히 생각하오면 유비는 한조의 후예로서 외람되이 벼슬을 받았습니다. 엎드려 생각하니 조정은 약하게 바뀌고 기강은 무너져 꺾어졌습니다. 자칭 뭇 영웅들은 나라를 어지럽게 했고 악한 무리는 임금을 속였습니다. 유비는 마음과 쓸개가 함께 찢어지는 듯하오이다. 비록 널리 구해보고 싶은 정성은 간절하오나 실상인 즉, 경륜하는 방책을 세우지 못했습니다. 우러러 바라는 바, 선생께서는 인자하시고 충의로우시니 개연히 여망(呂望)의 큰 포부와 자방(子房)의 큰 책략을 베풀어 주신다면 천하의 다행이요 사직의 다행이겠습니다. 우선 충정을 펴서 아룁니다. 다시 목욕재계하고 오겠습니다. 특별히 존안(尊顔)을 대하게 해주십시오. 뵈옵고 정성을 올리겠습니다. 양해해주시기 바랍니다.'

편지를 전해주고 나오던 유비는 제갈량의 장인인 황승언을 제갈량으로 오해하기도 합니다. 유비는 서운하고 우울한 마음으로 발길을 되돌렸습니다. 그쳤던 눈보라도 다시 몰아쳤습니다. 유비의 마음을 노래한 시 한 편이 멋집니다.

눈보라 뚫고 어진 이 찾아갔다가	一天風雪訪賢良
보지 못하고 돌아오니 마음만 상하누나.	不遇空回意感傷
개울다리 꽁꽁 얼고 산길 미끄러운데	凍合溪橋山石滑
추위는 말안장 후벼들고 갈 길 아득하여라.	寒侵鞍馬路途長
머리 위엔 배꽃 같은 송이눈 무수하고	當頭片片梨花落
얼굴에는 어지럽게 함박눈만 부딪히네.	撲面紛紛柳絮狂
말채찍 부여잡고 고개 돌려 먼 곳 바라보니	回首停鞭遙望處
찬연한 은빛 세상 와룡강에 가득하구나.	爛銀堆滿臥龍岡

유비의 급한 마음을 제갈량은 정녕 모르는 걸까요? 언제 등장하여 유비에게 속 시원한 천하계책을 이야기해주려는지 소설을 읽는 독자들도 급한 마음은 매한가지입니다.

▲ 황승언을 제갈량으로 오인하는 유비

모종강은 제갈량이 출사(出仕)할 수밖에 없는 이유를 유비의 간절함에서 찾았습니다.

　　'서상곡(西廂曲)에 "대숲을 스치는 바람소리만 들어도 금패(金牌)소리인가 하고, 달빛에 비치는 그림자만 보고도 임이 온 것인가 하네."라는 말처럼 유비가 목마르게 책사를 찾는 심정이 이러했던 것이니, 제갈량이 정녕 나가고 싶지 않다고 해도 어떻게 나가지 않을 수 있겠는가.'

유비와 제갈량, 수어지교(水魚之交)가 되다

엄동설한 겨울이 가고 신야에도 다시 새 봄이 왔습니다. 지난해 겨울, 유비는 아우들과 함께 제갈량을 참모로 영입하기 위해 그의 초가를 두 번이나 찾았지만 만나질 못했습니다. 이번에는 꼭 만나기 위해 좋은 날을 잡아 몸과 마음을 정결하게 했습니다. 유비의 마음은 절박했습니다. 그동안의 방랑세월을 끝내고 천하경영의 웅지를 펼치고 싶었습니다. 모두가 추천하는 제갈량을 꼭 참모로 맞이하고 싶었습니다. 제갈량을 내 사람으로 만들 수 있다면 열 번이라도 찾아가리라고 다짐했습니다. 유비의 급박하고 간절한 마음과는 달리 관우와 장비는 부아만 끓었습니다. 주군으로 모시는 윗분이 아들뻘에 불과한 백면서생을 몸소 여러 차례 찾아가서 고개를 조아리는 것이 영 맘에 들지 않았던 것입니다. 결국은 진중한 성격이던 관우까지 나섰습니다.

"형님께서 직접 두 번씩이나 찾아간 것만도 예우가 넘치십니다. 제 생각에 제갈량은 헛소문만 번지르르할 뿐 실속은 없는 까닭에 일부러 피하면서 만나지 않는 것 같습니다. 형님은 어째서 그에게 홀딱 반하셨습니까?"

"그렇지 않다. 옛날 제나라 환공(桓公)은 동쪽 성곽에 사는 야인(野人)을 다섯 번 찾아간 끝에 겨우 만났다. 그런데 하물며 나는 이제 대현(大賢)을 모시려는 것이 아니냐?"

옆에서 듣던 장비는 한술 더 떴습니다.

"형님이 잘못 보셨소. 그따위 촌놈이 무슨 대현(大賢)입니까? 이번에는 형님이 굳이 가실 필요 없습니다. 그놈이 만일 안 오겠다면 제가 밧줄로 꽁꽁 묶어 끌고 오겠습니다."

유비가 장비를 심하게 꾸짖고 관우만 데리고 가려 하자 장비가 조심하겠다고 약속하고 함께 나섰습니다. 초가에 도착하니 제갈량이 낮잠을 자고 있었습니다. 유비는 계단 아래서 기다렸습니다. 한참을 있어도 기척이 없자 사립문 밖에서 기다리던 관우와 장비가 들어왔습니다. 형님이 아직도 기다리고 서 있는 모습을 본 장비는 또다시 부아가 치밀어 올랐습니다.

▲ 삼국지 최고의 책사인 제갈량

"아니 선생이라는 놈이 아무리 건방지기로서니 어찌 우리 형님을 계단 아래에 이처럼 서 있게 하고 지는 모른 체 처자빠져 잘 수 있소? 내가 뒤뜰로 가서 집구석에 불을 싸지를 테니 제 놈이 그때도 일어나나 안 일어나나 보시오."

관우가 장비를 말리고 유비가 다시 둘을 문밖으로 내쫓았습니다. 제갈량은 소란한 분위기에 깰 만도 한데 피곤했던지 단잠에 빠진 것인지 계속 잠만 자고 있습니다. 아예 벽을 향해 돌아누워 세상모르게 자고 있습니다. 유비는 다시 조용히 기다렸습니다. 그렇게 두 시간이 지났습니다.

큰 꿈을 누가 먼저 깨달았는가.　　　　　大夢誰先覺

평생을 나 스스로 알았노라.　　　　　　平生我自知

초당에서 봄잠을 흡족히 잤건마는　　　草堂春睡足

창밖의 해는 더디기만 하구나.　　　　　窗外日遲遲

드디어 잠에서 깬 제갈량이 의관을 갖춰 입고 유비를 만났습니다. 유비는 사양하는 제갈량을 잡기 위해 자신의 포부를 밝혔습니다.

"한나라가 기울어 이제는 무너지려 하고 있고 간사한 신하는 권력을 빼앗아 맘대로 휘두르고 있소. 나는 스스로를 돌보지 않고 오직 대의(大義)를 천하에 펴고 싶지만 지혜도 없고 방법도 서툴러 이룬 것이 없소. 선생이 나의 이러한 어리석음을 깨우쳐 주고 어려움에서 구해준다면 정말로 다행한 일이겠소."

유비의 포부를 들은 제갈량은 세상 돌아가는 형세를 분석하고, 이어서 그 유명한 '천하삼분계책'을 이야기합니다.

"이것은 서천 쉰네 개 고을의 지도입니다. 장군께서 패업(霸業)을 이루려면, 북쪽은 조조가 천시(天時)로 차지했으니 양보하시고, 남쪽은 손권이 지리(地利)로 차지했으니 양보하소서. 장군은 인화(人和)로 차지하셔야 합니다. 우선 형주를 차지하여 집으로 삼고 뒤이어 서천을 빼앗아 기업을 열어 정족지세(鼎足之勢)를 이룬 후에 가서야 중원을 도모할 수 있을 것입니다."

"나는 이름도 없고 덕망도 없으니 부디 선생이 나와 함께 산을 내려가서 도와주기 바라오.

▲ 제갈량의 부인 황월영

史三分 隆中決策 乙酉暮春 義雄畫

⬆️삼고초려한 유비에게 천하삼분지계를
설명하는 제갈량

선생이 나가지 않으면 저 가엾은 백성들을 어찌해야 하오?"

"장군께서 진정코 아껴주시니 견마지로(犬馬之勞)를 다하겠습니다."

드디어 유비는 제갈량을 영입하는 데 성공했습니다. 두 아우와도 인사하고 초가에서 하룻밤을 지냈습니다. 유비와 제갈량 두 사람은 꿈을 이룬다는 설렘에 밤을 지새웠을 것입니다.

한편 강동의 손권은 널리 훌륭한 인재를 영입하여 문무(文武)를 보좌하는 인물들이 모여들었습니다. 조조는 원소를 무찌르자 기세가 등등했습니다. 강동으로 사신을 보내 손권의 아들을 허도로 보내 황제를 모시라고 했습니다. 조조는 손권의 아들을 볼모로 삼아 손권을 부릴 계산이었습니다. 손권이 망설이며 결정을 못 내리자 오태부인이 주유와 장소를 불러 상의했습니다. 장소는 조조의 요청을 듣지 않으면 군사를 몰고 쳐들어 올 것이라고 했습니다. 주유는 볼모가 되면 손잡지 않을 수 없고, 부르면 가지 않을 수 없게 될 터이니 결국 견제를 받는 것이라며 반대했습니다. 손권은 주유의 말을 따라 아들을 보내지 않았습니다. 이로부터 조조는 강남을 정복할 마음을 먹었습니다.

손권의 아우인 손익은 단양태수(丹陽太守)였는데 성품이 거세고 술을 좋아하여 취하기만 하면 병사들에게 매질을 했습니다. 주사(酒邪)가 심하면 언젠가는 큰 봉변을 당하게 마련입니다. 급기야 부하인 규람과 대원은 손익의 종복인 변홍과 짜고 손익을 죽이기로 했습니다. 손익의 아내인 서씨는 아름답고 총명했는데 주역점을 잘 쳤습니다. 사건이 발생하기 전날도 점을 쳐보니 괘상(卦象)이 아주 나빴습니다. 서씨가 남편에게 술자리에 나가지 말라고 권했지만 소용없었습니다. 결국 그날 밤, 변홍의 칼에 손익이 죽었고, 규람과 대원은 변홍에게 죄를 뒤집어 씌워 죽였습니다. 그리고 둘은 태수부(太守府)를 장악하고 재산과 시첩들을 약탈했습니다. 서씨의 미모가 탐난 규람은 그녀를 협박했습니다.

"내가 네 남편의 원수를 갚았으니 너는 나를 모셔야 한다. 그렇지 않으면 죽여 버리겠다."

"남편이 죽은 지 얼마 되지도 않았는데 어떻게 금방 모시겠나이까. 그믐날이 되거든 제사를 지내고 상복을 벗은 후에 신방을 차리도록 하겠습니다."

서씨는 일단 규람을 안심시켜 놓았습니다. 남편의 심복 장수였던 손고와 부영을 불러 두 번 절하고 남편의 원수를 갚아달라고 눈물로 간청했습니다. 손고와 부영은 서씨의 손발이 되기로 약속했습니다.

드디어 그믐날이 되었습니다. 서씨는 제사를 끝내고 즉시 상복을 벗었습니다, 목욕과 훈향(薫香)을 하고 짙은 화장을 했습니다. 마치 아무 일 없는 평상시처럼 행동했습니다. 이 소식을 들은 규람은 매우 기뻤습니다. 밤이 깊었습니다. 서씨는 술상을 마련하고 규람을 청했습니다. 규람은 금방 술에 취했습니다. 서씨가 규람을 밀실로 안내하자 기쁜 마음으로 들어왔습니다. 하지만 그것으로 끝이었습니다. 서씨의 부름에 숨어있던 두 장수가 칼을 들고 뛰어나와 규람을 죽였습니다. 서씨는 대원도 잔치에 참석하라고 불렀습니다. 잔칫상을 받으러 온 대원도 칼을 받고 죽었습니다. 서씨는 다시 상복을 입고 규람과 대원의 머리를 잘라 남편의 영전에 바치고 제사를 지냈습니다.

비보를 들은 손권이 군마를 이끌고 왔을 때는 이미 일이 마무리되었습니다. 손권은 손고와 부영으로 단양을 지키게 하고 서씨는 데리고 돌아왔습니다. 후세 사람들이 시를 지어 영웅호걸 못지않은 서씨의 지모를 찬양했습니다.

미모에 절개 갖춘 이 세상에 없는데	才節雙全世所無
간사한 것들 하루 만에 뿌리 뽑히네.	奸回一旦受摧鋤
못난 신하는 적에 붙고 충신은 죽으니	庸臣從賊忠臣死
동오의 여장부에도 미치지 못하여라.	不及東吳女丈夫

제갈량이 박망파서
하후돈을 무찌르다

손권은 황조가 있는 하구(夏口)를 공격했습니다. 황조는 지킬 수 없다고 판단하자 강하(江夏)를 버리고 형주로 달아났습니다. 감녕은 황조가 도망갈 길목을 미리 지키고 있다가 막아섰습니다.

"내가 지난날 너를 소홀하게 대접하지 않았는데 너는 어째서 이렇게 핍박하느냐?"

"내가 지난날 강하에서 많은 공을 세웠음에도 너는 나를 강가에서 남의 물건이나 뺏는 강도로만 대접하였다. 그런데 이제 무슨 할 말이 있느냐?"

감녕은 도망가는 황조를 활로 쏴서 말에서 떨어뜨린 후에 목을 베어 손권에게 바쳤습니다. 손권은 강동으로 돌아가서 아버님 영전에 바치고 제사를 지내기 위해 나무상자에 담아두도록 했습니다. 전투에서 승리하고 돌아온 손권은 황조의 수급을 가지고 제사를 지냈습니다. 그는 제사를 끝내고는 문무 대신들을 모아놓고 주연을 베풀면서 공로를 치하했습니다. 이때 갑자기 능통이 울면서 칼을 뽑아들고 다짜고짜 감녕에게 덤벼들었습니다. 감녕은 앉았던 의자로 황급히 막았습니다. 능통은 감녕이 원수였습니다. 예전에 감녕이 황조의 부하로 강하를 지킬 때, 능통의 아버지인 능조를 쏘아 죽였기 때문입니다. 손권이 능통을 설득했지만 소용없었습니다. 능통은 머리를 조아리고 울면서 말했습니다.

"천하의 원수를 어찌 갚지 않고 살 수 있겠습니까?"

손권은 그날로 감녕에게 5천 명의 군사와 1백 척의 전선(戰船)을 가지고 하구를 지키게 했습니다. 능통은 승렬도위(丞烈都尉)로 승진시켰습니다. 손권은 대군을 이끌고 시상(柴桑)에 주둔하고 주유는 파양호(鄱陽湖)에서 수군을 훈련시키며 조조의 침공에 대비해 만반의 준비를 했습니다.

한편 유비가 동오의 소식을 접하고 제갈량과 의논하고 있을 때 유표가 유비를 불렀습니다. 유비는 관우에게 신야를 지키게 하고 장비의 호위를 받으며 형주로 갔습니다. 유표는 병치레 많은 자신이 죽거든 유비가 형주의 주인이 되어 달라고 했습니다. 유비는 펄쩍 뛰며 사양했습니다. 제갈량이 아쉬워하며 물었습니다.

"유표가 주공께 형주를 맡기려고 하는데 왜 물리치셨습니까?"
"그가 예를 다하여 나를 대접했는데 어찌 그가 죽게 된 때를 이용하여 빼앗을 수 있겠소?"
"주공께서는 진정한 군자십니다."

유표의 장남인 유기가 찾아왔습니다. 그가 유비를 보자 절하고 울면서 말했습니다.

甘興霸箭
射黃祖
乙酉春
養雄
畫

➡ 화살로 황조를 죽이는 감녕

"계모가 용납하지 않아 언제 제 목숨을 잃을지 모르겠습니다. 바라옵건대 숙부
께서는 저를 불쌍히 여겨서 구해주소서."
"그것은 현질(賢姪)의 집안일일세. 내가 어찌 구해주고 말고 하겠는가?"

유비는 다음 날 제갈량을 유기에게 보냈습니다. 유기는 제갈량에게 재차 어제
한 이야기를 하며 도움을 요청했습니다. 하지만 제갈량은 답하지 않았습니다. 그
러자 유기는 다락방으로 올라가서 사다리를 치워버렸습니다. 칼을 빼들어 죽
기로 작정하고 방책을 알려달라고 사정했습니다.
제갈량은 어쩔 수 없었습니다.

"공자는 신생과 중이의 일도 못 들으셨습니까? 신생은 안에 있다가 죽었고, 중
이는 밖에 있다가 무사했소. 지금 황조가 죽어 강하는 지킬 사람이 없으니 공자가
강하로 가서 군사를 둔치고 지키겠다고 하면 화를 피할 수 있을 것입니다."

제갈량과 유비의 도움으로 유기는 3천 명의 군사를 이끌고 강하로 갔습니다.
모종강은 이 부분에서 유기의 심정을 잘 표현했습니다.

'임금의 적장자는 종묘와 사직을 받들
고, 조석으로 수라(水剌)의 맛을 보아야 하
기 때문에 밖에서 살 수가 없다. 안에 있
으면 그 자리를 계승할 수 있고 밖에 있으
면 그 자리를 계승할 수 없다. 그러나 유
기가 제갈량에게 계책을 구한 것은 아버지
의 자리를 계승하기 위한 방도를 가르쳐
달라는 것이 아니라 자신이 살아날 방도를
가르쳐 달라는 것이었다. 아버지의 자리에
앉기를 바라지 않고 살기만을 바란다면
안에 있는 것은 좋지 않으니 마땅히 밖으
로 나가야 한다.'

▲ 제갈량의 화공에 대패한 하후돈

한편 조조는 삼공(三公)의 직책을 없애고 스스로 승상을 겸했습니다. 유비가 신야에서 날마다 군사훈련을 하고 있는 것을 알고는 하후돈을 도독으로 삼아 10만 명의 군사를 이끌고 유비를 공략하도록 했습니다. 순욱이 제갈량까지 영입한 유비를 가벼이 대적하면 안 된다고 하자 하후돈이 발끈했습니다.

"유비는 쥐새끼와 같은 놈입니다. 내가 기필코 잡아오겠습니다."

유비는 제갈량을 영입한 이후로는 그를 스승의 예로 대접했습니다. 삼고초려(三顧草廬)할 때부터 불만이던 관우와 장비가 시큰둥하게 말했습니다.

"제갈량은 나이도 어린데 뭔 재주와 학식이 있단 말입니까? 형님이 너무 지나치게 예우하는 것 아닙니까? 그리고 그는 여태껏 아무런 성과도 올리지 못하고 있습니다."
"내가 그를 얻은 것은 물고기가 물을 만난 것과 같다. 두 아우는 다시는 그런 말을 하지 말아라."

이때 하후돈이 신야로 쳐들어온다는 급보가 날아왔습니다. 그러자 장비가 유비에게 말했습니다.

"형님! 어째서 물에게 나가라고 하지 않습니까?"
"지혜가 필요할 때에는 제갈량에게 의지해야겠지만 용기가 필요할 때에는 너희 두 아우가 앞장서야 하거늘 어째서 책임을 미루려고 하느냐?"
"아마도 관우, 장비 두 사람은 제 명령을 따르려고 하지 않을 것입니다. 주공께서 저에게 군사를 지휘하게 하시려면 검과 인수를 빌려주시옵소서."

유비에게서 흔쾌히 검과 인수를 받은 제갈량은 군령을 내렸습니다. 제갈량의 예상대로 관우와 장비는 코웃음을 쳤습니다. 유비가 나섰습니다.

荊州城公子求計 三國演

義插圖之四十九 乙酉年春 蔡雄畫

◀ 제갈량에게 살아날
방도를 묻는 유기

"어찌 '장막 안에서는 전략을 세우고 천리 밖에서는 승부를 결정짓는다'는 말도 모른다더냐? 두 아우는 군령을 지켜야만 할 것이다."

관우와 장비는 일단 제갈량의 전략이 맞는지 확인해보자며 자신의 자리로 갔습니다. 하후돈은 조운의 유인책에 말려들어 박망파(博望坡)까지 뒤쫓아 왔습니다. 하후돈은 좁고 수목이 무성한 길에 들어서서야 정신이 번쩍 들었습니다. 하후돈이 군사를 돌리려 할 때 매복해있던 유비군이 화공으로 총공격을 했습니다. 하후돈은 대패한 채로 겨우 몸만 달아났습니다.

박망파에서 맞붙어 화공으로 공략하니　　　　博望相持用火攻
담소 중에 지휘한 일 그대로 이루어지네.　　　指揮如意笑談中
조조 간담 철렁하고 놀랐으니　　　　　　　直須驚破曹公膽
초가집 나온 뒤 첫 공 세웠네.　　　　　　初出茅廬第一功

관우와 장비는 그제야 제갈량의 재주와 지혜에 탄복했습니다. 이후부터 두 사람은 진심으로 제갈량을 군사(軍師)로 받들었습니다.

유비가 형주를 차지할 수 없다고 버티다

하후돈이 크게 패하자 조조는 50만 대군을 이끌고 유비를 공격하기로 했습니다. 제갈량도 조조가 대군을 이끌고 올 것을 알았습니다. 유비가 걱정하며 제갈량에게 계책을 물었습니다.

"신야는 작은 곳이어서 오래 머물 수 없습니다. 지금 유표가 위독하다니 이 기회를 이용하여 형주를 차지하고 근거지로 삼으십시오. 그러면 조조를 막을 방법이 있을 것입니다."

"공의 말이 매우 훌륭하오만 나는 그분께 후한 대접을 받았던 터라 차마 차지할 수가 없소."

"지금 차지하지 않으면 나중에 후회해도 소용없습니다."

"내가 차라리 죽더라도 배은망덕한 일은 못하겠소."

태중대부(太中大夫) 공융은 조조가 유비를 공격한다는 말을 듣고 말렸습니다.

"유비와 유표는 한 황실의 종친이니 쉽게 정벌해서는 곤란해집니다. 손권은 여섯 개의 군을 차지하고 있는 데 큰 강이 장벽이 되어서 손에 넣기 쉽지 않을 것입니다. 이제 승상께서 의롭지 못한 군사를 일으키면 천하로부터 신망을 잃게 될 것입니다."
"유비, 유표, 손권은 모두 역적들인데 왜 토벌하지 못한다는 말이오?"

조조는 공융을 호통쳐 물리치고, 다시 간하는 자는 목을 치겠다는 엄명을 내렸습니다. 공융은 '지극히 어질지 못한 사람이 지극히 어진 사람을 치려 한다'고 탄식했습니다. 독백조의 한탄이 반대파들에게는 절호의 기회가 되는 경우가 많습니다. 어사대부(御史大夫) 치려의 문객(門客)이 공융의 말을 듣고 그에게 전했습니다. 치려는 공융에게 늘 경멸을 당했기 때문에 원한이 깊었습니다. 즉시 승상부로 달려가 조조에게 알렸습니다. 한술 더 떠서 평소 공융은 공자에, 예형은 안회에 비교하며 승상을 비꼬았다고 비방했습니다. 조조는 이를 빌미로 눈엣가시 같은 존재인 공융과 어린 두 아들을 죽였습니다. 그런데 나관중은 치려의 비방을 한 가지 더 나열했습니다. 어떤 비방인지 한번 볼까요?

"그렇다고 해도 이런 것들은 논할 것이 못 됩니다. 중요한 것은 공융은 유비, 유표와 사이가 두터워 늘 편지를 주고받으며, 한편으로는 손권마저 부추겨 조정을 비방하게 하면서 은밀히 연락을 통합니다. 그의 행동이 이러하매 그가 대역무도함을 알 수 있습니다."

치려의 비방이 이 정도에 이르자 조조도 더 이상 참을 수가 없었던 것입니다. 그런데 모종강은 유비의 모습을 슬쩍 감춤으로써 조조의 사악함이 더 드러나도록 했습니다.
그러고 나서 조조가 공융을 살해한 장면을 다음과 같이 평했습니다.

◀ 치려의 비방을 빌미로
조조에게 죽임을 당하는
공융 일가

'공융은 재능이 뛰어나고 명성이 높아서 그가 칭찬하거나 비판을 가하면 천하가 모두 믿었다. 이래서 조조는 공융을 매우 어려워하고 싫어했다. 간웅은 반드시 어려운 상대를 없애버려야만 자기 맘대로 할 수가 있다. 그렇기 때문에 위왕(魏王)을 칭하고 구석(九錫)을 덧붙이는 것들도 모두 공융이 죽은 후에나 가능할 수가 있었다.'

한편 형주의 유표는 병세가 위중해지자 유비를 불렀습니다. 두 아들을 부탁하기 위함이었습니다. 유표는 자식들이 재주가 없어 형주를 지키지 못할 것 같으니 유비가 형주를 맡아줄 것을 부탁했습니다. 유비는 조카들을 도울 뿐 다른 뜻이 없음을 밝혔습니다. 이때 조조군이 쳐들어온다는 급보가 날아옵니다. 유비는 곧장 신야로 달려가고, 유표는 놀란 중에 유언장을 썼습니다.

'유비가 큰아들인 유기를 보좌하고 형주의 주인이 되도록 하라.'

채부인이 이 소식을 듣고는 길길이 날뛰었습니다. 자신의 친아들인 유종이 승계받지 못했기 때문입니다. 채부인은 모든 궁문을 닫아걸고 채모와 장윤으로 하여금 지키게 했습니다. 유기가 강하에서 부친의 병세가 위독함을 알고 병문안을 왔습니다. 하지만 채모가 막아서 들어갈 수가 없었습니다. 결국 유기는 부친을 뵙지 못하고 돌아가고, 유표는 아들을 기다리다 끝내 보지 못하고 죽었습니다. 이제 유표 집안도 망하는 일 외에는 남은 것이 없었습니다. 사람들도 유표를 탄식하는 시를 지었습니다.

지난날 듣기를 원씨는 하북 차지하고	昔聞袁氏居河朔
유표 또한 형주 주름잡았다 하였지.	又見劉君霸漢陽
모두들 암탉 울어 집안에 폐 끼치니	總爲牝晨致家累
가련쿠나. 오래지 않아 모두 망하고 말았네.	可憐不久盡鎖亡

채부인은 채모, 장윤과 상의하여 둘째인 유종을 형주의 주인으로 삼는다는 가짜 유언장을 만들었습니다. 유종의 나이 14세였습니다. 유종은 나이에 비해 총명했습니다. 작금의 형세에 대해 형님과 숙부인 유비가 군사를 일으켜 죄를 물을 것이 걱정되었습니다. 이규가 바른 말을 하다가 채모에게 죽었습니다. 형주의 일을 정리할 무렵, 조조의 대군이 쳐들어온다는 보고가 들어왔습니다. 유종은 괴월과 채모를 불러 상의했습니다. 동조연(東曹掾) 부손이 조조에게 항복할 것을 진언했습니다. 어린 유종이 호통을 쳤습니다.

"그게 무슨 말이오? 내가 아버님으로부터 기업을 물려받아 아직 자리도 못잡았는데 곧바로 남에게 주라는 말이오?"

괴월이 부손의 말이 타당함을 설파하자, 유종은 하루아침에 선친의 기업을 버린다면 천하의 웃음거리가 될 것이라며 걱정했습니다. 이때 유표의 상빈(上賓)으로 있던 왕찬이 나섰습니다.

"조조는 군사도 많을뿐더러 장수들도 용맹하고 지략까지 뛰어납니다. 하비에서 여포를 잡았고, 관도에서 원소를 꺾었으며, 농우로 유비를 쫓고, 백등에서 오환을 무찌르는 등 무찌르고 평정한 것이 헤아릴 수도 없습니다. 이제 조조가 대군을 이끌고 형양으로 남하한다면 그 형세는 실로 상대하기 어렵습니다. 어쩔 수 없지만 부손과 괴월의 계책이 훌륭한 방책입니다. 망설이다가 후회하시면 그때는 이미 늦습니다."

▲ 죽림칠현의 한 명인 왕찬

유종은 왕찬의 말을 듣고 생각을 굳혔습니다. 모용강은 이 부분에서 문사(文士)들을 두 가지 부류로 평했습니다.

‘흔히 “문인이란 것들은 입만 열면 떠벌리기만 좋아하지 본받을 만한 행동은 없다”고 한다. 채옹 같은 문사가 동탁을 위해 울고, 왕찬 같은 문사가 조조에게 항복이나 권하는 말만 들어 보아도 맞는다고 할 수 있다. 하지만 공융과 예형을 서로 칭찬하는 것을 보면 그들의 덕행이 그렇게 만든 것이 아니겠는가? 두 사람의 굳센 지절(志節)은 실로 엄정했기 때문에 영웅의 풍모를 거스른 것이다. 그렇다면 “문인들에게는 본받을 만한 행동거지가 없다”는 말은 이 두 사람에 의해 밝혀진 것이 아니겠는가?’

　결국 유종은 가짜 유언장으로 형주를 이어받자마자 조조에게 냉큼 바치는 운명이 되었습니다. 그리하여 송충을 비밀리에 조조의 군영으로 보내 항복하는 글을 바쳤습니다. 조조는 피 한 방울 흘리지 않고 형주를 차지하게 되자 너무 기뻤습니다. 송충이 되돌아오다가 관우에게 붙잡혔습니다. 유비는 형주가 항복한다는 사실을 알고는 통곡했습니다. 제갈량이 형주를 차지하라고 했던 말이 송곳처럼 가슴에 박혔을 것입니다. 하지만 기차는 이미 떠났고, 유비는 태연하게 행동할 수밖에 없었습니다. ‘인의(仁義)’를 내세웠기에 눈물은 보일지언정 노여움과 사나움은 깊숙이 감춰야만 했습니다.

　유비는 일단 번성으로 가서 조조군에 대항하기로 했습니다. 많은 백성들이 유비를 따라나섰습니다. 유비는 멀리 내다보며 속으로 크게 안도했을 것입니다. 제갈량은 관우와 장비, 조운 등에게 계략을 알려주고, 조인이 이끄는 조조군을 크게 무찔렀습니다.

↑ 공자의 20대 후손인 공융

조자룡이 장판파에서 아두를 구해내다

조조는 '제갈 촌놈'에게 조인이 패했다는 소식을 듣고는 분통이 터졌습니다. 조조는 대군을 8로(路)로 나누어 일제히 번성(樊城)을 공격하려고 했습니다. 그러자 유엽이 '민심부터 얻어야 한다'고 간언합니다. 아울러 먼저 유비에게 사람을 보내 항복을 권유하여 백성을 사랑한다는 것을 보여 줄 필요가 있다고도 했습니다. 싸움은 그다음에 하면 되는 것이었습니다. 조조는 그의 말을 따라 서서를 사자로 보냈습니다.

유비는 제갈량과 함께 서서를 반갑게 맞이하고 옛 정을 아쉬워했습니다. 조조의 사자로 항복을 권유하러 온 서서는 오히려 유비에게 조조의 사정을 알려주었습니다.

"조조는 민심을 얻으려고 저를 사군께 보내어 항복하도록 하는 것입니다. 지금 저들은 팔로로 군사를 나누어 백하(白河)를 메우고 공격하려 하고 있습니다. 번성으로는 지키키 어려울 것이니 속히 방책을 세우십시오."

서서는 조조의 진영으로 돌아와 유비가 항복할 뜻이 없음을 알렸습니다. 드디어 조조의 진군명령이 떨어졌습니다. 제갈량은 유비에게 양양성(襄陽城)으로 갈 것을 요청했습니다. 그러자 유비가 걱정하며 말합니다.

"나를 따라오는 백성들은 어찌하면 좋소이까? 나는 차마 버릴 수 없소."
"백성들에게 따라오고 싶은 사람은 함께 가고 따라가기 싫은 사람은 남으라고 알리십시오."
"우리는 죽더라도 황숙을 따라가겠습니다."

많은 백성들이 즉시 유비를 따라나섰습니다. 수많은 남녀노소가 모여들어 강을 건넜습니다. 강가에는 서로의 식솔을 찾는 울부짖음이 그치지 않았습니다. 유비는 아픈 마음을 진정시키며 양양성에 도달했습니다. 하지만 채모와 장윤이 지키며 화살을 쏘아대자 유비는 망연자실(茫然自失)할 수밖에 없었습니다. 이때 성 안에 있던 위연이 채모와 장윤을 꾸짖으며 유비 일행을 위해 적교를 내려놓았습니다. 그러자 문빙이 나서서 위연을 막아섰습니다. 유비는 양쪽이 서로 죽이고 아수라장이 되자 강릉(江陵)으로 발길을 돌렸습니다. 혼란을 틈타 양양성의 백성들도 유비를 따라나섰습니다.

유비를 따르는 백성의 수가 10여만 명이나 되었습니다. 수레와 짐차는 물론 물건들을 이고지고 맨 채로 따라나선 사람들의 행렬도 엄청났습니다. 초계병이 달려와 조조의 대군이 이미 바짝 뒤쫓아 왔음을 알렸습니다. 여러 장수들이 급박하게 유비에게 간청합니다.

"강릉은 요충지여서 적을 충분히 막을 수 있을 것입니다. 그러나 지금 수만 명의 백성과 하나로 엉켜 하루에 겨우 10여 리밖에 못 가고 있으니 이러다가는 언제 강릉에 닿겠습니까? 더구나 조조의 군사가 들이치면 싸우기도 어렵습니다. 우선은 백성들은 버리고 먼저 가는 것이 좋습니다."

"큰일을 도모하는 사람은 반드시 백성을 버리지 않는다고 하였다. 백성들이 저렇게 나를 따르는데 내가 어떻게 버리란 말이냐!"

울부짖는 유비의 말에 백성들도 울지 않는 자가 없었습니다. 민심은 이제 완전히 유비의 편이 되었고 유비는 드디어 정치적으로 한 황실의 주인이 되었습니다. 이는 후세까지도 기억되었습니다.

위험에 빠져도 어진 마음은 백성을 위로하고 　臨難仁心存百姓
배에 올라 눈물 뿌리며 삼군을 출동시켰네. 　登舟揮淚動三軍
지금도 양강 어귀에서는 위령제를 지내며 　至今憑弔襄江口
동네 어른들은 여전히 유비를 기억한다네. 　父老猶然憶使君

조조는 항복하러 온 채모와 장윤에게 수군 지휘권을 주었습니다. 아울러 유종이 계속해서 형주를 다스릴 수 있도록 하겠다고 좋은 말로 다독였습니다. 다음 날, 조조는 형주에 무혈입성(無血入城)했습니다. 인사가 끝나자 조조는 유종의 수하인 괴월을 불렀습니다.

"내 형주를 얻은 것보다도 그대를 얻어서 더 기쁘오."

조조는 괴월을 강릉태수로 삼았습니다. 유종에게는 청주자사에 임명하여 즉시 떠날 것을 명령했습니다. 유종이 크게 놀라며 사양하자 조조는 허락하지 않았습니다. 유종은 어쩔 수 없이 모친인 채부인, 장수 왕위와 함께 청주로 향했습니다. 하지만 유종 일행은 청주에 도착할 수가 없었습니다. 조조의 명령을 받은

백성들이 강을 건너지 못하자
울부짖는 유비

우금이 도중에 그들을 살해했기 때문입니다. 결국 채부인은 아들과 함께 목숨을 재촉한 꼴이 되었고, 부손과 괴월, 왕찬은 주인을 바꾸어 그대로 영화(榮華)를 누렸습니다.

한편 유비는 하루 10리밖에 못 가면서 당양(當陽)에 이르렀습니다. 초겨울이라 날씨도 쌀쌀했습니다. 한밤중에 조조의 2천여 정예병이 들이닥쳤습니다. 유비는 싸우며 달아나기를 반복했습니다. 장비의 보호를 받으며 도망치다보니 날이 밝았습니다. 따라온 사람도 겨우 백여 명뿐이었습니다. 백성과 가족은 물론 미축, 미방, 간옹, 조운도 없었습니다. 잠시 후 미방이 화살을 맞은 채 도망 와서 유비에게 조운의 소식을 전합니다.

"조자룡이 배반하고 조조 쪽으로 갔습니다."
"자룡은 나와 오랫동안 뜻을 같이했는데 그럴 리가 없다. 그가 갔다면 반드시 그럴 만한 까닭이 있는 것이다. 자룡은 절대로 나를 버리지 않을 것이다."

▲ 아두를 살려낸 미부인

조운은 유비의 두 부인과 아두를 지키고 있었습니다. 그런데 조조군과 싸우다가 모두 잃어버렸습니다. 조운은 이들을 찾기 위해 싸움터인 장판파(長坂坡)로 달려갔습니다. 감부인을 찾고 미축을 구해서 안전하게 유비에게 보냈습니다. 다시 적진으로 뛰어들어 하후은을 죽이고 조조의 청홍검(靑虹劍)을 빼앗았습니다. 드디어 부상당한 채 울고 있는 미부인을 찾아냈습니다. 미부인은 조운을 보자 아두를 건네며 부탁합니다.

"소첩이 장군을 만났으니 아두가 살아날 운명인 것 같습니다. 장군께서는 부디 이 아이를 살펴주십시오.

이 아이 아버지가 반평생을 떠돌아다니느라 혈육이라곤 이 아이뿐입니다. 장군께서 이 아이를 잘 보호하여 아버지를 만나게 해 주신다면 소첩은 죽어도 한이 되지 않을 것입니다."

미부인은 조운에게 재삼 부탁하고 우물 속으로 몸을 던졌습니다. 모종강도 미부인의 살신성인(殺身成仁)을 높이 평가했습니다.

'서씨는 죽지 않은 채 남편의 원수를 갚았고, 미씨는 죽음으로써 남편의 후사(後嗣)를 살렸으니 두 사람 모두 훌륭한 아내다. 오부인은 죽기 전에 아들을 어진 신하에게 부탁했고, 미부인은 죽기 전에 아들을 용맹한 장수에게 부탁했으니 역시 모두 훌륭한 어머니다. 그러나 죽는 것이 죽지 않는 것보다 어렵고, 난리 중에 아들을 부탁하는 것이 평상시에 아들을 부탁하는 것보다 더욱 어렵다. 따라서 미부인은 동오(東吳)의 두 부인보다 훨씬 훌륭하다고 하겠다.'

조운은 토담으로 우물을 메우고 아두를 품에 안은 채 종횡무진(縱橫無盡)으로 조조군의 포위를 헤쳐 나갔습니다. 이 모습을 본 조조는 조운을 부하로 삼고 싶었습니다. 각 진영에 "반드시 사로잡으라"는 긴급명령을 하달했습니다. 그 덕분에 조운은 어려운 상황을 벗어날 수 있었습니다. 조운은 조조군의 장수 50여 명을 무찌르며 장판파의 영웅이 되었습니다. 후세 사람들도 조운의 무용(武勇)을 치하하는 시를 남겼습니다.

전포에 핏자국 넘쳐 갑옷까지 붉게 스며드니	血染征袍透甲紅
당양에서 누가 감히 그와 대적하겠는가.	當陽誰敢與爭鋒
예로부터 적진 뚫고 주인 구한 이는	古來沖陳扶危主
오직 상산의 조자룡뿐이었네.	只有常山趙子龍

◀ 조조군의 포위를
뚫고 아두를
구해내는 조운

장비가 호통 쳐
조조군을 물리치다

조운이 장판파에서 조조군의 진영을 헤집고 단신으로 아두를 구해 나올 때 그의 몸과 말은 이미 기진맥진했습니다. 문빙이 군사를 이끌고 뒤쫓아 왔습니다. 조운이 장판교에 이르렀을 때 우뚝 선 채 버티고 있는 장비가 보였습니다. 조운은 큰 소리로 외쳤습니다.

"장비! 나 좀 도와주시오."
"알았으니 빨리 가라. 쫓아오는 병사는 내가 맡겠다!"

조운이 장비에게 도와달라고 한 말에 대하여 나관중은 특별히 해석을 달았습니다.

'도와달라는 말을 두고 조운이 장비에게 구원을 청한 것이니 나약하다고 생각하겠지만 실은 그렇지 않다. 조운은 장판파에서 꼬박 하룻밤 하루 낮을 싸웠으니 아무리 쇠처럼 튼튼한 사람과 말이라고 할지라도 이쯤에 와서는 피곤하지 않을 수 없다. 그런 상황에서 아군을 만났으니 어찌 구원을 바라지 않겠는가?'

↑ 장판파의 영웅 조운

조운은 장비에게 뒤처리를 부탁하고 유비에게로 달려왔습니다. 유비는 나무 밑에서 쉬고 있었습니다. 조운은 말에서 내려 땅에 엎드려 울었습니다. 유비도 함께 울었습니다. 조운은 장판파에서의 싸움을 보고하고 품에서 잠든 아두를 꺼내어 유비에게 바쳤습니다. 유비는 아두를 땅에 내던지며 말했습니다.

"이 아이놈 때문에 나의 대장 한 명이 죽을 뻔했다!"

조운은 땅바닥의 아두를 안아 일으키며 울며 절했습니다. 벅차오르는 감격에 눈물을 쏟으며 골백번 장판파에서 싸운다 한들 마다하지 않을 것이라고 다짐했습니다. 후세 사람들은 이때 일을 다음과 같이 노래했습니다.

조조의 군중을 비호처럼 벗어나자   曹操軍中飛虎出
조운의 품속에는 아두가 새근새근.   趙雲懷內小龍眠
충신의 마음을 위로할 방법 없자   無由撫慰忠臣意
보란 듯 친아들을 말 앞에 내던지네.   故把親兒擲馬前

모종강도 여기서 한 마디 덧붙였습니다.

　'예로부터 호걸은 때를 만나기 어려워도 용렬한 사람은 많은 복을 타고 난다. 유선의 지혜는 유비만 못했지만 복은 유비보다 많았다. 유비는 일평생 고생하고 제위(帝位)에 얼마 오르지 못하고 죽었지만, 용렬하고 못난 유선은 40년간 편안하게 제위를 누렸다. 용렬한 임금은 장판파의 싸움에서 범 같은 장수의 용맹으로 살아났다. 그런데도 사람들은 도리어 용렬한 임금의 복에 힘입어 범 같은 장수가 죽지 않았다고 한다. 참으로 한심한 일이다.'

　"내가 연인(燕人) 장비다. 누구부터 내 창에 목숨을 바치겠느냐!"

　장비가 말을 타고 장판교 어귀에서 벽력같은 고함을 질러대자 조조군이 멈칫했습니다. 호랑이 수염을 곧추세우고 고리눈을 부릅뜬 채 장팔사모를 뻗쳐들고 노려보는 모습이 너무도 당당했기 때문입니다.

　게다가 가만히 살펴보니 다리 건너편 숲속에는 흙먼지가 자옥했습니다. 조조군은 매복한 병사가 있는 것이 틀림없다고 생각했습니다. 그렇지 않고서야 어찌 저토록 당당할 수 있겠습니까.

　이에 조조의 5천 정예기병은 진격할 수 없었습니다. 조조가 확인하러 현장에 도착했습니다. 장비가 이를 보고 한층 더 큰 목소리로 호통을 쳤습니다. 쩌렁쩌렁함이 마치 호랑이가 포효하는 것 같았습니다. 조조는 관우가 한 말이 떠올랐습니다.

　'나의 아우 장비야말로 백만 대군을 무서워하지 않고 쳐들어가 장수들의 수급을 식은 죽 먹듯 따옵니다.'

　조조가 장수들에게 각별히 주의시킨 그 장비가 지금 앞에 서있는 것입니다. 조조는 장비의 위세가 등등함을 보고 뒤로 물러났습니다. 후세 사람들이 용맹한 장비에게 찬가(讚歌)로 화답했습니다.

장판교에서 조조의 군사를
호통 치는 장비

張翼德
喝退曹
兵 乙酉春
蕭雄畫

장판교 어귀에 살기가 등등하니	長坂橋頭殺氣生
창 비껴들고 말 세운 채 고리눈 부릅뜬다.	橫槍立馬眼圓睜
한 마디 호통소리 천둥처럼 진동하니	一聲好似轟雷震
조조의 백만 대군 혼자 물리치도다.	獨退曹家百萬兵

 장비는 조조군이 물러나자 다리를 끊었습니다. 추격하는 조조에게서 어느 정도 시간을 벌기 위함이었습니다. 하지만 장비의 생각은 순진했습니다. 조조는 다리가 끊어진 것을 보고 복병이 없음을 알았습니다. 다시 빠르게 유비를 추격했습니다. 유비는 한수(漢水) 방면으로 달아났습니다. 조조군이 바짝 추격해 왔을 때, 관우가 막아서자 조조는 또다시 물러났습니다. 이 틈을 타서 유비는 수하들과 합류하여 강하로 피할 수 있었습니다.

 한편 조조는 형주를 안정시킨 후 유비가 손권과 연합할 것을 걱정했습니다. 그렇게 되면 세력이 커져 무찌르기가 쉽지 않은 까닭이었습니다. 순유가 계책을 냈습니다.

↑ 손권의 핵심참모 노숙

 "우리는 지금 군사의 위세를 크게 떨치고 있습니다. 강동으로 사자를 보내 손권에게 강하에서 만나 사냥이나 하자는 격문투의 편지를 보내십시오. 함께 유비를 잡은 후 형주 땅을 나누어 영원한 우호관계를 갖자고 하면 손권은 놀라고 의심스러워하면서도 분명 항복해 올 것입니다. 그리되면 우리의 일은 완성되는 것입니다."

 손권도 형주와 유비의 전황을 접하고 조조군이 밀려올 것을 걱정하며 방책을 의논했습니다. 참모 노숙이 유표를 조상(弔喪)하는 척하며 조조군의 실상을 파악하고 유비와 연대하여 조조에게 대항할 것을 제안했습니다. 손권은 노숙을 강하로 보냈습니다.

제갈량도 손권과의 동맹을 통해 남북이 서로 대치하게 만들고 중간에서 이득만 챙기면 된다고 했습니다.

"지금 조조가 백만 대군을 이끌고 호시탐탐 노리고 있는데 강동이 어찌 허실을 알아보지 않겠습니까? 반드시 이곳으로 오는 사람이 있을 터, 제가 돛단배를 빌려 타고 곧장 강동으로 가서 세 치 혀를 놀려 남북의 군사가 서로 싸우도록 할 것입니다. 만일 남군이 이긴다면 함께 조조를 공격하여 형주 땅을 빼앗고, 만일 북군이 이긴다면 우리는 그 이긴 틈을 타서 강남을 차지하면 됩니다."

유비의 포부가 제갈량의 세 치 혀에 그대로 반영되어 있습니다. 이를 알 리 없는 노숙은 유비와 제갈량을 만나 함께 손잡고 큰일을 도모하자고 제안합니다. 유비는 짐짓 마지못한 척 제갈량을 동오로 보냅니다. 제갈량은 노숙과 함께 손권을 만나러 갔습니다. 제갈량은 어떻게 세 치 혀를 놀려 손권과의 동맹을 추진할까요? 그의 현란한 말솜씨가 사뭇 기대됩니다.

제갈량이 손권을 설득하여 천하삼분에 착수하다

제갈량은 손권을 만나기 위해 노숙과 함께 배를 타고 시상(柴桑)으로 떠났습니다. 노숙은 제갈량에게 손권이 묻거든 조조의 군사와 장수가 많음을 알리지 말라고 당부합니다. 배가 동오에 도착하고 노숙이 먼저 손권을 만났습니다. 이때 손권에게 조조의 격문이 도착했는데, 이를 두고 문무 대신들이 격론을 벌이고 있었습니다. 조조의 격문은 이러했습니다.

'나는 천자의 명에 따라 조칙을 받들어 죄를 묻기 위하여 정모(旌旄)를 앞세우고 남쪽으로 왔노라. 이에 유종은 꼼짝하지 못했고 형주의 백성들은 말만 듣고도 귀순했노라. 지금 내가 1백만 명의 대군과 1천 명의 장수를 거느리고 장군과 같이 강하(江夏)에서 사냥하여 함께 유비를 잡고 형주의 땅을 똑같이 나누어 영원한 우호의 증표로 삼고자 하는데, 장군의 생각은 어떠한지 즉시 회답주기 바라노라.'

諸葛亮舌戰群

儒乙酉年

春翠雄畫

↑ 동오의 대신들과
설전(舌戰)을 펴는 제갈량

손권의 최측근인 장소가 이제까지 조조의 위세를 설명하고 항복만이 제일 안전한 계책이라고 진언했습니다. 여러 모사들도 '그것이 하늘의 뜻'이라며 맞장구를 쳤습니다. 손권은 아무 말 없이 일어나서 화장실로 향했습니다. 노숙이 뒤따르자 손권이 노숙의 의견을 물었습니다.

"만일 우리가 항복한다면 저야 고향땅의 후(侯)에 봉해져 공적에 따라 벼슬이 올라갈 것이니 주군(州郡)을 잃지 않겠지만, 장군께서는 조조에게 항복하고 어디로 가시겠습니까? 지위라고 해봐야 고작 후(侯)에 봉해질 것이니 수레 한 채, 말 한 필뿐이며 따르는 사람도 몇 사람에 불과할 것입니다. 어찌 남쪽을 바라보고 앉아서 고(孤)라고 칭할 수 있겠습니까? 지금 여러 신하의 뜻은 각자 자신들만 위하는 것이니 더 이상 들을 필요도 없습니다. 장군께서 직접 결정해야만 합니다."

손권이 탄식하자 노숙은 제갈량을 데려왔으니 그를 통해 조조의 허실을 알아보는 게 좋다고 했습니다. 손권은 제갈량이 자신의 신하들과 대화를 하게 한 다음에 만나보기로 했습니다.

다음 날, 제갈량은 20여 명의 동오 대신들과 인사를 나누고 나서 자리에 앉았습니다. 대신들은 제갈량이 이 자리에 온 이유가 자신들을 설득하는 것임을 알았습니다.

이번에도 최측근인 장소가 꼬집는 투로 말문을 열었습니다.

"최근에 듣자니, 유비께서 선생의 초가를 세 번이나 찾아가 다행히 선생을 얻자 고기가 물을 만난 것처럼 기뻐하며 형주를 빼앗을 생각만 하고 있었다는데, 이제 하루아침에 조조의 것이 되었으니 이게 어떻게 된 일인지 모르겠습니다."

제갈량은 첫손 꼽히는 모사인 장소의 기를 꺾지 못하면 손권을 설득할 수 없다고 판단하여 대답했습니다.

"형주쯤 빼앗는 것은 손바닥 뒤집기보다 쉬운 일입니다. 그런데 우리 주공께서

인의를 몸소 행하시며 차마 종친의 기업을 어찌 차지하겠냐고 극력 사양하셨습니다. 어린아이 유종이 주변의 아첨하는 말만 믿고 몰래 투항한 까닭에 조조가 크게 세력을 뻗친 것입니다. 지금 우리 주공께서 강하에 군사를 대기시킨 것은 별도의 좋은 계책을 쓰기 위함인데 이는 보통 사람이 알 수 있는 것은 아니지요."

이로부터 제갈량은 장소와 우번, 보즐과 설종, 육적과 엄준 등과의 설전에서 그들의 코를 납작하게 만들었습니다. 황개가 나서서 설전을 마무리하고 노숙과 함께 제갈량을 데리고 손권을 만나러 안으로 들어갔습니다. 이때 제갈량의 형인 제갈근을 만났습니다.

"네가 강동에 왔는데 어째서 먼저 나를 찾아오지 않느냐?"
"저는 유비를 섬기고 있으니 당연히 공무를 먼저 처리한 후 사사로운 일을 보아야 사리에 맞지 않겠습니까? 아직 공무가 끝나지 않아 형님을 볼 겨를이 없었으니 용서해 주시기 바랍니다."
"그럼, 나와는 오후(吳侯)를 만나 뵌 다음에 다시 얘기하도록 하자."

말을 마치고 제갈근은 갈 길을 갔습니다. 이 장면에서 모종강은 재미있는 평을 했습니다.

'형제가 묘하게 피해갔다. 만약 형인 제갈근이 동생인 제갈량과 함께 손권을 만난다면 동생인 제갈량은 손님인 까닭에 손권과 함께 자리에 앉는데, 형인 제갈근은 모사들과 같이 두 사람을 모신 채 서있어야 하니 말이다.'

노숙이 제갈량을 안내하자 손권은 계단을 내려와 맞이하며 극진한 예절로 우대했습니다. 인사를 마치자 손권은 제갈량에게 자리를 내주며 앉게 했습니다. 이 문장들을 보면 손권이 제갈량을 아주 파격적으로 환대하고 있음을 알 수 있습니다. 하지만 이것은 모종강의 필체이기에 그렇습니다. 그렇다면 나관중은 어떻게 표현했을까요?

吳國太指點孫權 乙酉春 素雄畫

↑ 오국태의 귀띔에 정신이
번쩍 든 손권

'손권이 몸을 살짝 굽혀 맞이하자 제갈량은 절을 하고 손권은 반례(半禮)로 답했다. 손권이 제갈량의 재주를 익히 들어 존경을 표한 것이다. 손권이 제갈량에게 자리를 권하자 제갈량은 몇 번이나 사양하고 나서 드디어 곁에 앉았다.'

제갈량에 대한 숭배가 청나라 때에 한창 높았음을 알 수 있는 부분입니다.

손권과 마주 앉은 제갈량은 손권이 조조를 무찌를 방도를 묻지 않자 가르쳐 주지 않았습니다. 첫 대화는 서로 기분만 상했습니다. 하지만 노숙이 이내 분위기를 다시 전환시켰습니다. 손권은 제갈량에게 조조를 막을 수 있는 자는 자신과 유비뿐이라고 말하고, 유비가 패한 뒤라서 어떻게 어려움을 대처해야 하는지 물었습니다. 이에 제갈량이 계책을 풀어놓았습니다.

"우리 주군께서 비록 패하기는 했지만 관우가 여전히 정예병 1만 명을 거느리고 있고, 유기가 거느린 강하의 군사들도 1만 명이 넘습니다. 조조의 군사는 멀리서 달려오느라 피로에 지친 데다, 우리를 추격하느라 하루 낮 하룻밤 동안 3백리를 강행군했습니다. 이는 이른바 '멀리 날아온 화살은 얇은 비단도 뚫지 못한다'는 것과 같은 이치입니다. 또한 북쪽 사람들은 수전(水戰)에 약합니다. 형주 백성들이 조조를 따르는 것은 위세에 눌렸기 때문일 뿐 본심이 아닙니다. 이제 장군께서 진정 우리 주군과 힘을 합치고 마음을 다한다면 조조의 군사는 반드시 무찌를 수 있을 것입니다. 조조가 패하면 반드시 북쪽으로 돌아갈 것이고, 그렇게 되면 형주와 동오의 세력이 강해질 것이니 정족지세(鼎足之勢)의 형세가 이루어질 것입니다. 성공이냐, 실패냐는 오늘에 있으며 오직 장군의 결단에 달려있습니다."

"선생의 말을 들으니 내 마음이 탁 트이는구려. 내 뜻은 이미 결정됐으며 이제 다른 의심은 없을 것이오. 오늘 즉시 군사를 일으킬 것을 상의하겠으니 우리 힘을 합쳐 함께 조조를 무찔러 없애도록 합시다."

손권이 조조와 싸울 것임을 정하자 항복을 권하던 대신들이 다시 나섰습니다. 예전에 형이 임종 전에 한 말을 잊었느냐는 오국태의 말에 손권은 정신이 번쩍 들었습니다. 밖의 일은 주유에게 물어보라 했으니 이제 곧 주유가 등장할 차례입니다.

주유가 제갈량 제거에 골몰하다

손권은 조조가 대군을 몰고오는 것에 대해 상의하고자 주유를 불렀습니다. 주유는 파양호(鄱陽湖)에서 수군을 훈련시키다가 손권이 사자를 보내기도 전에 손권에게로 달려왔습니다. 주유는 먼저 노숙을 만나 그간의 사정을 파악했습니다. 노숙이 상의를 마치고 돌아가자 장소, 고옹을 비롯한 주화파(主和派)가 찾아왔습니다. 그들이 돌아가자 정보, 황개를 비롯한 주전파(主戰派)들이 찾아왔습니다. 이들은 모두 주유가 자신들의 생각에 동조해주기를 바랐습니다.

저녁이 되자 노숙이 제갈량과 함께 주유를 찾아왔습니다. 노숙이 주유에게 계책을 묻자 주유는 항복하는 것이 마땅하다고 답합니다. 노숙이 깜짝 놀라 논쟁을 벌이자 제갈량은 옆에서 비웃고만 있습니다. 주유가 묻자 제갈량은 노숙이

책상 모서리를 베며 조조와
싸울 것임을 선언하는 손권

세상 물정을 모른다고 몰아붙입니다. 믿었던 주유에 이어 합심하여 물리치자던 제갈량마저 말을 바꿔 항복하는 것에 찬성하자 노숙은 엄청 화가 났습니다.

"너는 우리 주인이 역적 조조 놈에게 무릎을 꿇는 치욕을 당하라는 것이냐?"
"제게 그렇게 하지 않아도 될 비책이 한 가지 있습니다. 그대로 따라하면 술동이를 메고 양을 끌고 갈 것도 없고, 국토와 인수(印綬)를 바치려고 애쓸 것도 없습니다. 아울러 일부러 강을 건너갈 필요도 없습니다. 대신 작은 배에 한 명의 사자가 두 사람만 데리고 가면 됩니다. 만일 조조가 이 두 사람만 얻는다면 백만의 군사가 갑옷을 벗고 깃발을 말아 들고 쥐죽은 듯 물러갈 것입니다."

주유는 조조의 군사를 물리칠 수 있는 두 사람이 어떤 사람인지 궁금했습니다. 제갈량은 조조가 웅장하고 화려한 동작대(銅雀臺)를 짓고, 천하의 미녀로 동작대를 채우려 한다면서 조조가 일찍이 맹세한 일을 알려줍니다.

"'나의 한 가지 소원은 강동의 이교(二喬: 대교와 소교)를 데려다가 동작대에 두고 노후를 즐겁게 보내는 것인데 만약 그렇게만 된다면 죽어도 소원이 없겠다'고 했답니다. 그러니 어서 두 여인을 조조에게 보내주면 항복할 필요도 없이 간단하게 조조의 대군을 막을 수 있습니다."

주유는 이 말을 믿으려 하지 않았습니다. 그러자 제갈량은 조식이 지은 동작대부(銅雀臺賦)를 읊어주며 조조의 말이 사실임을 알려주었습니다. 그중 한 소절을 살펴볼까요?

좌우 비껴 선 한 쌍 누대를 보라.	立雙臺于左右兮
옥룡대와 금봉대로다.	有玉龍與金鳳
대교와 소교를 동남에서 잡아오자	攬二喬于東南兮
영원히 함께 즐기리로다.	樂朝夕之與共

이교는 손책과 주유의 부인을 말합니다. 제갈량이 읊은 동작대부를 들은 주유가 벌컥 화를 내며 일어나 조조를 욕했습니다.

"나와 그 늙은 조가 놈은 맹세코 이 땅에서 같이 살 수 없을 것이오."

제갈량의 격장지계(激將之計)가 주유에게 제대로 먹힌 것입니다. 사실 주유도 조조와 싸울 것을 다짐하고 급히 손권을 찾아왔습니다. 그런데 여러 대신들의 의견이 분분하여 일부러 말을 돌려서 했던 것입니다.

다음 날, 손권과 대신들이 다시 모였습니다. 손권은 주유에게 현 상황에 대한 의견을 물었습니다. 주유는 주화파의 대표인 장소의 말이 끝나자 작심한 듯 말을 시작했습니다.

"항복이라는 말은 세상 물정 모르고 융통성 막힌 선비들이나 하는 말입니다. 강동은 개국한 이래 지금까지 3대나 되었습니다. 어떻게 하루아침에 버릴 수 있단 말입니까?"
"그렇다면 무슨 방법이 있소?"
"조조가 비록 한나라 승상을 칭하고 있지만 사실은 한나라의 역적입니다. 장군께서는 영명하고 위풍당당하신 영웅으로 아버님과 형님의 기업을 이어받아 강동을 지키고 계십니다. 우리는 군사도 강력하고 군량도 풍부하며 마땅히 천하를 주름잡을 수 있으며 국가를 위하여 포악한 적들을 쓸어버릴 수 있을 터인데 어찌 역적에게 항복한단 말입니까?"

이어서 조조가 네 가지의 금기사항을 범하고

↑ 손권의 오른팔인 주유

있다고 말했습니다. 첫째, 마등, 한수 등 후방이 평정되지 않아 오랫동안 남정(南征)에 매달릴 수 없으며, 둘째, 수전(水戰)에 익숙하지 못한 군사가 수전을 하려고 하는 것이며, 셋째, 말먹이가 없는 한겨울에 온 것이며, 넷째, 기후와 풍토가 맞지 않아 질병에 걸릴 것이므로 결국 조조군은 반드시 패할 것임을 장담했습니다. 그리고 자신이 조조를 무찌르겠다고 하자, 손권은 차고 있던 칼을 뽑아 앞에 있던 책상의 모서리를 내리치고 말했습니다.

"대신들 중에 또다시 조조에게 항복하자고 하는 자가 있다면 족히 이처럼 될 것이오."

모종강은 손권의 내정을 총괄하는 장소가 항복하는 것만이 최선이라고 주장한 부분에 대하여 다음과 같이 비판했습니다.

'장소는 엄중한 손책의 부탁을 저버렸다. 이를 두고 어떤 사람은 "결정하기 어려운 국내의 일이 있으면 장소에게 물으라고 했으니, 원래 그에게 국외의 일을 물은 것이 잘못이다"고 해명했다. 나는 내정에 밝은 사람이 외적의 침입에 관해서 어둡다는 말을 듣지 못했고, 또 외적의 침입에 대처할 줄 모르는 사람이 내정을 잘 처리한다는 말은 들어본 적이 없다. 외적을 물리치는 것이 바로 내정을 안정시키는 길인 것이다. 쳐들어오는 외적에게 저항할 생각도 못하는 사람이 내정에 밝은 사람이라고 말하는 것은 결단코 믿지 못하겠다.'

▲ 제갈량의 형 제갈근

손권은 주유를 대도독에 임명하고 조조군을 무찌르는데 전권(全權)을 주었습니다. 주유는 제갈량이 자신과 손권의 마음을 훤히 꿰뚫어보고 있는 것을 알고는 머지않아 강동의 걱정거리가 될 것이라고 생각했습니다. 그래서 이참에 제갈량을 처치하고자 마음먹었습니다. 노숙이 조조를 무찌르기 전에 스스로 팔을 자르는 것이라며 반대했습니다. 차선책으로 형인 제갈근을 이용해 제갈량도 손권을 모시도록 달래보게 했습니다. 제갈근은 즉시 동생을 찾아갔습니다. 제갈량이 맞이하고 울면서 절을 했습니다. 제갈근도 울면서 말했습니다.

"아우는 백이와 숙제를 아느냐?"

'이것은 주유가 나를 달래라고 한 것이구나.'

"백이와 숙제는 비록 수양산(首陽山)에서 굶어 죽었지만 형제는 끝까지 함께 있었다. 나는 너와 한어머니에게서 태어나 같은 젖을 먹고 자랐는데, 서로가 다른 주인을 섬기면서 아침저녁으로 볼 수도 없으니 백이와 숙제를 보기에 부끄럽지 않느냐?"

"형님께서 말씀하시는 것은 정이고, 아우가 지키려는 것은 의리입니다. 아우와 형님은 모두 한나라 사람이고 지금 유비께서는 바로 한 황실의 후예이시니 형님께서 동오를 떠나 아우와 함께 유황숙을 섬기신다면, 위로는 한나라 신하로서 부끄럽지 않고 형제 또한 같이 살 수 있으니 이것이 정과 의리를 모두 지킬 수 있는 방책입니다. 형님의 생각이 어떠하신지 모르겠습니다."

제갈근은 동생을 회유하러 갔다가 도리어 회유를 당하는 꼴이 되었습니다. 제갈근이 동생 달래기에 실패하자 주유가 직접 나서기로 했습니다. 지혜와 지혜가 만나서 화합해야 하는데, 재주끼리 만나니 다툼만 일어나게 생겼습니다.

조조가 주유의
속임수에 넘어가다

주유는 제갈량이 장차 동오에 위협이 될 인물임을 알고 제갈량을 제거하기로 마음먹었습니다. 하지만 자신이 직접 제갈량을 처치한다면 일이 크게 잘못될 수 있으므로 조조의 손을 빌려야겠다고 생각했습니다.

이에 주유는 부대 배치를 끝내고 제갈량을 중군 막사로 불러서 말합니다.

"전에 조조는 군사가 적고, 원소는 군사가 많았음에도 조조가 원소를 무찌를 것은 허유의 계책에 따라 먼저 군량이 있는 오소를 불태웠기 때문이었소. 지금 조조의 군사는 83만이나 되고 우리 군사는 고작 5~6만 명이니 어찌 막을 수 있겠소? 역시 조조의 군량을 먼저 태운 다음에나 무찌를 수 있을 것이오. 내가 알아보니 조조군의 식량과 말먹이는 모두 취철산에 쌓여 있다고 하오. 선생은 옛날부터 형주에 사셨으니 지리를 잘 아시겠지요? 내가 군사 1천 명을 드릴 터이니 수고스럽지만 선생께서는 관우·장비·조운과 함께 밤을 이용해 취철산으로 가서 조조의 양도(糧道)를 끊어주시오. 이는 각자의 주인을 위하는 일이니 핑계를 대지 마시기 바랍니다."

제갈량은 주유가 손권을 섬기자고 손을 내밀었으나 이를 거절하자 자신을 죽이려는 계책임을 간파했습니다. 하지만 핑계를 대면 웃음거리가 될 것이기 때문에 일단 승낙했습니다.

노숙은 제갈량이 이 같은 사실을 알고 있는지 궁금했습니다. 제갈량을 만나서 떠보았습니다.

"선생은 이번에 가셔서 공을 세울 수 있으시겠소?"

"나는 수상전이든, 육상전이든, 기마전이든, 전차전이든 어느 것도 절묘하지 않은 것은 하나도 없소. 공을 이루는 것쯤 무슨 걱정이겠소? 잘하는 것이 한 가지밖에 없는 강동의 공과 주유를 나와 비교해서는 곤란합니다."

"나와 주유가 어째서 잘하는 것이 한 가지밖에 없다는 것이오?"

"내가 이곳 강남 아이들이 부르는 노래를 듣다 보니 '길에 엎드려 관문을 지키는 데는 노숙을 쓰라. 강을 사이에 두고 물에서 싸우는 데는 주유가 있다.' 하더이다. 공은 길에 매복하여 요충을 지키는 것만 잘하고, 주유는 수상전만 잘할 뿐 육상전은 못한다는 것이 아니고 무엇이오."

제갈량의 말을 전해들은 주유는 화가 나서 스스로 직접 군사를 이끌고 조조의 양도를 끊기로 했습니다. 노숙이 다시 제갈량에게 알려주자 제갈량은 주유가 생각했던 바를 알려주었습니다. 아울러 마음을 합쳐 조조를 무찔러야 된다고 했습니다. 주유는 자신의 생각을 손바닥처럼 훤히 알고 있는 제갈량이 더욱 미웠습니다. 반드시 죽여야겠다고 다짐했습니다.

모종강은 제갈량을 미워하는 주유와 제갈량과 연합하려는 노숙을 비교하여 이같이 평했습니다.

'제갈량은 초가를 나오기 전에 이미 유비에게 "손권과 손잡아야 한다"고 말했다.

누선에 올라 조조의 영채를
정탐하는 주유

그렇기 때문에 형주를 지킬 때도 관우가 군사를 나누어 동오를 치려고 하자 제갈량이 말렸고, 관우가 죽은 다음에 유비가 군사를 일으켜 동오를 치려고 할 때도 제갈량이 말렸으며, 백제성(白帝城)에서 어린 아들을 부탁받은 뒤부터 제갈량은 목숨이 다할 때까지 동오와 나쁘게 지내지 않았다. 제갈량이 동오와 손을 잡은 것은 함께 한나라의 역적을 토벌하기 위함이다. 오직 노숙의 견해만이 제갈량과 같았을 뿐, 주유의 견해는 달랐다. 노숙은 제갈량을 끌어들여 도움을 받으려고 했지만 주유는 제갈량을 죽이려고만 했고, 노숙은 유비를 끌어들여 도움을 받으려고 했지만 주유는 다시 유비도 죽이려고 했다. 이로 보면 주유는 노숙의 발뒤꿈치도 못 미치는 사람이었다. 그렇기는 하지만 노숙이 유비와 제갈량이 인걸(人傑)인 것을 알았기 때문에 지원세력으로 삼으려 했다면, 주유 역시 유비와 제갈량이 인걸인 것을 알았기 때문에 죽여서 후환을 없애려 했던 것이다. 천하의 인걸은 인걸이 알아본다고 한다. 그렇다면 주유도 역시 인걸인 것이다.'

유비는 제갈량이 돌아오지 않자 걱정이 되었습니다. 미축을 보내서 사정을 알아보게 했습니다. 주유는 야심찬 호걸인 유비도 제거하고 싶었습니다. 미축을 통해 유비와 상의할 일이 있으니 속히 와주기를 바랐습니다. 관우가 말렸지만 유비는 즉시 주유에게 왔습니다. 대신 관우를 대동했습니다. 주유는 천막 안에 도부수들을 숨겨놓고 유비를 맞이했습니다.

제갈량은 유비가 온 것을 알고 위험을 느꼈지만 관우가 있는 것을 알고는 강변에서 유비를 기다렸습니다. 주유는 관우가 유비를 보좌하는 것을 알고는 유비를 살려 보낼 수밖에 없었습니다. 제갈량이 알려주었을 때 유비도 식은 땀이 흘렀을 것입니다. 제갈량은 11월 20일에 돌아갈 것임을 알려주고 유비와 작별했습니다.

한편 주유는 조조가 보낸 편지를 읽지도 않고 찢어버리고 편지를 가져온 사자도 죽였습니다.

⬆ 누이를 유비에게 시집보낸 대부호 미축

군영회에서 검춤을
추는 주유

즉시 감녕을 선봉으로 삼아 공격했습니다. 수전에 능하지 못한 조조군은 참패했습니다. 조조가 장윤과 채모를 탓하자 곧장 수군 훈련에 돌입했습니다. 주유는 몰래 조조의 수군 영채를 정탐했습니다. 영채가 질서정연한 것을 보고 이들을 훈련시키는 채모와 장윤을 먼저 제거하기로 마음먹었습니다.

마침 조조 쪽에서 장간이 사자로 왔습니다. 장간은 주유의 옛 친구입니다. 주유는 세객(說客)으로 온 장간을 역이용하기로 하고 술을 먹고 취한 척 쓰러졌습니다. 장간으로 하여금 채모와 장윤이 주유에게 항복하겠다고 보내온 편지를 가져가게 했습니다. 물론 이 편지는 주유가 가짜로 만든 것입니다. 장간이 가져온 가짜편지를 본 조조는 대노하여 즉각 채모와 장윤의 목을 베라고 명령했습니다. 그들의 목이 떨어지자 조조는 정신이 번쩍 들었습니다. 주유의 계책에 빠진 것을 알았기 때문입니다. 후세의 사람들이 시를 지어 탄식했습니다.

조조의 간교함에 당할 사람 없다더니만   曹操奸雄不可當
한때 주유의 속임수에 빠졌네.   一時詭計中周郎
채모와 장윤은 주인 팔아 호강하려 하더니만   蔡張賣主求生計
오늘 아침 목 날아갈 줄 그 누가 알았으랴.   誰料今朝劍下亡

여러 장수들이 채모와 장윤이 죽은 까닭을 물었습니다. 조조는 주유의 속임수에 빠진 것을 용납할 수 없었습니다. 그래서 이렇게 말했습니다.

"두 사람이 군법을 어겨서 내가 죽여 버렸네."

조조는 모개와 우금으로 하여금 수군을 훈련시키도록 했습니다. 주유는 채모와 장윤이 제거된 것을 알고 매우 기뻤습니다. 주유는 제갈량도 자신의 계책을 알고 있었을 것이라고 믿었습니다. 이를 확인하기 위하여 노숙을 보냈습니다. 제갈량은 노숙에게 무슨 말을 할까요?

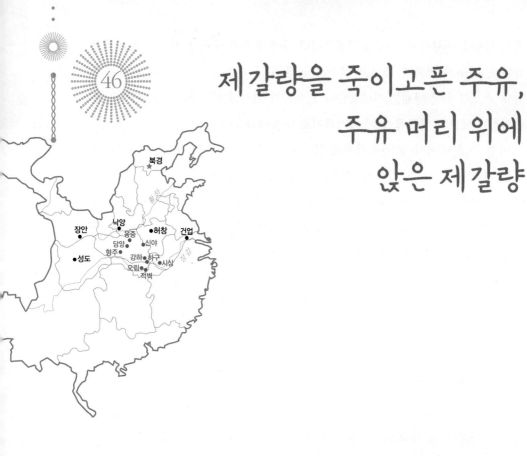

제갈량을 죽이고픈 주유,
주유 머리 위에
앉은 제갈량

노숙은 제갈량이 주유의 계략까지는 알지 못할 것이라고 여겼습니다. 제갈량을 찾아간 노숙이 그동안 바빠서 뵙지 못했다고 인사말을 건네자, 제갈량도 주유 도독에게 축하를 못 드렸다고 대답했습니다. 노숙은 깜짝 놀라 얼굴빛까지 변했습니다.

"선생이 어떻게 아셨소?"

"그런 계책은 장간에게나 쓸 수 있는 것이오. 비록 조조를 잠깐 속였을 뿐 그는 금방 깨달았을 거요. 다만 자신의 실수를 인정하지 않으려는 것일 뿐이지요. 이제 채모와 장윤이 죽어 강동의 걱정거리가 사라졌으니 어찌 축하를 안 할 수 있겠소? 듣자니 조조는 모개와 우금을 수군도독에 임명했다고 하던데, 어쨌든 그 두 사람의 손에서 조조의 수군은 거덜이 나게 되었소이다."

노숙은 몇 마디 얼버무리고 다시 주유를 만났습니다. 제갈량이 자신이 한 말을 주유에게 전하지 말라고 했음에도 낱낱이 사실을 말했습니다. 주유는 더욱 놀랐고, 그럴수록 제갈량을 반드시 죽여야겠다고 다짐했습니다. 다음 날, 주유는 여러 장수들과 의논할 사항이 있다고 하면서 제갈량을 불러들였습니다.

"며칠 안에 조조와 싸우게 될 듯하오. 강에서 싸우자면 어떤 무기를 위주로 해야겠습니까?"

"큰 강 위에서는 활과 화살이 중심이 되어야겠지요."

"선생의 말씀이 내 생각과 같습니다. 하지만 지금 군중에는 바로 그 화살이 부족합니다. 수고스럽지만 선생께서 책임지고 화살 10만 개만 만들어 적과 싸울 수 있도록 해주시겠습니까? 이것은 공적인 일이니 거절하면 곤란합니다. 열흘이면 다 만들 수 있겠지요?"

"조조의 군사가 언제 밀어닥칠지 모르는데 열흘씩이나 걸려서야 되겠습니까? 사흘이면 족합니다. 그날 10만 개의 화살을 조달해 드리도록 하지요."

주유는 군령장까지 받고 속으로는 쾌재를 불렀습니다. 제갈량은 찾아온 노숙에게 곧이곧대로 알렸다고 나무랐습니다. 그리고 짚단을 가득 실은 배 20척을 빌려달라고 했습니다. 이번에는 노숙도 주유에게 알려주지 않았습니다. 배는 이틀이나 움직이지 않았습니다. 노숙의 마음도 점점 타들어갔습니다.

사흘째 되는 날, 첫 새벽에 제갈량은 노숙과 함께 배를 몰고 강으로 나갔습니다. 장강은 온통 짙은 안개가 끼어 바로 앞도 분간할 수 없을 지경이었습니다. 제갈량은 배를 빨리 저으라고 재촉하며 조조의 수상 영채로 나아

▲ 조조의 수군도독 모개

갔습니다. 배를 한 줄로 늘어세운 후 북을 치고 함성을 지르게 했습니다.

"조조의 병사들이 일제히 나오면 어쩌려구요?"
"내 생각에 조조는 이처럼 짙은 안개 때문에 나오지 못할 것이오. 우리는 술이
나 마시며 즐기다가 안개가 걷히면 즉시 돌아갑시다."
"이처럼 짙은 안개 속에 저들이 갑자기 쳐들어 온 것을 보면 반드시 매복이 있
을 것이다. 절대로 가벼이 움직여서는 안 될 것이다. 수군 궁노수를 동원하여 난전
을 쏘아라. 육상 영채로도 사람을 보내 장료와 서황에게 궁노군 3천 명씩 대동하
고 급히 강변으로 나와 화살을 쏘면서 지원하도록 하라."

조조군 1만 여 명이 쏘아대는 화살이 빗발치듯 제갈량이 타고 있는 배로 날아
와 꽂혔습니다. 어느덧 해가 높아지고 안개가 걷히자 제갈량은 배를 거두어 빨리
돌아왔습니다. 20여 척의 배에 실린 짚단더미마다 조조군이 쏜 화살이 고슴도치
처럼 빼곡하게 박혀있었습니다. 이 과정을 지켜본 노숙이 말했습니다.

"선생은 참으로 신인(神人)이시오. 오늘 짙은 안개가 낄 줄을 어떻게 아셨습니
까?"
"장수가 되어 천문을 알지 못하고, 지리를 알지 못하고, 기문(奇門)을 알지 못하
고, 음양을 알지 못하고, 진도(陣圖)를 볼 줄 모르고, 병세(兵勢)에 밝지 못하다면 이
것은 용렬한 사람이오. 나는 이미 사흘 전에 오늘은 짙은 안개가 낄 것을 예상했
었소. 그래서 감히 스스로 기한을 사흘로 줄여서 잡은 것이오. 주유는 나에게 열흘
안에 화살을 만들라고 하면서 장인과 재료는 제때에 공급하지 않았소. 이런 가벼
운 죄과를 가지고 드러내 놓고 나를 죽이려고 한 것이오. 하지만 나의 목숨은 하늘
에 정해져 있는데 어찌 주유가 나를 죽일 수 있겠소?"

노숙은 제갈량의 말에 가슴 깊이 감복했습니다. 노숙의 말을 들은 주유는 크
게 놀란 채, 공명의 지략이 귀신같아 따라갈 수 없다며 탄식했습니다. 후세 사람
들도 제갈량에게 찬사를 보냈습니다.

諸葛亮草船借箭
乙酉春
素雄書

➡ 조조군을 속여
   화살 10만 개를 얻은 제갈량

온 천지 짙은 안개 장강을 뒤덮으니　　　　一天濃霧滿長江

거리 알 수 없고 강과 육지도 막막하여라.　　遠近難分水渺茫

소낙비처럼 메뚜기 떼처럼 화살이 날아드니　驟雨飛蝗來戰艦

공명이 오늘은 주유를 굴복시키네.　　　　孔明今日伏周郎

제갈량이 주유를 만났습니다. 주유는 제갈량의 신묘한 계책에 찬탄했습니다. 두 사람은 함께 술을 마시며 조조군을 무찌를 방법을 논의했습니다. 두 사람은 자신의 생각을 각자 손바닥에 써서 보여 주기로 했습니다. 두 사람 모두 '화(火)' 자를 썼습니다. 화공(火攻)으로 무찔러야 한다는 것이었습니다. 두 사람은 서로의 뜻이 통하자 크게 웃었습니다.

한편 화살까지 선사한 조조는 기분이 매우 상했습니다. 순유의 계책을 받아 들여 정탐자를 심기로 했습니다. 지난번에 죄 없이 처단된 채모의 아우뻘인 채중과 채화가 적격이었습니다. 이들은 조조의 지시를 받고 가짜로 항복해왔습니다. 주유는 조조의 계략을 간파하고 이들을 또 역이용하기 위해 감녕으로 하여금 감시하게 했습니다.

황개가 주유를 은밀히 찾아왔습니다. 그 역시 화공이 정답임을 알고 있었습니다. 황개는 자신이 화공의 선두에 서기를 원했습니다. 주유는 황개에게 절하며 고마워했습니다.

다음 날, 주유는 장수들을 총집합시키고 3개월의 식량을 가지고 조조군을 막으라고 했습니다. 이에 황개가 차라리 항복하는 편이 낫다고 반항했습니다. 주유는 당장 황개를 처단하라고 했지만 장수들이 말려 50대의 척장(脊杖)만 내렸습니다. 조조에게 가짜로 항복하기 위한 황개의 고육계(苦肉計)가 실행된 것입니다. 모종강은 황개의 고육계에 대하여 이렇게 평했습니다.

'황개의 고육계를 읽으면서 그 계략이 먹혀 든 것은 하늘의 뜻이라고 탄식한 바가 있다. 이 계책은 우려되는 점이 세 가지나 있기 때문이다. 첫째, 황개가 너무 심하게 맞아 죽기라도 한다면 몸은 비록 버렸으나 나라에는 조금도 보탬이 된 것이 없으니 죽은 혼백(魂魄)의 한이 무궁할 것이라는 점이고, 둘째, 여러 장수가 본래의 뜻을 모르고 분격하여 변란을 일으키면 거짓으로 벌인 일이 참된 일이 되어 적을 도모하기도 전에 아군이 먼저 반란을 일으키지 않을까 하는 점이고, 셋째, 조조가 속을 것을 경계하여 황개의 항복을 받아들이지 않는다면 황개는 쓸데없이 매만 맞고 주유는 보람 없이 거드름만 피우다가 조조의 우스갯거리나 되지 않을까 하는 점이다. 그런데 황개는 죽지 않고, 모든 장수는 반란을 일으키지 않았으며, 조조 또한 의심하지 않았다. 주유는 이렇게 하여 마침내 공을 이루었으니 이는 하늘의 뜻이 아니고 무엇이겠는가.'

▲ 조조의 어리숙한 책사 장간

황개는 고육계를 실행하고 방통은 연환계를 펼치다

주유는 황개의 고육계(苦肉計)를 통해 조조군을 화공으로 무찌르고자 치밀하게 준비합니다. 황개와 친한 감택이 이를 간파하고 자신도 돕겠다고 나섰습니다. 감택은 말주변이 좋을 뿐만 아니라 배짱도 있었습니다. 황개는 자신의 가짜 항서(降書)를 조조에게 전달하는 데 감택이 가장 적임자임을 알았습니다. 감택도 기꺼이 응낙하자 황개는 절하며 고마워했습니다.

"대장부로 세상에 태어나서 공업(功業)을 세우지 못한다면 초목처럼 썩을 뿐이지 않겠습니까? 공이 이미 몸을 버려 주공께 보답하려고 하는데, 내 어찌 하찮은 목숨을 아끼겠소이까?"

항서를 받은 감택은 그날 밤, 어부로 변장하여 작은 배를 몰고 조조군의 수상 영채로 갔습니다. 조조가 감택을 데려오라고 하고 의심의 눈초리로 물었습니다. 감택은 흔들림 없이 말했습니다.

"황개는 바로 동오의 주군을 3대에 걸쳐서 모신 신하입니다. 지금 여러 장수들 앞에서 이유 없이 주유에게 매를 맞아 분하고 억울하여 치를 떨고 있습니다. 그렇기 때문에 승상께 투항하여 원수를 갚으려고 특별히 나와 상의했던 것입니다. 나는 그와 친형제처럼 지내기 때문에 밀서를 올리려고 온 것입니다. 승상께서 믿어 주실지 모르겠습니다."

감택이 황개의 항서(降書)를 올리자 조조가 찬찬히 훑어봤습니다. 항서의 내용도 감택이 말한 그대로였습니다. 하지만 의심 많은 조조가 그냥 믿을 리 만무합니다. 갑자기 책상을 내리치며 두 눈을 부릅뜨고 크게 화를 냈습니다.

"황개가 고육계를 써서 나에게 거짓 항서를 바치게 하고 안으로 들어와 일을 꾸미려는 것이렷다! 감히 나를 어떻게 보고 이따위 장난질이냐?"

조조는 즉시 감택을 끌어내 목을 베라고 명령했습니다. 감택은 놀라기는커녕 도리어 껄껄 웃으며 조조를 비웃었습니다. 조조가 비웃은 까닭을 재삼 캐묻자 뛰어난 임기응변으로 조조의 마음을 잡았습니다. 목에 칼이 들어와도 놀라지 않는 든든한 배짱이 한몫한 셈입니다. 조조가 감택에게 술을 내어 대접할 때, 조조의 첩자인 채중과 채화로부터 밀서가 도착했습니다. 그 내용은 황개의 투항에 관한 것이었습니다. 조조는 이제 황개의 항서를 철석같이 믿게 되었습니다. 모종강은 감택의 배짱과 행동을 치하하며 이렇게 평했습니다.

'용렬한 사람을 속이는 것은 쉽지만 간웅을 속이는 것은 어렵다. 황개가 매를 맞은 것은 그래도 죽기까지야 않겠지만 항서를 바치러 간 감택은 여차하면 죽을 수도 있었다. 하지만 끝내 죽지 않고 성공한 것은 그가 간웅을 달래는 방법을 알았기 때문이다. 간웅을 달래고 영웅을 달래는 방법은 순리를 쓰면 안 된다. 당연히 역

闞澤
密獻
詐降
書
乙酉春素雄畫

↑ 조조가 죽이려고 하는데도
배짱 크게 웃는 감택

리를 써야 한다. 영웅이 자부하는 것은 의리뿐이기 때문에 장료가 관우를 달랠 때 "쉽게 죽는 것은 의리가 아니다."라고 나무란 것이고, 간웅이 자부하는 것은 지혜뿐이기 때문에 감택이 조조를 달랠 때 "일을 제대로 살피지 못한다."라고 비웃은 것이다. 그래서 역리를 쓰고 순리를 쓰지 않았다고 하는 것이다. 만일 장료가 관우를 감언이설로 달랬다면 관우는 더욱 거세게 거부했을 것이고, 만일 감택이 조조에게 땅에 엎드려 목숨을 빌었다면 조조는 감택을 즉시 죽였을 것이다.'

감택은 다시 돌아와 황개에게 사실을 알리고 감녕을 만났습니다. 채중과 채화가 들어오자 둘은 들으라는 듯이 조조군이 공격해오면 안에서 내응하겠다고 했습니다. 이 사항은 곧바로 조조에게 전달되었습니다. 감택도 조조에게 밀서를 보냈습니다. 조조는 밀서를 받고 항서도 받았지만 의혹이 사라지지 않았습니다. 여러 참모들을 불러 상의했습니다.

"강동의 감녕이 주유에게 욕을 당한 후 내부에서 호응하겠다고 하고 황개는 매를 맞고 감택을 통해서 항서를 바쳐왔는데 모두 깊이 믿기지 않는다. 누가 감히 주유의 영채로 들어가서 사실여부를 알아오겠느냐?"
"저는 전날 동오로 갔으나 성공하지 못하고 헛걸음만 했기에 심히 부끄럽습니다. 이제 목숨을 걸고 다시 가서 반드시 사실을 알아내어 승상께 아뢰겠습니다."

그리하여 다시 장간이 나섰습니다. 주유는 장간이 왔다는 말에 매우 기뻤습니다. 장간을 속이기는 식은 죽 먹기처럼 쉽기 때문입니다. 주유는 미리 방통에게 조조의 배들을 묶는 연환계 요청을 하고 지난번에 말도 없이 사라진 장간을 책망하고 암자에만 있도록 했습니다. 장간은 꼼짝없이 갇혀서 지내야만 했습니다. 그러다가 근처의 초가집에 있는 방통을 만났습니다. 장간은 방통을 모시고 조조에게 갔습니다. 조조도 방통을 극진하게 대우했습니다.

"주유는 어린 나이에 자신의 재주만 믿고 남들을 업신여기며 좋은 계책도 받아들이지 않는다지요? 나는 오래전부터 선생의 대명(大名)을 들어왔습니다만 이제야 찾아주시니 가르침을 주시리라 믿습니다."

방통은 조조군이 물에 익숙하지 않아 구토증을 앓고 있는 것을 보고는 연환
계를 제안했습니다.

"큰 배와 작은 배를 알맞게 배치하여 30척 혹은 50척을 한 소대로 하여 쇠사슬
로 연결하고 널빤지를 깐다면 육지처럼 걱정이 없을 것입니다."
"선생의 훌륭한 계책이 아니라면 어떻게 동오를 무찌르겠습니까?"

방통은 조조에게 연환계를 제안하고 동오의 인사들을 세 치 혀로 달래서 항
복하도록 하겠다며 다시 동오로 향했습니다. 후세 사람들이 이때의 일을 시로 노
래했습니다.

적벽의 전투에서 화공책을 쓰자고	赤壁鏖兵用火攻
계략과 방책이 모두가 같았네.	運籌決策盡皆同
방통의 연환계가 아니었다면	若非龐統連環計
주유가 어찌 큰 공을 세울 수 있었으리.	公瑾安能立大功

방통이 조조에게서 뜻을 이루고 막 배를 타고 동오로 떠나려고 할 때, 방통 뒤
에서 팔을 잡는 사람이 있었습니다.

"너는 간도 크구나! 황개는 고육계를 쓰고 감택은 거짓 항서를 올리고 너는 또
와서 연환계를 말하면서 몽땅 태워버리지 못할 것을 걱정하는구나. 너희들이 이런
독수(毒手)를 부리면서 조조는 잘도 속였지만 나는 절대로 속이지 못한다."

이 말을 들은 방통은 가슴이 철렁 내려앉았습니다. 정곡을 찔린 마음에 얼이
빠지고 정신이 아득했습니다. 순간 전쟁에서 이긴다는 생각이 모두 사라졌습니
다. 누가 이렇게 동오의 계략을 꿰뚫어 보고 있었던 걸까요?

龐統
巧授
連

環計 乙酉
　春
築雄畫

방통의 계책에 따라
전함들을 묶는 조조

인생이 얼마이뇨?
술 마시며 노래 부르자!

방통은 동오의 계략을 간파당하자 소스라치게 놀라서 돌아보았습니다. 다름 아닌 서서였습니다. 방통은 오랜 친구인 서서를 보자 놀란 가슴을 추스르며 마음을 놓았습니다. 마침 주변에는 사람도 없고 단둘뿐이었습니다.

"네가 만일 계책을 누설하면 불쌍한 강남 81개 고을의 백성은 모두 네가 죽이는 것이다."

"하하. 이곳에 있는 83만 인마의 목숨은 괜찮고?"

"서서! 정말 나의 계책을 일러바칠 셈이냐?"

"나는 유황숙의 두터운 은혜를 잊은 적이 없소. 조조는 내 노모를 돌아가시게 했고, 나는 이미 죽을 때까지 한 가지 계책도 베풀지 않겠다고 했는데 어찌 형의 계책을 누설하겠소. 다만 나도 군사를 따라 여기 있으니 패한다면 옥석(玉石)을 가리지 않을 터인데 나라고 어찌 무사하겠소? 이곳을 빠져나갈 방도만 알려준다면 나는 즉시 아무 말 하지 않고 멀리 피할 것이네."

방통은 웃으면서 서서에게 피할 방도를 가르쳐 주었습니다. 서서도 기뻐하며 방통을 배웅했습니다. 서서는 그날 밤에 측근들을 남몰래 각 영채로 보내어 헛소문을 퍼뜨리도록 했습니다.

그러자 다음 날, 영채 안에서는 삼삼오오 모여서 수군거리기 시작했습니다. 드디어 조조에게까지 보고가 되었습니다.

"서량(西涼)의 한수와 마등이 군마를 몰고 허도로 쳐들어온다는 소문이 군중에 떠돌고 있습니다."

"내가 군사를 이끌고 남정을 시작할 때 걱정한 것이 한수와 마등이었다. 군중에 떠도는 소문이 사실인지 아닌지는 알 수 없지만 방어하지 않으면 안 되겠다."

"승상께서 저를 거두어 써 주시는 은혜를 입었지만 아직 조그만 공도 세우지 못하여 은혜를 보답하지 못했습니다. 청하오니 3천 인마만 주십시오. 밤을 도와 산관 (散關)으로 가서 요충을 지키다가 위급한 일이 생기면 다시 보고 드리겠습니다."

"서서가 간다면야 내 마음이 놓이겠다. 산관 위에도 군사가 있을 터이니 공이 지휘하도록 하게. 당장 3천 명의 기병과 보병을 주고 장패에게 선봉이 되도록 하겠으니 한시라도 지체하지 말고 밤을 도와 달려가게."

서서는 즉시 적벽을 벗어났습니다. 방통의 귀띔이 그대로 적중한 것입니다. 조조는 서서를 보내고 북쪽의 일은 안심이 되었습니다. 동오와의 결전을 위해 영채를 둘러보았습니다. 전함과 군사들은 질서정연하게 출정준비를 마쳤습니다. 날씨는 맑고 물결도 고요했습니다. 날이 저물자 보름달도 교교하게 떠올랐습니다. 조조는 배 위에서 술자리를 마련하고 장수들과 함께 주연을 열었습니다. 조조는 편안하고 기뻤습니다.

"나는 의병을 일으킬 때부터 국가를 위해 역적들을 제거하여 사해(四海)를 쓸어내고 천하를 평정하려 했는데 이제 평정하지 못한 곳은 강남뿐이다. 지금 나에게는 백만 대군이 있고 또한 명령에 따라 움직여 주는 여러분이 있으니 성공하는 것쯤 무슨 걱정이 있겠느냐? 강남을 정복한 다음에는 천하가 태평할 테니 그때는 여러분과 함께 부귀나 누리며 태평세월을 즐겨야겠다."

"우리 모두 하루빨리 개선가를 부르고 평생토록 승상의 보호를 받으며 사는 것이 소원입니다."

조조는 크게 웃었습니다. 좌우의 모든 장수들도 기뻤습니다. 연회는 밤중까지 계속되었고, 술잔은 연회장에 넘쳐났습니다. 거나하게 취한 조조가 창을 들고 뱃머리에 섰습니다. 강물에 술을 부어 신에게 제사를 드린 다음, 자신이 세 잔을 마시고 감개무량한 마음에 즉흥시를 읊었습니다.

술 마시며 노래 부르자.	對酒當歌
인생이 얼마이뇨?	人生幾何
아침이슬과도 같은 것	譬如朝露
지나간 날이 너무 많구나.	去日若多
개탄하고 탄식해도	慨當以慷
근심을 잊기 어렵구나.	憂思難忘
무엇으로 시름을 덜거나	何以解憂
오직 술뿐이로다.	惟有杜康
달은 밝고 별은 드문데	明月星稀
까막까치는 남쪽으로 날아가네.	烏鵲南飛
나무 주위를 아무리 돌아도	繞樹三匝
앉을 만한 가지 하나 없구나.	無枝可依

조조가 강 위에서 연회를 연 장면에서 모종강이 한 마디 말을 남기지 않을 수 없었습니다.

'가장 실망스러운 일이 생기려면 가장 즐거운 일이 먼저 생기게 마련이다. 조조가 긴 창을 잡고 노래를 부르던 때는 바로 소망이 뜻대로 이루어져 의기가 충만해 있던 때이다. 그런데 그는 노래에서 '근심 걱정을 못 잊겠구나.' 했고, 또 '무엇으로 시름을 덜까?' 했으며, 또 '가슴 속에 이는 걱정'이라고 했다. 조조는 즐거워야 할 때 어째서 걱정을 했을까? 대개 즐거움 속에는 걱정이 숨어 있기 마련이다. 예기(禮記) 단궁(檀弓)에 말하기를, "기쁜 일이 있으면 마음이 즐겁고, 마음이 즐거우면 노래가 나오고, 노래가 나오면 몸이 움직여지고, 몸이 움직여지면 춤을 추게 되고, 춤을 추면 마음이 허전해지고, 마음이 허전해지면 슬퍼지고, 슬퍼지면 탄식이 나오고, 탄식이 나오면 가슴을 치게 된다."라고 했다. 까막까치가 남쪽으로 날아간다는 것이 남정에 실패한다는 조짐은 아니다. 바로 강에서 술잔치를 벌인 것부터가 이미 걱정거리가 다가오고 있음을 의미하고 있는 것이다.'

다음 날, 조조는 수군영채의 훈련 상황을 지켜보고 매우 기뻤습니다. 이제 남은 것은 필승뿐이라고 생각했습니다. 참모인 정욱이 만일에 벌어질 화공(火攻)을 걱정했습니다. 조조가 지금은 한겨울이라서 바람의 방향이 동오 쪽으로 불고 있으니 걱정할 필요가 없다고 했습니다. 치밀한 조조이기에 그쯤은 다 계산에 넣어

↑ 조조에게 계책을 내지 않는 서서

↑ 주유의 수하 장수 주태

➡ 뱃머리에서 삭을 들고
   시를 읊는 조조

두었던 것입니다. 초촉과 장남이 선공에 서겠다고 주청하자 조조가 승낙했습니다. 주유도 한당과 주태를 선봉으로 배정했습니다.

드디어 선봉장끼리 맞붙었습니다. 결과는 동오의 승리였습니다. 주유는 조조의 영채 중앙에 세워놓은 황색 깃발이 바람을 못 이겨 부러져 강물 속으로 곤두박질치는 것을 보았습니다. 주유는 크게 웃으며 좋아했습니다.

이 광경을 본 조조는 어떠했을까요. 나관중은 조조의 즉각적인 행동을 다음과 같이 표현했습니다.

'조조의 장병들이 중앙의 황색 깃발이 부러지자 모두 놀라고 두려운 마음이 생겼다. 조조도 속으로는 기분이 상했지만 겉으로는 태연하게 명령을 내렸다.
"사람들을 홀리는 자는 목을 치도록 하라!"
그러자 장병들의 마음이 전처럼 안정되었다.'

한편 주유가 한참 조조군이 있는 북쪽을 바라보는데 갑자기 세찬 바람이 몰아치며 옆에 있던 깃발의 끝을 말아 올려 주유의 뺨을 스치고 지나갔습니다. 주유는 갑자기 잊고 있던 생각이 떠오르는 듯 외마디 소리를 크게 지르며 뒤로 넘어져 피를 토했습니다. 정신을 잃고 장수들도 알아보지 못했습니다. 조조와의 일전을 앞두고 있는 긴박한 때에 주유가 쓰러졌으니 동오는 그야말로 큰일이 아닐 수 없습니다.

좌충우돌 · 대갈일성,
초기 삼국연의 주인공은 장비였다

4권 책씻이는 장비에 대하여 살펴보겠습니다. 장비는 우리가 읽는 연의가 탄생하기 전까지만 해도 최고의 주인공이었습니다. 무슨 이야기냐고요? 나관중이 『삼국연의』를 정리하기 전에는 내로라하는 배우들과 재담가들이 각기 자신들만의 삼국지 이야기를 만들어서 공연하거나 들려주었습니다. 그중에 최고의 인기 재담가가 바로 나관중이었던 것입니다. 하지만 나관중도 처음부터 자신이 창작한 결과물로 이야기한 것은 아니었습니다. 저잣거리에 떠도는 많은 이야기들을 참고하고 정리하면서 자신만의 흥미와 재미를 불어넣은 문학작품을 완성한 것입니다. 그렇다면 나관중이 참고한 것은 무엇이었을까요. 『전상삼국지평화(全相三國志平話)』가 바로 그 책입니다. '전상(全相)'은 페이지마다 그림이 있다는 뜻이고, '평화(平話)'는 이야기라는 의미입니다. 즉 '그림과 함께 읽는 삼국지 이야기'책이란 뜻이지요.

이 책은 설화적인 내용이 다분한 군담(軍談)이야기가 대부분입니다. 오늘날 살펴보면 황당무계한 전쟁영웅담이지요. 즉 평화는 문학적 형상화 이전의 설화 세계의 흥미와 투박함이 진진한 책인데, 이는 당시의 저잣거리 백성들에게 많은 인기가 있었습니다. 그중에서도 장비를 제일 좋아했는데, 그 이유가 사납고 호쾌하며 사고뭉치인 문제아였기 때문입니다. 장비의 진면목은 '독우 사건'에서 잘 나타납니다. 독우는 유비가 황건적을 토벌한 공으로 안희현의 위(尉)가 되어 있을 때 공무를 보러 와서는 뇌물을 요구한 자입니다. 유비가 이에 응하지 않자 화를 내며 유비를 파직하려고 할 때 불같은 성격의 장비가 독우를 말뚝에 묶어놓고 매질을 한 것은 잘 알려진 이야기입니다.

이제 이 이야기가 평화에는 어떻게 표현되었는지 알아보겠습니다.

'(독우가 유비를 체포하려고 하자) 유비 옆에 있던 관우와 장비가 대노하여 칼을 빼들고 뛰어올라와 독우를 붙잡아 말뚝에 꽁꽁 묶었다. 장비가 몽둥이로 독우의 가슴을 백 대를 때리자 독우가 죽었다. 장비는 그래도 분이 풀리지 않아 시신을 여섯 조각으로 잘라 머리는 북문에 걸고 다리는 네 모퉁이에 걸었다. 이후 유비, 관우, 장비는 태항산(太行山)으로 들어가 산적이 되었다.'

장비가 독우를 때려죽이다 못해 시신까지 난도질한 난폭한 호걸로 그려졌습니다. 독우의 으스대는 모습은 당시의 폭압적인 관리들을 형상화한 것일 터이니, 장비의 폭력적인 행동을 통해서 청중은 대리만족을 만끽했을 것입니다. '법은 멀고 주먹은 가깝다'는 말을 실천에 옮기는 폭력배 장비가 싫지 않았던 것입니다. 장비의 호쾌한 질주는 조조의 공격에 삼형제가 헤어져 각기 구명도생(苟命徒生)할 때입니다.

장비는 산속의 고성으로 들어갔는데, 평화에 나타난 그곳에서의 생활을 살펴보겠습니다.

'(한나라 신하였던 공고가 유비를 만나 반갑게 인사하고는) "이전에 소인이 산중을 지키고 살았는데 최근에 어떤 자가 와서 소인을 무찌르고 고성에다 황종궁(黃鐘宮)을 짓고는 스스로 무성대왕(無姓大王)이라고 칭하고 연호도 쾌활(快活)이라고 했습니다. 그자는 장팔신모(丈八神矛)라는 창을 쓰는데, 일만 명이 한꺼번에 달려들어도 도대체 당해낼 수가 없습니다."

"아우 장비가 아니더냐!"

"아이고 형님! 어떻게 이곳까지 오셨습니까? 성안으로 들어가서 황제가 되십시오."'

장비가 황종궁을 짓고 무성대왕이 되어 '쾌활'이라는 연호까지 쓰고 있습니다. 그야말로 산적두목이 되어 아무 걱정 없이 쾌활하게 살고 있습니다. 그러다가 유비를 만나자 무성대왕의 자리를 물려주려고 합니다. 청중들은 이 같은 장비의 가식 없고 순수한 생활과 행동을 통해서 자신들보다 나을 것 없는 장비에게 호감을 가질 뿐 아니라 유쾌하게 웃을 수 있었던 것입니다.

우리는 장판교에서의 장비 모습을 잊지 않고 있습니다. 다리에 홀로 서서 조조군을 물리친 호쾌한 장비를 말입니다. 평화에서도 이 장면은 단연 압권인데, 연의와 내용이 살짝 다릅니다. 그 내용을 함께 살펴보도록 하겠습니다.

'장비는 군졸들에게 50장의 깃발을 들고 높은 곳으로 올라가 늘어서게 하고, 20여 기는 하천을 바라보도록 했다. 조조가 30만 대군을 이끌고 도착했다.

"귀하는 무얼 믿고 피하지 않는 것이오?"

"하하. 내 눈에는 피라미 군사들은 보이지 않고 오직 조조만 보일 뿐이다."
그러고는 여러 군사들과 함께 한꺼번에 소리를 맞추어 고함을 질렀다.
"내가 바로 연인 장익덕이다. 누가 감히 나와 목숨을 걸고 겨루어 보겠느냐!"
호통 치는 소리가 마치 벼락소리처럼 귓속을 뚫고 들어가고 다리도 끊어졌다.
이에 놀란 조조군은 30리나 후퇴하였다.'

장비의 고함소리에 다리가 끊어지다니 이 정도면 장비의 괴력도 제갈량 못지
않은 마법 수준입니다. 하지만 이러한 과장이 당시의 청중들에게는 재미 그 자체
가 아닐 수 없습니다. 장비의 활약은 유비가 익주를 공략하러 간 사이 손부인이
아두를 데리고 오나라로 돌아가는 장면에서도 나타납니다.

'제갈량이 장비에게 귓속말로 무엇인가를 설명해 주었다. 그러자 장비는 곧장
천 명의 군사를 이끌고 형주로 가서 강 언덕에 매복했다. 삼경이 되자, 손부인이 탄
수레가 아두를 데리고 동오로 가고 있었다. 장비가 말 위에서 고함을 질렀다.
"부인께서는 지금 황숙께서 서천에서 움직이지 못하고 계신 줄을 잘 알면서 아
두를 안고 강남으로 가려 하는 것이요?"
장비가 큰 소리로 질책하자 부인은 부끄럽고 참담하여 강으로 몸을 던져 죽어
버렸다.'

장비가 벽력같이 질책하자 놀란 손부인이 강물에 빠져 죽고 말았습니다. 또다
시 우리의 쾌걸 남아 장비가 한 번의 호통으로 손부인을 죽이고 아두를 되찾은
것입니다.

이처럼 연의의 전 단계인 평화에서 장비는 좌충우돌(左衝右突), 대갈일성(大喝
一聲), 쾌도난마(快刀亂麻)한 문제아적 주인공으로 묘사되고 있습니다. 그런데 나관
중과 모종강이 연의를 손보면서 장비의 영웅담을 모두 삭제해 버렸던 것입니다.
나아가 과장되거나 이야기 전개에 맞지 않는 내용들은 다시 정리하여 예술성과

소설적 재미를 더했습니다. 이 과정에서 장비의 모습과 활약상은 줄어들고 대신 관우와 조운의 무용은 상대적으로 높게 그렸습니다.

평화에서의 장비는 힘없고 핍박받는 민중의 마음을 대변하여 통쾌한 복수를 해주는 영웅이었습니다. 괴팍하고 난폭한 사고뭉치이지만 불타는 정의심은 민중들에게 열렬한 인기를 구가할 수 있는 매력적인 인물이었던 것입니다.

하지만 나관중의 등장은 이러한 장비의 전성시대가 끝났음을 알리는 것이었습니다. 설화와 군담, 과장과 괴기가 배제되고 문학성과 소설적 재미를 추구하다 보니 장비의 인물 형상이 많이 줄어들 수밖에 없었던 것입니다. 이는 평화가 저잣거리의 민중 사이에서 유행했던 반면, 연의의 독서층은 교양을 갖춘 지식인들이 많았던 추세를 반영한 것으로 볼 수 있습니다. 그리고 이때부터 연의의 주인공은 관우가 되었던 것입니다.

조운과 장비가 천하에 이름을 떨친 곳, 당양 장판파

독자 여러분 중에는 조운과 장비가 무용을 뽐내는 장판파 전투 장면을 잊지 못하는 분들이 많을 것입니다. 조자룡이 무아지경의 무예솜씨를 뽐내며 아두를 구해낸 장판파(長板坡)는 호북성(湖北省) 당양(當陽)에 있습니다. 옛날 장판파 자리에는 상수리나무가 울창했다고 합니다. 그래서 옛 이름도 '역림장판(櫟林長板)'이었습니다. 하지만 청나라 때까지 계속된 벌목사업으로 지금은 민둥산이 되어버렸습니다.

◀ 장판파공원 입구

이제는 장판파공원만이 시내 중심가에 자리 잡고 있습니다. 공원 앞 삼거리 한복판에는 아두를 품에 안고 말에 탄 채 긴 창과 청룡검을 들고 있는 조자룡의 동상이 늠름합니다.

　공원에 들어서니 3층 누각인 자룡각이 고풍스럽습니다. 자룡각을 돌아 공원의 중앙 뜰로 나오면 힘찬 필치의 '장판웅풍(長板雄風)' 비석이 우뚝 서있습니다. 조자룡의 무용담은 이곳 사람들로부터 많은 사랑을 받았는데, 명나라 만력 10년 (1582년)에 '장판웅풍' 비석을 세울 정도로 오래되었습니다. 현재 공원에 있는 비석은 중일전쟁 때 파괴된 것을 1947년에 다시 만든 것이라고 합니다. 장판파공원은 이 비석을 중심으로 1980년대에 조성되었습니다. 예전에는 공원 뜰 여기저기

➧ 장판파 입구의 조자룡상

↑ 장판웅풍

에 조각상이 있었습니다. 백마를 탄 채 창을 들고 에워싼 조조군을 무찌르는 조자룡. 조자룡의 용감무쌍한 무예에 넋이 빠진 듯 바라보는 조조. 장판교를 막고 호령하는 장비, 아두를 땅바닥에 던지는 유비 등 소설 속 장판파 전투를 생동감 있게 표현해 놓았는데, 몇 년 후에 다시 오니 그러한 조각상은 온데간데 없습니다. 대신 조자룡상만 고고한 듯 공원 뜰을 지키고 섰습니다.

실제로 장판파 전투는 공원을 중심으로 사방 10리에 걸쳐서 벌어졌다고 합니다. 시내의 상점이나 가게 그리고 호텔은 '장판파'니 '자룡'이니 하는 상호를 자랑스럽게 사용하고 있으니, 가히 조자룡의 고향보다도 더 조자룡을 사랑하는 도시임에는 틀림없는 것 같습니다.

장판파공원에서 북서쪽으로 5km 지점에 낭랑정(娘娘井)이라는 우물이 있었습니다. 이 우물터는 미부인이 아두를 부탁하고 투신한 곳입니다.

후세 사람들이 우물 옆에 미후사(靡后祠)라는 사당을 지어 그녀의 넋을 위로했다는데, 지금은 우물도 사당도 흔적이 없습니다. 대신 그녀가 아두를 껴안고 숨어있었다는 태자교(太子橋)터만 남아 있습니다. 역사적으로 미부인은 장판파 전투가 벌어지기 전에 죽었으니, 조자룡이 아두를 구한 곳이 이곳이었는지는 알 수 없는 일입니다. 소설 속 이야기를 가지고 문학적 유적을 만들어 놓은 것이지요.

장판파 주위에는 동서로 1km 정도 뻗은 낮은 산이 있습니다. 병풍을 둘러친 것 같다 하여 금병산(錦屛山)이라고 하는데, 연의에서는 경산(景山)이라고 했습니다. 이곳은 조조가 전투를 지휘한 곳으로, 조운이 겹겹의 포위망 속에서도 종횡무진 용맹을 떨치는 모습을 보고 생포하라고 한 곳입니다. 이 덕분에 조운은 화살을 맞지 않고 탈출할 수 있었던 것이지요. 조운이 인재에 욕심 많은 조조의 눈에 들어 화를 면한 셈이니, 훌륭한 인재는 아군과 적군을 가리지 않고 어느 곳에서도 환영받는가 봅니다.

➤ 아두를 구하는 조자룡

▲ 태자교터

　장비의 호쾌한 무용담이 서린 장판교는 당양에서 북동쪽으로 4km 지점인 패릉촌에 있습니다. 장판교는 원래 패릉교(覇陵橋)라고 불렸는데, 옛날에는 당양의 관리들을 이곳에서 영접하거나 배웅했기 때문에 관교(官橋)라고도 했습니다. 장판파와 가깝기에 장판교라고도 부른 것입니다. 패릉촌은 산을 등지고 있는 아담한 마을로 앞에는 넓은 평지가 펼쳐져 있습니다.

　마을 서쪽 끄트머리 삼거리에는 '장익덕횡모처(張翼德橫矛處)'라고 쓴 비석이 세워진 정자가 있습니다. 이곳이 장비가 조조군을 무찌르며 영웅의 기개를 드높였던 장판교가 있던 자리라고 합니다. 이곳에는 물의 흐름을 조절하는 봇둑과 다리가 있었으며, 장판파의 두 영웅인 장비와 조운을 제사 지내는 장조사(張趙祀)라는 사당도 있었다고 합니다. 원래의 다리 이름이 패릉교인 것도 바로 봇둑[覇]과 사당[陵]을 뜻하는 것입니다.

▲ 장비가 호통을 쳐서 조조군을 물리친 횡모처

　지금은 다리도 없고 사당도 없습니다. 흐르던 물길도 사라졌습니다. 장판교 밑을 흐르던 저하(沮河)가 그 물길을 남쪽으로 이동했기 때문입니다. 오직 '장익덕횡모처'라는 비석만이 소설 속 치열했던 현장임을 알려주는 듯합니다.

　이제는 지나가는 나그네의 휴식처이거나 바쁜 일손들이 비를 피해 잠시 숨을 돌리는 장소로 존재할 뿐입니다. 그러고 보니 당양 8경 중 하나가 패릉연우(覇陵煙雨)인데 비 그친 후, 이곳 정자에서 마을 쪽을 바라보는 모습이 꼭 그와 같을 것만 같습니다.

PART 5

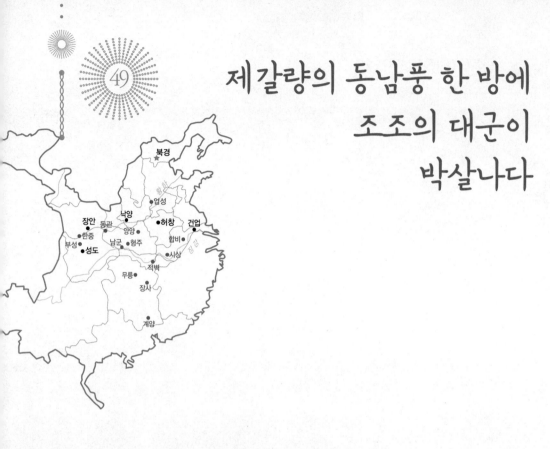

제갈량의 동남풍 한 방에 조조의 대군이 박살나다

주유가 갑자기 피를 토하며 넘어져 인사불성이 되자 동오 진영은 발칵 뒤집혔습니다. 황급히 의사를 부르고 손권에게 알리며 전군에 비상이 걸렸습니다. 노숙은 걱정되고 답답한 마음에 제갈량을 찾아가 주유가 갑자기 앓아 누웠다고 알렸습니다.

"일이 이 지경이 되었으니 조조에겐 복이지만 강동에겐 재앙이 아니겠습니까?"
"주유의 병은 내가 고칠 수 있습니다."
"진정 그렇게만 해주신다면 국가를 위해서도 큰 다행입니다."

노숙은 즉시 제갈량과 함께 주유를 만났습니다. 주유는 제갈량이 자신의 병을 고칠 수 있기를 바라며 만났습니다.

제갈량이 주유의 병세를 묻자, 이런 대답이 돌아왔습니다.

"사람에게는 언제 닥칠지 모르는 화복이 있다(人有朝夕禍福)는데 어떻게 몸을 안전하게 보전할 수 있겠습니까?"
"하늘에는 예측 못할 풍운이 있다(天有不測風雲)고 합니다. 사람이 또한 어떻게 짐작할 수 있겠습니까?"

두 사람의 대화는 언제나 긴장감이 흘러넘칩니다. 제갈량이 주유에게 '기를 먼저 다스려야 한다'고 이야기했습니다. 그러자 제갈량이 자신의 마음을 꿰뚫어보고 있다고 생각한 주유는 넌지시 물었습니다.

"기를 순하게 다스리려면 무슨 약이 좋습니까?"
"나에게 한 가지 비법이 있는데, 즉시 도독의 기가 순해지도록 해드리겠습니다."

제갈량은 좌우를 물리치고 붓을 들어 종이에 주유가 병에 걸린 근원을 적었습니다.

'조조를 무찌르려면 불로 공격하는 것이 최상인데 모든 준비를 끝냈어도 동풍이 불어주지를 않는구나.'

주유는 크게 놀랐습니다. 아울러 제갈량이 귀신같은 사람임을 또 한 번 깨달았습니다. 이제 병의 근원을 알려주었으니 처방도 해달라고 했습니다. 그러자 제갈량이 말했습니다.

"내가 비록 재주는 없지만 일찍이 기문둔갑술을 배워 바람과 비를 부를 수 있습니다. 도독이 만일 동남풍이 필요하다면 남병산에 칠성단이라는 대(臺) 하나만 세워주시면 됩니다. 그러면 갑자일부터 사흘 밤낮으로 동남풍이 불도록 하겠습니다."
"사흘 밤낮은 고사하고 하룻밤만 세차게 불어도 큰일을 이룰 수 있습니다."

七星壇諸葛祭風 乙酉春蔡雄書畵

칠성단에 올라
동남풍을 부르는
제갈량

주유는 크게 기뻐하며 병석에서 벌떡 일어났습니다. 그야말로 제갈량의 일침에 주유의 걱정거리가 뿌리째 뽑혀버린 것입니다. 제갈량은 칠성단에서 동남풍을 빌고, 동오의 군사들은 전투준비를 끝내고 주유의 명령만을 기다렸습니다. 드디어 바람의 방향이 서북쪽으로 바뀌더니 삽시간에 동남풍이 거세게 불었습니다. 제갈량의 기도에 하늘이 응답한 것이었습니다.

칠성단으로 와룡이 올라가니　　　　　七星壇上臥龍登
하룻밤 동풍에 강물이 세차네.　　　　一夜東風江水騰
공명이 묘책을 베풀지 않았다면　　　　不是孔明施妙計
주유가 어찌 재능을 보였겠는가.　　　　周郞安得逞才能

주유는 미심쩍던 동남풍이 불자 해괴하게 여겼습니다. 그리고 천지조화를 바꿔 놓고 귀신도 알 수 없는 술법을 펼치는 제갈량이 두려워졌습니다. 제갈량이 있는 한 동오의 안녕(安寧)도 장담할 수 없다고 생각했습니다. 급히 정봉과 서성두 장수를 불러 명령했습니다. 속히 남병산 칠성단으로 달려가 불문곡직(不問曲直)하고 제갈량을 죽인 다음 그의 수급을 가져오라고 했습니다.

두 장수가 병사들을 이끌고 칠성단에 도착했을 때 제갈량은 이미 자리를 뜬 뒤였습니다. 조운이 미리 지시받은 곳으로 배를 몰고 와서 제갈량을 모시고 가고 있었습니다. 서성이 거짓말로 제갈량을 불렀지만 이에 속을 제갈량이 아닙니다.

"나는 도독이 나를 용납하지 못하고 해치려는 것을 이미 오래전부터 알고 있었소. 그래서 미리 조운에게 데리러 오도록 한 것이오, 돌아가서 도독에게 바람을 돌렸으니 이제 싸움이나 잘하라고 전하시오."

"내가 바로 상산의 조자룡이다. 군령을 받들어 특별히 군사를 마중 나왔는데 너는 어째서 추격해 오느냐? 내 단 살에 너를 쏘아 죽일 수도 있지만 이는 양가(兩家)의 우의를 해치는 일이 될 것이기에 대신 솜씨나 보여 주겠다."

화공에 불타는 조조군의 전함

　　조운이 쏜 화살은 곧바로 서성의 배에 걸린 돛끈을 맞혀 끊었습니다. 서성의
배는 더이상 나갈 수 없었습니다. 조운은 돛을 올리고 순풍에 미끄러지듯 날아갔
습니다. 유비는 학수고대(鶴首苦待)하던 제갈량이 오자 너무 기뻤습니다. 제갈량은

오자마자 전군에게 명령을 내렸습니다. 조운에게는 오림(烏林)으로 가서 매복하고
있으라고 하고, 장비에게는 호로곡(葫蘆谷)에서 조조군을 맞이하라고 했습니다.
미축, 미방, 유봉 및 유기에게도 각각 명령을 내렸습니다. 다들 명령을 받고 출발

했는데 정작 관우에게는 아무런 군령이 없었습니다. 관우가 참다못해 큰소리로
말했습니다.

"나는 형님과 함께 많은 나날을 싸워왔지만 한 번도 남에게 뒤쳐진 적이 없었
소. 오늘 큰 적을 만나게 되었는데 군사는 왜 나만 빼버리는 것이오?"

"운장! 역정부터 내지 마시오. 나도 원래부터 장군에게 가장 중요한 길목을 지
키게 할 생각이었소. 그런데 꺼림칙한 것이 있어서 보내기가 걸리는 것이오."

"무엇이 걸리신단 말이오?"

"옛날에 조조가 장군을 매우 후대했으니 충의를 중시하는 장군도 당연히 보답
해야 하지 않겠소? 적벽에서 조조가 지면 반드시 화용(華容)으로 달아날 터, 만일
장군을 그곳에 지키게 하면 조조를 놓아 보낼 것 같아서 내 감히 보내지 못하고 있
는 것이오."

"군사는 쓸데없는 걱정을 하고 계시오. 당시 조조가 나를 후대한 보답은 이미
안량과 문추를 베고 백마현의 포위를 풀어주어 갚았소이다. 오늘 다시 조조를 만
난다면 내 어찌 순순히 놓아 주겠소?"

"혹시라도 놓아 보낼 때는 어떡하시겠소?"

"군법대로 따르겠소!"

관우는 즉시 군령장을 썼습니다. 그리고는 제갈량에게 조조가 화용도로 오지
않으면 어떡하겠냐고 반문했습니다. 관우도 제갈량에게 지기 싫었던 것입니다.
제갈량도 군령장을 쓰자 관우가 기뻐했습니다. 제갈량은 이를 모르는 듯 한술
더 뜹니다. 관우에게 화용으로 가는 큰 길이 아닌 작은 길에 불을 피워놓고 기다
리라고 합니다. 관우가 어이없는 표정을 짓자 제갈량이 웃으면서 말합니다.

"병법에는 허허실실이 있다는 것을 어찌 모르시오? 비록 조조가 용병을 잘하지
만 이렇게 해야 그를 속여 넘길 수 있소. 그는 연기가 피어오르는 것을 보고 반드시
허장성세(虛張聲勢)라고 여기고 곧바로 이 길을 따라 올 것이오. 그러니 장군은 살려
보내면 아니 되오."

마침내 관우도 출발했습니다. 유비는 관우가 의리가 깊어 조조를 놓아 보낼 것을 걱정했습니다. 그러자 제갈량이 조조는 아직 죽을 때가 되지 않았기에 관우가 인정을 베풀 수 있도록 배려한 것임을 알려주었습니다. 또다시 제갈량의 신묘한 계책이 소설 읽는 재미를 한층 더해줍니다.

한편 주유는 동남풍이 불자 전군에 공격명령을 내렸습니다. 황개가 먼저 나섰습니다. 황개는 조조에게 밀서를 보내고 계획대로 배를 몰았습니다. 조조는 기쁜 마음으로 황개군이 오기를 기다렸습니다. 참모 정욱이 황개의 배가 빠르게 오는 것을 보고는 위장(僞裝)임을 알았습니다. 조조군이 정지시켰을 때는 너무 늦었습니다. 황개군이 몰고 온 배들로 화공이 시작되었습니다. 조조군의 배들은 연환계로 묶여서 움직일 수 없었습니다. 조조는 눈앞의 상황을 믿을 수 없었습니다. 꿈속에서도 즐거웠던 천하통일이 커다란 싸움 한 번 없이 이토록 순식간에 무너지다니 말입니다.

▲ 고육계를 실행한 황개

관우가 화용도에서 조조를 놓아주다

조조는 선단(船團)이 순식간에 불길에 휩싸이자 망연자실(茫然自失)했습니다. 장료가 작은 배 한 척을 몰고 와서 조조를 구했습니다. 조조가 한숨을 돌리기도 전에 황개가 소리치며 뒤쫓아 왔습니다. 그러자 장료가 화살을 쏘아 황개의 어깻죽지를 맞췄습니다. 황개는 강물 속으로 처박히고 조조는 몸을 피할 수 있었습니다.

장강은 그야말로 불바다였습니다. 강 위로는 불덩이가 굴러다니고 고함과 비명소리는 천지를 진동했습니다. 조조의 군사는 창에 찔리고 화살에 맞고 불에 타고 물에 빠졌습니다. 그야말로 수많은 군사가 추풍낙엽(秋風落葉)처럼 쓰러졌습니다.

위와 오가 붙어 자웅을 겨루니   魏吳爭鬪決雌雄

적벽 아래 누선들을 다 쓸어버렸네.   赤壁樓船一掃空

불길 활활 타올라 구름처럼 번져가니   烈火初張照雲海

주유가 이곳에서 조조를 무찔렀다네.   周郞曾此破曹公

　승리의 자만심에 빠져있던 조조는 적벽대전에서의 패배로 천하통일의 야망을 접어야만 했습니다. 오히려 목숨을 부지하기 위해 달아나기 바빴습니다. 조조는 나무가 우거지고 산천이 험준한 오림으로 달아나며 크게 웃었습니다. 여러 장수가 의아해했습니다. 도망가기에도 바쁜 마당에 실성한 사람이 아니고서야 어찌 웃음이 나올 수 있을까요.

　　"내가 웃는 것은 그 두 사람 때문이다. 주유가 꾀가 없고 제갈량이 지혜가 적기 때문에 웃는 것이다. 만일 내가 군사를 배치하였다면 미리 이곳에 한 무리의 군사를 매복시켰을 것이다. 그랬다면 우리가 어떻게 하겠느냐?"

　병법가다운 조조의 생각이지만 제갈량을 너무 얕보았습니다. 말이 끝나기가 무섭게 북소리가 진동하면서 불길이 치솟았습니다. 조운이 군사를 이끌고 몰아쳤습니다. 조조는 화들짝 놀라 말에서 떨어질 뻔했습니다. 서황과 장합이 조운을 상대할 때 부리나케 도망쳤습니다. 밤새 달아난 조조는 먼동이 틀 무렵 겨우 숨을 돌릴 수 있었습니다. 호로구에 도착하여 식사를 하며 지친 군사와 말들을 쉬게 했습니다. 그리고 또다시 크게 웃었습니다. 호로구에도 군사를 매복시키면 좋은 장소인데 주유와 제갈량은 지략이 모자란다는 것이었습니다. 하지만 조조는 제갈량이 이미 장비를 보내놓은 것을 몰랐던 것입니다. 장비가

▲ 호로구에서 조조를 상대한 장비

화용도에서 조조를
놓아주는 관우

군사를 몰고 들이닥치자 조조군은 또 아수라장이 됐습니다. 조조는 허저와 장료, 서황이 막아내는 틈을 타서 달아났습니다. 또 많은 군사를 잃었습니다. 드디어 화용도에 이르렀습니다. 척후병이 좁은 길에는 연기가 나고 큰길에는 아무런 동정이 없다고 하자, 조조는 좁은 길로 갈 것을 명령했습니다.

"연기가 나는 곳에는 틀림없이 군마가 있을 것인데 어째서 정작 그 길로 가십니까?"

"병서에 이르길, 틈을 보이는 것은 완전하기 때문이고, 완전하게 보이는 것은 틈이 있기 때문이라고 했다. 제갈량은 꾀가 많기 때문에 우리 군사들에게 이 산길로 들어서지 못하게 하려고 사람을 보내 연기를 피우게 하면서 저들은 큰길에 매복하고 우리가 오기를 기다리고 있을 것이다."

"승상의 기묘한 계책은 아무도 따르지 못할 것입니다."

조조의 군사들은 진흙탕 길을 메우며 힘겹게 나아갔습니다. 조조는 또다시 주유와 제갈량의 꾀를 비웃었습니다. 두 번씩이나 당했으면 긴장할 만도 한데 아직도 정신을 못 차린 것일까요. 이번엔 관우가 길목을 막고 있었습니다. 조조의 군사는 지쳤고 수적으로도 불리했습니다. 게다가 관우의 모습을 본 조조의 군사들은 혼비백산(魂飛魄散)하여 싸울 기력조차 없었습니다.

절체절명(絕體絕命)의 위기에 모사 정욱이 나섰습니다. 신의를 중시하는 관우에게 지난날에 은혜를 베푼 것을 말하고 위기를 벗어날 것을 건의했습니다. 조조는 적벽대전에서 정욱의 의견을 받아들이지 않아 싸움에 패한 바 있습니다. 조조는 즉시 말을 몰고 앞으로 나가 관우에게 몸을 굽히고 말했습니다.

"관장군, 조조가 싸움에서 패하고 위태롭게 이곳까지 피해왔지만 이제 갈 길이 없구려. 장군께서는 옛날 파릉교의 정을 생각해주기 바라오."

"예전에 제가 승상의 호의를 받았지만 그것은 안량과 문추를 베고 백마현의 포위를 풀 때 이미 갚았습니다. 오늘 공무를 집행하면서 어찌 사사로운 정의를 앞세울 수 있겠습니까!"

"장군이 오관참육장 할 때를 모르시오? 대장부는 무엇보다 신의를 제일 중시한다고 하였소. 더군다나 장군은 춘추를 독파하지 않았소이까?"

관우는 조조의 애걸에 마음이 흔들렸습니다. 그리하여 조조가 도망치게끔 군사의 대형을 벌려줍니다. 조조가 도망치는 순간, 관우는 제갈량에게 써 준 군령장의 내용이 생각났습니다. 충성스런 신하로서의 본분과 호걸로서의 신의를 지키는 것 사이에서의 갈등이 번개처럼 뇌리를 스쳤을 것입니다. 관우는 참을 수 없어서 고함을 질렀습니다. 미처 도망가지 못한 조조의 군사들은 모두 울면서 엎드렸습니다. 그때 조조의 장수이자 관우의 친구인 장료가 왔습니다. 관우의 측은지심(惻隱之心)은 긴 한숨으로 이어지고 조조의 군사들은 모두 달아났습니다.

조조가 패하여 화용으로 도망치다　　　　曹瞞兵敗走華容
좁은 길에서 관우와 떡하니 마주쳤네.　　正與關公狹路逢
다만 지난날의 은의가 더욱 중요하여　　只爲當初恩義重
포위를 풀고 조조를 놓아주었네.　　　　放開金鎖走蛟龍

↑ 적벽에서 패한 조조가 애타게 찾았던 참모 곽가

『삼국지평화』에도 조조가 관우에게 쫓겨 화용도를 탈출하는 이야기가 나옵니다. 이로 미루어본다면 이미 오래전에 이 이야기가 민간에 회자되었음을 알 수 있습니다. 하지만 내용은 사뭇 다릅니다. 잠깐 그 내용을 보겠습니다.

'20리를 나아가다 500명의 창도수(槍刀手)와 만났다. 관우가 앞길을 막고 지키고 있었다. 조조가 좋은 말로 부탁했다.
"운장, 조조를 좀 봐주시오. 수정후(壽亭侯)께서는 은혜를 베풀어주시오."

관우가 말했다.

"군사의 명령이 엄중하니 그럴 수 없습니다."

말을 하면서도 얼굴에 근심 빛이 역력했다. 조조가 관우의 진영을 피해 빠져나가려고 했다. 이에 관우가 조조를 슬그머니 보내주었다. 그리고 몇 리가량 쫓아가다가 되돌아왔다. 군사가 말했다.

"조조를 보내준 것은 관장군의 잘못이 아닙니다. 관장군은 어진 사람이기에 옛날 조조의 은혜를 생각하여 보내준 것입니다."

관우가 이 말을 듣고는 화가 치밀어 얼른 말에 올라 유비에게 고한 후, 다시 조조를 뒤쫓아 갔다.'

관우가 화용도에서 조조를 놓아준 이야기는 독자에게 안타까움을 더하는 한편, 이후 전개될 부분에 더욱 몰입하게 만듭니다. 아울러 관우라는 충의의 화신이 탄생합니다. 나관중의 연의에는 관우를 칭송하는 사관(史官)의 시가 있습니다.

끝까지 정의로움 버리지 않고	撤膽長存義
죽을 때까지 은혜 갚음만 생각했네.	終身思報恩
위엄 어린 풍모는 일월과 같고	威風齊日月
영예로운 이름은 천하에 떨쳤네.	名譽震乾坤

조조는 탈출에 성공한 후, 진정으로 한 사람을 찾으며 애타게 그리워했습니다.

"나는 정녕 곽봉효(곽가)가 그립도다. 그가 지금도 살아있었다면 정녕코 내게 이렇게 큰 패배를 안겨주지 않았을 텐데. 슬프도다, 봉효여! 가슴이 아프다, 봉효여! 정녕 애석하다, 봉효여!"

천하를 삼킬 것 같았던 조조의 야망도 이제 정신이 든 것일까요. 조조는 이때부터 보다 신중하게 생각하고 처신합니다. 아픔만큼 성숙해지는 것이 인간이니까요.

주유는 헛고생만 하고
남군은 유비가 가지다

조조를 화용도에서 놓아준 관우는 군령장에 쓴 대로 유비와 제갈량에게 죽음을 청합니다. 제갈량이 군법대로 관우를 처형할 것을 명령했습니다. 유비가 죽음에 처한 관우를 살려줄 것을 간청하자 제갈량이 못이기는 척 관우를 용서합니다. 그야말로 수어지교(水魚之交)다운 멋들어진 연기가 아닐 수 없습니다. 관우가 조조를 놓아준 것에 대해서 모종강은 이렇게 관우를 치켜세웠습니다.

'관우가 조조를 대하는 태도를 가지고 어떤 사람이 문제를 제기했다. "어째서 허전(許田)에서는 죽이려 하면서 화용(華容)에서는 죽이지 않았느냐"고. 내가 답했다. "허전에서 죽이려 한 것은 충(忠)이고 화용에서 죽이지 않은 것은 의(義)다. 순역(順逆)을 분별하지 못하면 충이라 할 수 없고, 은원(恩怨)을 헤아리지 못하면 의라고 할 수 없다. 관우 같은 사람은 충성이 하늘에 닿고 의리가 해를 꿰뚫으니 세상에 오직 하나뿐인 사람이다." 은혜를 품는 것은 소인의 정이고, 덕을 갚는 것은 열사의 의지다. 비록 그 사람이 몹시 간악하고 조정과 세상에 죄를 지었더라도 그가 나를 해치지 않고 국사(國士)로 예우했다면 그는 바로 나의 지기(知己)다. 내가 나의 지기를 죽이는 것은 의기 없는 필부들이나 하는 짓이다. 그러니 열혈남아가 어찌 이런 짓을 하겠는가? 설령 그날 관우가 공의(公義)를 앞세워 "나는 국가를 위해 역적을 제거한다"고 하거나, "나는 세상을 위해 흉악한 놈을 죽이겠다"고 한다고 해서 누가 "그래서는 안 된다"고 하겠는가. 오직 관우의 마음은 '다른 사람이 죽인다면 의가 되겠지만 내가 죽인다면 불의가 된다'고 생각했기 때문에 차라리 자신이 죽을지언정 차마 조조를 죽이지 못한 것이다.'

주유는 적벽에서의 승리를 점고하고 남군을 빼앗기 위한 협의를 했습니다. 이때 유비가 손건을 통해 승전 축하 예물을 보내왔습니다. 유비와 제갈량이 유강(油江)에 주둔하고 있다는 손건의 말에 깜짝 놀란 주유는 유비를 직접 찾아뵙고 사례하겠다고 했습니다. 노숙이 의아해하자 주유가 유비의 속셈을 알려주었습니다.

"유비가 유강에 군사를 둔치고 있다는 것은 분명히 남군을 빼앗겠다는 속셈이오. 우리는 그 많은 군마와 자금, 군량 등을 써가며 이제 겨우 남군을 손에 넣으려고 하는데, 저들은 음흉한 속셈을 품고 거저먹으려 하고 있소. 이 주유가 있는 한 절대로 두고볼 수 없소."

▲ 주유군의 선봉 장흠

주유와 노숙이 유비의 진영을 찾아갔습니다. 제갈량은 '주유가 남군 때문에 온 것'이라며 유비에게 주유를 대하는 전략을 알려주었습니다. 주유는 유비를 만나자마자 직접 본론부터 꺼냈습니다.

"유예주께서 이곳에 군사를 주둔시키는 까닭이 남군을 빼앗으려는 것이 아닙니까?"

"내 듣자니 도독이 남군을 빼앗으려 한다기에 내가 도와드리려 온 것이오. 만약 도독이 빼앗지 않는다면 내가 빼앗을 작정이오."

"하하. 우리 동오는 오래전부터 형주를 차지하려고 했습니다. 이제 남군이 손바닥 안에 있는데 어떻게 빼앗지 않겠습니까?"

"승부는 미리 확신할 수 없다오. 조조가 돌아가기 전에 조인에게 남군을 지키도록 했으니 반드시 기묘한 계책이 있을 것이오. 더욱이 조인은 용기가 대단한 자요. 나는 다만 도독이 빼앗지 못할까봐 걱정될 뿐이오."

"만일 내가 빼앗지 못하면 그때는 공이 빼앗아도 좋습니다."

유비는 주유가 돌아가자 제갈량에게 물었습니다.

"선생이 가르쳐준 대로 하라고 해서 내가 그렇게 말은 했지만 다시 곰곰 생각해보니 이치가 맞지 않구려. 나는 지금 외롭고 구차하여 발붙일 땅도 없어서 우선 남군을 차지해서 용신(容身)이라도 하려고 했는데, 만일 주유가 먼저 성을 빼앗으면 그 땅은 동오가 차지할 것이니 내가 어떻게 머무를 수 있겠소?"

"하하하하. 애초에 제가 주공께 형주를 빼앗으라고 권해도 듣지 않으시더니 오늘은 어째서 갖고 싶어 하십니까?"

"전에는 유경승의 땅이었기 때문에 내 차마 빼앗지 못한 것이오. 지금은 조조의 땅이 되었으니 당연히 뺏어야지요."

"주공께서는 크게 걱정하지 마십시오. 먼저 주유가 나가서 싸우도록 한 다음 조만간 주공을 남군성 높은 자리에 앉혀 드리겠습니다."

주유는 장흠을 선봉으로 삼고 서성과 정봉을 부장으로 삼아 정예병 5천 명과 함께 남군을 공략토록 했습니다. 남군을 지키는 조인은 조홍에게 이릉을 지키게 하여 기각지세(掎角之勢)를 이뤘습니다. 동오의 선봉대가 오자 조인은 성을 지키며 수비에 치중했습니다. 그러자 우금이 흥분하여 나가 싸울 것을 진언했습니다. 우금은 5백 명의 군사를 이끌고 나가 싸웠지만 포위되고 말았습니다. 조인이 이를

➡ 주유의 군사와 싸우는 조인

보고 우금과 군사들을 구했습니다. 이 와중에 한바탕 혼전이 벌어지고 결국 동오의 선봉대는 크게 패했습니다. 화가 난 주유는 장흠을 죽이려고 했지만 여러 장수가 말려 용서해주었습니다. 감녕이 주유에게 계책을 말했습니다.

"도독! 성급하게 싸워서는 안 됩니다. 지금 조인은 조홍에게 이릉을 지키게 하면서 기각지세를 이루고 있습니다. 제가 정예병 3천 명을 이끌고 곧장 이릉을 빼앗겠으니 도독께서는 그 뒤에 남군을 빼앗으십시오."

주유는 이 말을 따랐습니다, 감녕은 조홍을 물리치고 이릉을 빼앗았습니다. 하지만 곧바로 조인이 보낸 군사들에게 포위되었습니다. 주유는 감녕을 지원하기 위해 능통에게 남군 지휘를 맡기고 이릉을 포위한 조조군을 물리쳤습니다. 조인과 조홍은 이릉을 잃자 사태가 매우 위급해졌음을 알고, 조조가 위기가 오면 열어보라던 계책을 뜯어보았습니다. 조인은 조조가 남겨둔 계책을 읽고는 즉시 명령을 내렸습니다.

"오경에 밥을 지어 먹고 새벽에 대소 군사는 모두 성을 버리고 떠나라! 성 위에 깃발을 둘러 꽂아 많은 군사가 있는 것처럼 꾸며 놓고 군사들은 세 개의 성문으로 나누어 나가라."

주유는 조인이 도망칠 준비를 하는 것으로 알고 세 방면에서 남군을 공격했습니다. 조인과 조홍은 몇 번 싸우다가 성안으로 들어가지 않고 성 밖으로 달아났습니다. 주유는 군사도 없고 성문도 활짝 열려 있는 성을 빼앗기 위해 군사들과 함께 성안으로 향했습니다. 하지만 이 모든 것이 조조의 계책이었습니다. 성안에 매복해있던 군사들은 주유가 직접 성안으로 들어오는 것을 보고는 양쪽에서 화살과 쇠뇌 살을 소나기처럼 날렸습니다. 주유는 황급히 말머리를 돌렸습니다만 한 대의 쇠뇌 살이 날아와 왼쪽 옆구리에 꽂혔습니다. 주유가 말에서 떨어졌습니다. 도망쳤던 조인과 조홍의 군사가 반격해오자 동오군은 또다시 패했습니다.

攻南郡周瑜中箭 三國演義插圖之七十七 乙酉春業雄畫於滬上醫戲齋

◀ 남군성에서 매복군의
화살을 맞는 주유

능통이 조인의 군사를 막아준 덕분에 우금과 서성, 정봉이 죽기를 각오하고 싸워 겨우 주유를 구해냈습니다.

　주유는 살촉을 뽑고 치료를 받았지만 독이 묻어 있어서 안정이 필요했습니다. 조인은 주유가 화가 치밀어 독이 온몸에 퍼지기를 바라며 매일 군사들을 시켜 욕설을 퍼부으며 싸움을 걸었습니다. 주유는 이를 역이용하기로 했습니다. 독이 퍼져 죽었다는 소문을 퍼뜨리고 상복을 입게 했습니다.

　조인은 기쁜 마음에 대군을 이끌고 동오 군영을 기습했습니다. 그런데 동오의 군사들이 보이지 않자 계략에 빠진 것을 알았습니다. 동오의 군사들은 사방에서 조인과 조홍의 군사를 공격했습니다. 조인과 조홍은 크게 패하여 남군으로도 가지 못하고 양양으로 도망쳤습니다. 주유는 군사들과 함께 남군을 차지하기 위해 단걸음에 성에 다다랐습니다. 그런데 성은 이미 조운이 차지하고 있었습니다. 화가 난 주유가 공격하려 하자 화살이 빗발치듯 쏟아졌습니다.

　주유는 형주와 양양을 빼앗은 뒤에 남군을 다시 공격하기로 하고 군사들을 돌리려는데, 척후병이 달려와 두 곳도 이미 유비의 손아귀에 들어갔음을 알려주었습니다. 제갈량이 조인의 병부(兵符)를 이용해 두 곳을 기습 점거했던 것입니다. 이 말을 들은 주유는 외마디 고함을 지르더니 그대로 쓰러졌습니다. 죽을 고생만 한 주유에게는 충격이 너무 컸던 것입니다. 모종강은 유비가 형주를 차지한 것을 두고 이렇게 평했습니다.

　'조조의 군사가 돌아간 뒤에는 유비도 형주의 아홉 개 군을 갖고 싶어 했고, 손권 역시 그러했다. 이에 제갈량은 유비를 위해 빼앗으려고 했고, 주유와 노숙은 손권을 위해 빼앗으려고 했다. 이리하여 조조를 무찌른 생색은 유비에게 내고 사례할 것을 요구하여 그 보상으로 형주를 차지하려고 했다. 이래서 손권과 유비는 서로 좋게 지낼 수 없었으니 매우 한탄스런 일이다.'

마침내 유비가
형주를 차지하다

주유는 제갈량이 형주와 양양을 기습 점거하자 화가 치밀었습니다. 남군전투 때 맞은 쇠뇌의 독이 아물지 않은 상태에서 상처가 덧나서 정신을 잃고 쓰러졌습니다. 주유는 반나절이 지나서야 깨어났습니다. 여러 장수가 재삼 위로하며 진정시켰습니다. 하지만 주유는 아직도 치미는 화를 참을 수 없었습니다.

"제갈 촌놈을 죽이지 못하면 내 마음속 원한이 어떻게 풀리겠소? 정보는 나를 도와 남군을 공격하여 꼭 우리가 탈환하도록 해주시오."

주유는 노숙에게도 도움을 요청했습니다. 하지만 노숙은 반대했습니다. 조조와의 싸움이 아직 끝나지 않은 터에 유비를 공격하면 조조가 다시 쳐들어 올 수 있고, 이때 위태로움을 느낀 유비가 조조에게 성을 바치고 함께 공격해 올 수 있다는 논리를 폈습니다. 주유가 한탄했습니다.

"우리는 온갖 계책을 다 쓰면서 병사와 말을 꺾이고 자금과 군량을 허비했는데, 저들은 남이 해놓은 밥을 힘도 안 들이고 먹어치웠으니 어찌 한스럽지 않소?"
"도독! 조금만 참으시오. 내가 직접 유비를 만나 이치로 달래 보겠습니다. 만일 말이 통하지 않으면 그때 가서 군사를 움직여도 될 것입니다."

노숙이 유비와 제갈량을 만났습니다. 노숙이 형주와 양양을 차지한 것에 대하여 따졌습니다. 그러자 제갈량이 노숙에게 반문했습니다.

"고명하신 분께서 어찌 그런 말씀을 하십니까? 시쳇말로 '물건은 반드시 주인에게 돌려주어야 한다'고 하였습니다. 형주 9군은 동오의 땅이 아니라 원래 유경승의 기업이고, 우리 주인은 그의 아우입니다. 경승이 비록 죽었지만 그 아들이 아직 살아있으니 아저씨가 조카를 도와 형주를 빼앗은 것인데 그것이 잘못되었다는 것입니까?"

"만일 공자 유기가 점거한 것이라면 이해할 수가 있지만 공자는 지금 강하에 있고 여기에는 없지 않습니까?"

노숙의 장담과는 반대로 유기가 나타나 인사하자 노숙은 할 말이 없었습니다. 제갈량은 이미 유기를 데려다 놓고 이러한 계책을 세웠던 것입니다. 노숙은 유기가 병이 깊은 것을 보고는 호구지책(糊口之策)으로 다시 물었습니다.

"만일 공자께서 돌아가신 후에는 어떻게 하겠습니까?"

↑ 상산의 호랑이 조운

"공자께서 살아 계시는 동안은 지킬 것이오. 만일 돌아가시면 그때 다시 상의하겠습니다."

유비는 형주를 차지하고 오래 지킬 방도를 논의하던 차에 이적이 '마씨 5형제'를 추천하자 매우 기뻤습니다. 그중에서도 단연 마량이 최고였습니다. 유비가 마량에게 방책을 묻자 그가 말했습니다.

"형주와 양양은 사방에서 공격받을 수 있는 땅이기에 오래 지키기 어렵습니다. 공자 유기를 이곳에서 요양시키고 옛 사람들을 불러 지키게 하면서 즉시 천자께 표주(表奏)하여 공자를 형주자사(荊州刺史)로 삼아 민심을 안정시키십시오. 그런 다음 남쪽의 무릉, 장사, 계양, 영릉 네 개 군을 정벌하여 전량(錢糧)을 거두어 근거지로 삼으십시오. 그렇게 하는 것이 오래 보존할 수 있는 방책입니다."

유비는 즉시 4개 군의 정벌에 착수합니다. 유비가 먼저 제갈량과 함께 중군이 되어 영릉을 차지했습니다. 계양은 조운이 나섰습니다. 계양태수 조범은 조운의 적수가 되지 못했습니다. 그리하여 조운에게 항복하고 주연을 베풀었습니다. 술이 몇 차례 돌자 조범은 같은 성씨에 고향까지 같은 조운과 형제가 되기로 했습니다. 조운도 흔쾌히 수락했고, 출생이 4개월 빠른 덕에 형님이 되었습니다. 다음 날도 주연이 벌어졌습니다. 흥겹게 취하자 조범이 조운을 후당 내밀한 곳으로 청해서 다시 술상을 마련했습니다.

그리고 한 명의 부인을 들여보내어 조운에게 술을 따르게 했습니다. 조운이 보니 여인은 소복을 입고 있었는데 그야말로 경국지색(傾國之色)이었습니다.

↑ 유표의 장남인 유기

趙雲嚴詞拒趙範 乙酉春 素雄畫

↑ 의형제 조범이 형수를 주려 하자
손찌검을 하는 조운

"이 부인은 뉘시오?"

"제 형수인 번씨입니다."

"현제(賢弟)! 번거롭게 왜 하필 형수에게 잔을 올리게 하시는가?"

"까닭이 있으니 제발 형은 거절하지 마시기 바랍니다. 저의 형님은 돌아가신 지 이미 3년이 되었고, 형수께서는 외롭게 살고 계시는데 결코 이렇게 사시라고 할 수 없는 일이 아닙니까? 그래서 이 아우는 늘 형수에게 개가를 권했습니다. 형수는 '만일 세 가지 조건을 갖춘 사람이 나타나면 그때 시집을 가겠다'고 하였습니다. 그 조건이란 첫째, 문무가 뛰어나 천하에 명성을 드높이고, 둘째는 모습이 당당하고 인품도 출중하며, 셋째 형님과 성이 같아야 한다는 것입니다. 아시다시피 세상에 그렇게 꼭 맞는 사람이 어디 있겠습니까? 존형(尊兄)이야말로 풍채가 당당하고 이름도 세상에 떨치고 있으며, 또한 성도 같으니 형수가 말한 조건에 딱 들어맞습니다. 만일 형수의 못난 모습을 탓하지 않는다면 제가 혼수를 준비하여 장군의 처로 삼도록 하고 싶습니다."

"나는 이미 너와 형제를 맺었으니 너의 형수가 바로 나의 형수다. 어찌 인륜에 어긋나는 일을 할 수 있느냐?"

"나는 좋은 뜻으로 말했건만 어찌 이리도 무례하시오?"

조운은 조범의 제안을 물리치고 계양을 빼앗았습니다. 제갈량과 유비가 조운의 공을 치하하고 물었습니다.

"이 또한 아름다운 일인데 어째서 공은 그렇게 하셨소?"

"조범은 이미 저와 형제를 맺었는데 또다시 그의 형수를 아내로 맞이한다면 남들에게 욕을 먹게 될 것이 첫째로 싫었고, 그 부인이 두 번 시집가서 절개를 잃는 것이 두 번째로 싫었으며, 갓 항복한 조범의 마음을 알 수 없는 것이 세 번째로 싫었습니다. 주공께서도 이제 막 강한(江漢)을 평정하여 침석(枕席)이 불편하신데 제가 어찌 감히 한 여인 때문에 주공의 큰일을 소홀히 하겠습니까?"

"큰일은 이미 끝냈으니 이제 너의 아내로 삼는 것이 어떻겠느냐?"

"세상에 여자는 많습니다. 다만 명예가 서지 않을 것이 걱정될 뿐 어찌 처자가 없는 것을 걱정하겠습니까?"

모종강이 조운을 치하하는 평을 남겼습니다.

'유비는 유언의 며느리를 취했고, 조운은 조범의 형수를 취하지 않았다. 이것은 조운이 유비보다 훌륭한 점이다. 장수는 조조가 숙모를 건드린 일을 부끄러워했고, 조범은 조운이 형수를 취해주기를 바랐다. 이것은 조범이 장수만 못한 것이다.'

노장 황충이 유비에게 귀순하다

53

북경

업성

장안 낙양 허창 건업
동관 양양
한중 남군 형주 합비
부성 성도 시상
무릉 적벽
장사

계양

　　조운이 경국지색까지 멀리하며 계양을 차지하고 공을 세우자, 장비도 뒤질세라 무릉군을 바치겠노라고 장담하고 나섰습니다. 제갈량은 장비에게서 군령장을 받고 3천 명의 군사를 내주었습니다. 장비는 기쁜 마음으로 군사를 이끌고 밤을 도와 무릉에 도달했습니다. 무릉태수는 김선이었습니다. 김선은 장비가 온다는 보고를 받고서 즉시 전투준비를 했습니다. 그러자 종사(從事) 공지가 말렸습니다.

　　"유비는 바로 한나라의 황숙이고 천하에 인의(仁義)를 펴고 있습니다. 게다가 장비의 용맹은 대단하니 맞서 싸워서는 안 됩니다. 항복하는 것이 가장 좋습니다."
　　"네가 지금 적과 내통하여 안에서 변란을 꾀하려고 하는 것이냐?"

모두가 말려서 공지는 겨우 죽음을 면했습니다. 김선은 공지를 쫓아버리고 직접 군사를 이끌고 성 밖 20리에 군영을 세웠습니다. 김선이 직접 말을 몰고 칼을 춤추며 달려왔습니다. 이를 본 장비가 버럭 고함을 질렀는데 마치 벼락 치는 소리와 같았습니다. 달려오던 김선은 얼굴이 새하얗게 질려 싸울 엄두는커녕 말머리를 돌려 달아났습니다. 장비가 군사를 이끌고 뒤따르며 덮치자 김선의 군사들도 도망가기에 바빴습니다. 김선이 성으로 들어가려고 하자 화살이 빗발치듯 쏟아졌습니다. 공지가 성 위에서 김선에게 외쳤습니다.

"너는 천시(天時)를 따르지 않아 스스로 패망을 자초했다. 나와 백성들이 직접 유씨에게 항복하겠다!"

김선은 얼굴에 화살을 맞고 말에서 떨어졌습니다. 그의 목은 장비에게 바쳐졌습니다. 유비는 공지로 하여금 무릉을 이끌도록 했습니다. 관우는 장비와 조운이 무릉과 계양을 빼앗는 전과를 올린 것을 알고는 자신도 나섰습니다. 유비는 즉시 허락했습니다. 그러자 제갈량이 한 가지 중요한 사실을 말해주었습니다.

"계양이나 무릉을 빼앗으러 갈 때는 모두 3천 명의 군사만 이끌고 갔소. 장사태수 한현이야 족히 입에 올릴 것도 못되지만 그의 부하장수 한 사람은 대단한 자입니다. 남양사람 황충으로 나이가 육순에 가깝지만 그와는 상관없이 만부부당지용(萬夫不當之勇)이라고 하오. 절대 얕보고 대적하면 안 될 것이니 이번에는 군사를 많이 이끌고 가시오."

"군사! 어째서 남의 능력은 치켜세우고 우리편의 기세는 얕잡아 보시오? 하나의 늙은 졸개를 어찌 입에 올린단 말이시오? 나는 3천 명의 군사도 필요 없소. 직속부하인 교도수 5백 명만 데리고 가서 황충과 한현의 목을 바치겠소."

유비가 말렸으나 관우의 고집을 꺾을 수 없었습니다. 유비는 제갈량의 요청에 따라 만약의 사태에 대비하여 군사를 이끌고 뒤에서 지원해주기로 했습니다.

활을 쏘아 관우의
투구를 맞추는 황충

장사태수 한현은 성질이 급하고 사람을 경솔하게 죽여 많은 사람들에게 미움을 샀습니다. 이러한 때 관우가 쳐들어온다고 하자 한현은 황충을 불렀습니다. 황충은 활의 명수였습니다. 그는 한 자루의 칼과 한 대의 활로 백 명이든 천 명이든 오는 대로 죽이겠노라며 태수를 안심시켰습니다. 관군교위(管軍校尉) 양령이 겁도 없이 관우를 사로잡아 오겠노라고 큰소리쳤습니다. 하지만 채 3합을 버티지 못하고 관우에 칼날에 반쪽이 났습니다. 한현은 겁에 질려 황충을 보냈습니다. 그리고 성 위에서 이를 지켜보았습니다.

관우는 노장이 말을 타고 나오는 것을 보고는 제갈량이 말한 황충임을 알았습니다. 둘은 말을 몰아 서로 엇갈리며 맞붙어 싸웠습니다. 백여 합을 싸웠으나 승부가 나지 않았습니다. 한현은 황충이 실수를 할까봐 징을 쳐서 싸움을 중지시켰습니다. 관우도 성에서 10리 쯤 떨어진 곳에 영채를 세웠습니다. 그리고 생각했습니다.

'노장 황충이란 말은 헛소문이 아니었구나. 1백여 합을 싸우고도 틈을 보이지 않으니 내일은 타도계(拖刀計)를 써서 뒤에서 내리쳐야겠다.'

다음 날, 다시 싸움이 벌어졌습니다. 50~60여 합을 싸웠으나 승부가 나지 않았습니다. 관우가 말머리를 돌려 달아났습니다. 황충이 추격해 왔습니다. 관우가 옆으로 비껴서면서 칼로 내리치려고 할 때였습니다. 갑자기 '억!' 소리와 함께 황충의 말이 앞으로 고꾸라졌습니다. 황충은 저만큼 땅바닥으로 나가떨어졌습니다. 관우가 황충에게 다른 말을 타고 오도록 살려주었습니다. 한현은 돌아온 황충을 보고 화살을 쏘지 않았다고 꾸짖었습니다. 자신이 타던 청마(靑馬)를 주며 화살로 관우를 잡으라고 했습니다. 황충은 자신을 살려준 관우의 의기(義氣)가 존경스러웠습니다.

날은 밝고 둘은 다시 맞붙었습니다. 관우도 황충을 이기지 못하자 몹시 초조했습니다. 30여 합을 싸우고 황충이 패한 척 달아났습니다. 관우가 뒤쫓아 왔습니다. 황충은 어제의 일을 생각하면서 빈 시위를 당겼습니다. 관우는 시위소리를 듣고 급히 피했습니다. 화살이 보이지 않자 다시 쫓아왔습니다. 황충이 다시 빈 시위를 당겼습니다. 관우가 또 급히 피했지만 화살이 없자 마음 놓고 추격해 왔습니다.

드디어 적교에 이르렀습니다. 황충이 활에 화살을 먹여 쏘았습니다. 화살을 시위소리와 함께 날아와 관우의 투구꼭지 장식 술 밑동을 정확히 맞혔습니다. 관우는 깜짝 놀라 가슴이 섬뜩했습니다. 화살이 꽂힌 채로 돌아왔습니다. 그리고 황충이 어제의 은혜를 갚은 것임을 알았습니다.

한편 황충이 성으로 돌아오자 한현은 크게 노해서 황충을 죽이라고 소리쳤습니다. 오늘의 상황을 성 위에서 다 보았기 때문입니다. 장수들이 용서를 구했으나 소용없었습니다. 황충의 목이 막 베어지려는 순간, 한 장수가 달려 나와 황충을 구했습니다. 그는 바로 위연이었습니다. 위연은 단칼에 한현을 베고 관우에게 투항했습니다.

관우는 백성들을 안정시키고 이 소식을 유비에게 알렸습니다. 유비가 몸소 황충의 집을 찾아가 만나기를 청하자 두문불출하던 황충이 그제야 나와서 항복했습니다. 후세 사람들이 황충을 기리는 시 한 수를 남겼습니다.

장군의 기개는 하늘의 별처럼 높은데	將軍氣槪與天參
백발이 다 되도록 장사 땅에서 고생했네.	白髮猶然困漢南
죽음도 달게 받고 원망하지 않더니	至死甘心無怨望
항복할 때는 부끄러워 머리 숙이네.	臨降低首尙懷慚
번뜩이는 칼은 신 같은 무용 뽐내고	寶刀燦雪彰神勇
바람 가르는 철기는 격전장 떠오르게 하네.	鐵騎臨風憶戰酣
천고에 높은 이름 응당 사라지지 않고	千古高名應不泯
외로운 저 달 따라 상강을 비추리라.	長隨孤月照湘潭

樂進飛騎襲孫權
乙酉春 義雄 畵

◀ 송겸과 가화의 화극을
자르는 악진

유비는 마량이 계책을 올린 네 개의 군을 모두 차지하자 매우 흡족했습니다. 게다가 노장 황충과 위연까지 얻었으니 마음마저 든든했습니다. 하지만 제갈량은 위연을 보자마자 당장 끌어내다 목을 베어 죽이라고 호통을 쳤습니다. 유비가 공을 세운 위연을 왜 죽이려느냐고 반문했습니다.

"한현의 녹을 받으면서 그 주인을 죽였으니 불충이요, 그의 땅에 살면서 그 땅을 바쳤으니 불의입니다. 위연은 뒤통수에 반골(反骨)이 있어서 훗날에는 반드시 배반할 것입니다. 그렇기 때문에 이제 죽여서 화근을 없애야 합니다."

"만일 이 사람을 죽인다면 항복한 사람들이 모두 겁을 내지 않을까 싶소. 군사가 용서해주기 바라오."

"내 너의 목숨을 살려 주겠다만 너는 딴 마음을 품지 말고 주공께 충성을 다하여 보답해야 한다. 만일 그렇지 않으면 내 어떻게 해서든 너의 목을 베겠다!"

황충이 유표의 조카 유반을 추천했습니다. 유비는 그에게 장사군을 맡게 했습니다. 유비는 4개 군을 평정하고 형주로 돌아왔습니다. 군량도 풍족해지고 사방에서 인재들도 모여들었습니다. 유비는 이를 바탕으로 군사를 사방의 요충에 파견하여 방비를 철저히 했습니다. 이제 제갈량이 초가에서 설파한 삼국 정립을 위한 본격적인 활동을 벌일 때가 온 것입니다.

▲ 어이없는 죽음을 맞이한 태사자

한편 손권은 적벽대전 이후 합비에 있으면서 조조군과 십여 차례 전투를 치렀으나 승부를 내지 못하고 있었습니다. 합비는 장료와 이전, 악진이 지키고 있었습니다. 장료가 싸움을 걸어오자 손권이 직접 나섰습니다. 태사자가 나서서 장료와 싸웠습니다. 이때 이전과 악진이 순식간에 손권에게 달려들었습니다. 손권의 부장인 송겸과 가화가 겨우 막아냈습니다. 하지만 송겸은 이전이 쏜 화살을 맞고 죽었습니다. 동오군은 크게 패한 채 본영으로 돌아왔습니다. 장사(長史) 장굉이 진언했습니다.

"주공께서는 젊은 혈기만 믿으시고 큰 적을 가볍게 보시므로 모든 군사들이 한심하게 생각합니다. 장수를 죽이고 군영을 빼앗고 싸움터에서 위세를 떨치는 일은 편장들이 할 일이지 주공께서 하실 일이 아닙니다. 원컨대 분육(賁育)의 용기를 억제하시고 왕패(王霸)의 계획을 품으소서. 오늘 송겸이 화살을 맞고 죽은 것도 주공께서 적을 얕보았기 때문이니 앞으로는 절대로 몸조심하셔야 합니다."

"그대의 말이 맞소. 그것은 나의 과실이었소. 앞으로는 명심하여 고치겠소."

태사자가 송겸의 원수를 갚기 위해 장료 수하의 마부와 자신의 부하 과정이 형제인 것을 알고 그를 밀정으로 잠입시켰습니다. 그리고 자신은 5천 명의 군사를 이끌고 신호가 나면 곧바로 쳐들어가기로 했습니다. 하지만 장료는 빈틈이 없었습니다. 사전에 이들을 색출하여 계략을 알아낸 그는 이를 다시 역이용했습니다.

이를 모르는 태사자는 성문으로 들어서다 쏟아지는 화살을 맞았습니다. 손권은 송겸을 잃고 태사자마저 위독하자 철군하지 않을 수 없었습니다. 태사자는 가슴속 한을 외치고는 41세에 안타깝게 숨을 거뒀습니다. 후세 사람들도 태사자를 기리는 시를 남겼습니다.

뜻을 세우고 충효를 맹세했으니	矢志全忠孝
동래사람 태사자라네.	東萊太史慈
이름은 멀리 변방까지 알려지고	姓名昭遠塞
궁마 솜씨는 온 군사를 떨게 했네.	弓馬震雄師
북해에서는 공융의 은혜 갚았고	北海酬恩日

신정에서는 손책과 백병전 펼쳤지.　　神亭酣戰時

눈감으면서도 말과 뜻이 굳세니　　臨終言壯志

오랫동안 함께 탄식하고 감탄하네.　　千古共嗟咨

　유비는 형주를 차지한 이후, 군마를 정돈하며 야망을 불태우고 있었습니다. 하지만 호사다마(好事多魔)라고 했던가요. 강남 사군을 차지할 수 있는 빌미를 주었던 조카 유기가 병으로 죽었습니다. 유비는 소식을 접하고 슬픔에 빠졌습니다. 유비의 슬픔은 조카의 죽음 때문만은 아니었습니다. 손권이 노숙으로 하여금 형주를 반환하라고 할 것이 뻔했기 때문입니다. 유비가 더 큰 슬픔에 빠진 것은 바로 이것이었으니 어떻게 이 난국을 헤쳐 나갈까요?

유비가 손부인을 맞이하여 촉오동맹을 견고히 하다

유기가 죽었다는 소식을 들은 제갈량은 유비에게 '인명은 재천'임을 강조하고 후속조치에 대비할 것을 주문합니다. 제갈량은 관우를 적임자로 뽑아 양양을 지키도록 했습니다. 이는 손권 쪽에서 형주의 반환을 요구할 것에 대비한 방책이었습니다.

보름이 지나자 드디어 노숙이 조문을 왔습니다.

"일전에 황숙께서는 공자가 돌아가시면 곧장 형주를 반환하겠다고 약속하셨는데 이제 공자께서 돌아가셨으니 언제 돌려주시려는지요."
"내 잠시 형주를 빌려 터전으로 삼은 뒤, 우리 주군께서 다른 성을 차지하게 되면 즉시 돌려드리겠소. 중원은 금방 도모하기 힘들지만 서천의 유장은 어리석고 나약하니 머지않아 차지하실 것이오. 서천을 얻게 되면 즉각 돌려드리겠습니다."

노숙은 어쩔 수 없이 유비의 말을 따르는 수밖에 없었습니다. 유비와 제갈량이 수결(手決)을 놓아 써 준 문서 한 장에 자신도 수결을 한 채 힘없이 돌아왔습니다. 주유는 노숙이 문서 한 장을 달랑 들고 오자 발을 동동 구르면서 화를 냈습니다. 노숙은 할 말이 없었습니다, 한동안 멍하니 있다가 겨우 말문을 열었습니다.

"유비는 절대로 나를 저버리지 않을 것이오."

이 부분에서 모종강은 한 마디 평을 남겼는데, 그야말로 만고에 딱 들어맞는 말이 아닐 수 없습니다.

'손권이 노숙을 시켜 조상(弔喪)한 것을 보면 세상의 인정이 어쩌면 똑같을 수 있을까 한탄하게 된다. 손권은 앞서 유표를 조상한 것은 유표를 위한 것이 아니라 유비를 위해 조상한 것이고, 뒤에 유기를 조상한 것은 또한 유기를 위한 것이 아니라 형주를 위해 조상한 것이다. 조상이란 원래 죽은 사람을 위해서 하는 것인데 살아있는 사람을 위해서 하는 것처럼 생각하고, 조상이란 원래 남을 위해서 하는 것인데 자신을 위해서 하는 것처럼 생각한다. 그래서 조상을 해도 자신에게 이득 될 것이 없으면 해야 할 조상도 하지 않고, 반대로 조상을 하는 것이 자신에게 이득이 되면 조상할 필요가 없음에도 조상을 한다. 어찌 동오만 그러하고 또 조상하는 일만 그러하겠는가? 요즘 세상에 바쁘게 오가는 사람들이 모두 동오가 조상하듯 제 이익만 챙기려는 것이라고 보면 결코 틀리지 않는다.'

↑ 여장부 손부인

주유는 노숙이 제갈량에게 속았다며 펄펄

뛰었습니다. 노숙은 자신의 책임이 컸던지라 망연자실했습니다.

주유는 예전에 노숙이 곡물창고를 통째로 주며 자신을 도와준 것을 잊지 않고 있었습니다. 그리하여 노숙의 위축된 마음을 달래주고 도와줄 요량으로 형주를 염탐시켰습니다. 며칠 후 염탐꾼이 돌아와 유비의 부인인 감부인이 죽은 것을 알렸습니다.

주유는 염탐꾼의 보고를 받고 회심의 미소를 지었습니다. 노숙에게 유비를 꼼짝없이 붙잡고 형주를 손바닥 뒤집듯 얻을 수 있다고 했습니다. 노숙이 궁금해하자 계책을 알려주었습니다.

"유비가 상처(喪妻)를 했으니 반듯이 후취(後娶)를 맞이할 것이오. 주공께 손아래 누이가 한 분 계신데, 남자보다 사납고 하녀 수백 명도 늘 칼을 차고 다니며 방에도 무기들로 꽉 차 있다 하오. 어떤 남자라도 그만큼은 못할 것이오. 내 지금 주공께 편지를 올려 중매쟁이를 형주로 보내서 유비에게 장가를 들러 오도록 달래보라고 하겠소. 그가 속임수에 넘어가서 우리 쪽으로 오면 아내를 얻기는커녕 옥에 갇히게 될 것이오. 그리 되면 형주와 유비를 바꾸자고 하고, 그들이 형주성을 돌려주면 나는 그를 따로 처치할 생각이오. 그래야 당신 신상에도 아무런 일이 없을 것이오."

주유의 말을 듣자 노숙도 절하며 시름을 놓았습니다. 손권은 주유의 편지를 읽고는 즉각 여범을 시켜 형주로 가서 중매를 설 것을 명령했습니다. 유비는 감부인을 잃고 번뇌 속에서 지내고 있었는데, 동오에서 여범이 찾아왔다는 보고가 있자 제갈량이 웃으면서 말했습니다.

"주유의 계책으로 왔을 터, 형주 때문일 것입니다. 제가 병풍 뒤에 숨어서 엿들을 테니 무슨 말이든 받아들이십시오. 그런 연후에 역관에 물러가 쉬게 하고 따로 상의하시면 될 것입니다."

여범은 유비에게 주유의 생각을 그대로 전하고 양가에서 '진진지호(秦晉之好)'를 맺는다면 조조도 감히 동남쪽을 똑바로 쳐다보지 못할 것이라고 했습니다. 유비는 여범에게 좋게 말하고 제갈량을 만났습니다. 제갈량은 대길대리(大吉大利)한 점괘가 나왔다며 좋은 날을 잡아 속히 혼례를 올릴 것을 권했습니다.

"주유가 함정을 파놓고 나를 해치려는 것인데 어찌 경솔하게 위험한 곳으로 들어간단 말이오?"

"주유가 계책을 잘 쓰기는 하지만 어찌 제갈량의 손아귀를 벗어날 수 있겠습니까. 제가 조그만 계책만 써도 주유는 그 어떤 계책도 펴지 못할 것이고, 오후(吳侯)의 누이 또한 주공의 새 부인이 될 것이니 형주를 잃을 염려는 걱정하지 않아도 됩니다."

유비는 의심을 버리지 못했지만 제갈량이 손건을 시켜 혼사를 주선하자 따르는 수밖에 없었습니다. 혼사는 일사천리(一瀉千里)로 진행되었습니다. 손권은 유비가 동오로 와서 결혼하기를 바랐습니다. 유비가 걱정하자 제갈량이 세 가지 계책을 정해놓았으니 걱정할 것 없다며 안심시켰습니다. 그리고 조운을 불러 세 개의 비단주머니를 주며 귀띔했습니다.

"여기 세 개의 금낭이 있소. 이것을 품에 넣고 동오로 가서 주공을 보호하도록 하시오. 주머니 속에는 기묘한 계책이 들어 있으니 순서대로 열어보고 그대로 따라 하면 되오."

조운은 유비를 모시고 동오로 갔습니다. 첫 번째 금낭을 열어본 조운은 이교(대교와 소교)의 부친인 교국로를 찾아갔습니다. 유비는 술과 양을 가지고 찾아가서 여범의 중매로 아내를 얻으려왔다는 말을 전했습니다. 아울러 5백 명의 수행 군사들은 모두 붉은 비단을 몸에 두르고 혼인축하 잔치를 맘껏 알리도록 했습니다. 소문은 바람처럼 퍼져 성안의 사람들 모두가 알게 되었습니다. 유비로부터 혼례 사실을 안 교국로는 오국태를 만나 경축인사를 드렸습니다.

↑ 오국태의 마음을 사로잡은 유비

"무슨 경사가 있다는 말씀이오?"

"따님을 유비의 부인으로 이미 허락하셔서 벌써 그가 도착해 있는데 어찌 속이려 하십니까?"

"무슨 말이오? 늙은이는 전혀 모르는 일이오."

오국태가 사람을 시켜 확인해보니 성안에 이미 소문이 자자했습니다. 깜짝 놀란 그는 손권이 문안차 오자 가슴을 치며 통곡했습니다.

"어머님, 무엇 때문에 그렇게 속을 끓이십니까?"

"너는 줄곧 이렇게 나를 무시할 셈이냐?"

"어머니! 하실 말씀이 있으면 분명하게 말씀하소서. 무엇 때문에 이렇게 서러워하십니까?"

"사내자식이 크면 장가를 들고 계집애가 크면 시집을 보내는 것은 고금의 이치다. 내가 너의 어미이건만 그런 일은 당연히 내게 여쭈어 보고 명을 받아야 할 것이 아니냐? 너는 유비를 불러 사위로 삼으려고 하면서 어째서 나는 속이느냐? 그 아이는 틀림없이 내 자식이다."

"그 말을 어디서 들으셨습니까?"

"모르게 하려면 아무도 모르게 해야지 성안 모든 백성이 다 알고 있는데 너는 계속 나만 속일 셈이냐?"

"아닙니다. 그것은 주유의 계책입니다. 형주를 빼앗으려고 그런 구실을 내세운 것입니다. 유비가 속아서 이곳으로 오면 잡아 가두고 그와 형주를 맞바꾸자고 하여 만일 말을 듣지 않으면 먼저 유비를 죽이자는 것입니다. 이것은 계략이지 정말로 혼사를 맺자는 것이 아닙니다."

"이런 일을 봤나. 주유는 대도독으로 있으면서 형주 하나 빼앗을 계책이 없어서 고작 나의 딸을 내세워 미인계로 유비를 죽이겠다는 것이냐? 그렇게 되면 나의 딸은 바로 까막과부가 될 터인데 앞으로 어떻게 다시 시집을 가라고 하겠느냐? 내 딸의 평생을 이렇게 망쳐 놓았으니 그러고도 잘한 것이었더냐?"

손권은 묵묵부답(默默不答)이고 오국태는 계속 주유를 욕했습니다. 결국 오국태가 유비를 면담한 다음 마음에 들지 않으면 모른 척하겠지만, 마음에 든다면 주유의 계략과는 반대로 진짜로 혼인을 하기로 했습니다. 감로사(甘露寺)에서 유비를 만난 오국태는 매우 흡족했습니다. 결국 주유와 손권의 계략은 수포로 돌아가고 유비는 생각지도 않게 새 신부를 얻게 되었습니다.

혼례는 잘 성사가 되었어도 상황은 여전히 유비에게 불안했습니다. 그래서 유비는 돌덩이를 보고 칼을 뽑아 주문을 외웠습니다.

'만약 이 유비가 형주로 되돌아가 왕업을 이루게 된다면 한칼에 이 돌이 갈라지게 하고, 만약 이곳서 죽게 된다면 돌이 쪼개지지 말라.'

바위가 두 동강이 났습니다. 유비가 흡족해하자 손권이 그 이유를 물었습니다.

"내 나이 벌써 50살이 다 되었는데도 역적들을 쓸어내지 못해 항상 스스로가 원망스러웠소. 이제 국태께서 나를 사위로 맞아주시니 정녕 일생에 좋은 기회가 온 것이오. 그래서 방금 하늘에다 점을 쳤는데, 조조를 물리치고 한나라를 다시 일으킬 수 있다면 돌이 두 조각으로 갈라지라고 했더니 진짜 그렇게 되었습니다."

천하의 영웅들은 모두가 겉은 인정 많고 후덕한 것 같지만 속으로는 흑심을 품고 있는 후흑(厚黑)의 대가들입니다. 손권 또한 유비의 말처럼 점을 쳐보겠다며 칼을 뽑아 들었습니다. 하지만 손권 또한 속셈은 딴곳에 있었습니다.

↑ 여동생을 유비에게 시집보낸 손권

"내가 형주를 다시 차지하고 오나라를 번성시킨다면 이 돌이 반쪽으로 쪼개져라."

손권 또한 단칼에 바위를 쪼갰습니다.

보검 내려치자 돌은 빠개어지고	寶劍落時山石斷
무쇠소리 울리는 곳에선 불꽃이 튀네.	金環響處火光生
촉오 조정의 왕기는 모두 천운인 것이니	兩朝旺氣皆天數
이로부터 천하는 삼국으로 나뉘었네.	從此乾坤鼎足成

유비는 혼례를 치르고 신방으로 들어갔습니다. 등불 휘황한 방 안에는 창과 칼, 화살촉들이 그득했습니다. 시비들도 모두 검을 차고 양쪽에 늘어서 있었습니다. 이 모습을 본 유비는 넋이 다 빠졌습니다. 신혼이고 뭐고 할 것 없이 도망부터 치고 싶었습니다.

거듭 실패하는 주유, 손부인과 형주로 돌아온 유비

유비는 젊고 아리따운 손부인과 혼례를 치르고 신방으로 들어가다가 기절할 뻔했습니다. 등불 휘황한 방 안에는 여기저기 살상무기들이 진열되어 있었습니다.

"귀인께서는 너무 놀라지 마소서. 부인께서는 어려서부터 무예를 좋아하시어 평소에도 시녀들에게 늘 격검(擊劍)을 가르치며 즐기시기 때문에 이러합니다."
"부인이 보고 즐길 일은 아닌 것 같소. 나는 보는 것만으로도 마음이 오싹하니 잠시 치우도록 하오."

유비는 손부인이 아주 마음에 들었습니다. 날마다 술을 마시며 즐거운 시간을 보냈습니다. 오국태도 사위인 유비를 매우 아꼈습니다. 손권은 일이 틀어지자 주유에게 사람을 보내 이 사실을 알렸습니다. 주유는 깜짝 놀랐습니다. 한참을

玄德智激孫夫人 三國演義插圖之八十二 乙酉年春 燕雄畫

▲ 손부인에게 도움을 청하는 유비

이리저리 고민하다가 또 한 가지 묘책을 생각하고는 손권에게 비밀리에 편지를 전달했습니다. 그 내용은 이러했습니다.

"제가 도모한 일이 또 이렇게 변할 줄은 생각도 못했습니다. 기왕 거짓으로 한 일이 진실이 되었으니, 또한 이것을 감안하여 계책을 써야겠습니다. 유비는 사납고 야심찬 호걸로 관우, 장비, 조운 같은 장수를 거느리고 있는 데다 제갈량까지 가세 하여 계책을 쓰고 있으니 반드시 오래도록 남의 밑에 있을 사람이 아닙니다. 제 생 각에는 이곳에 연금시켜 놓는 것보다 좋은 수가 없겠습니다. 성대한 궁실을 지어 그의 의지를 약하게 만들고 많은 미녀와 애완물을 보내어 그의 눈과 귀를 즐겁게 해주소서. 그러면 관우, 장비와도 정이 떨어지고 제갈량과도 마음이 멀어질 것입니 다. 각각 떨어져 있게 만들어 놓은 다음, 군사를 이끌고 가서 공격하면 큰일을 마무 리 지을 수 있을 것입니다. 만일 지금 놓아주면 교룡이 구름과 비를 얻게 될 것이니 끝내 연못 속에 있지 않을 것입니다. 명공께서는 깊이 유념하소서."

손권은 주유의 묘책을 읽고 크게 기뻤습니다. 그날로 주유가 제안한 것을 신 속하게 처리했습니다. 오국태는 손권이 호의를 베푸는 줄로만 알고 매우 기뻤습 니다. 과연 유비는 가무와 여색에 빠져 형주로 돌아갈 생각을 하지 않았습니다. 조운은 하는 일 없이 성 밖으로 나가 활을 쏘거나 말을 달리는 것이 고작이었습 니다. 그렇게 연말이 되었습니다. 조운은 제갈량이 준 금낭이 생각났습니다. 금낭 을 열어 본 조운은 유비를 만나 급하게 보고했습니다.

"주공! 오늘 아침 군사가 사람을 보내왔는데 조조가 적벽에서 패한 원한을 갚 으려고 50만 군사를 일으켜 형주로 쳐들어오고 있어 매우 위급하다고 합니다. 청컨 대 주공께서는 즉시 돌아가소서."
"안사람과 상의해 보아야겠다."
"부인과 상의하셨다가는 반드시 주공을 놓아주지 않으실 것입니다. 말씀 안 하 시는 게 낫습니다. 오늘 밤 즉시 길을 떠나야 합니다. 늦으면 일을 그르치게 됩니 다."
"너는 잠시 물러가 있거라. 내게도 도리가 있는 법이다."

"부인, 나는 단신으로 타향을 떠도느라 살아계실 때에도 어버이를 받들지 못했고, 돌아가신 뒤에도 조상에 대한 제사도 드리지 못했으니 그야말로 불효막심(不孝莫甚)한 사람이오. 그런데 이제 또 설날이 가까워지니 더욱 우울하구려."

"저를 속이려 하지 마세요. 저도 이미 들어서 알고 있나이다. 방금 조장군이 형주가 위급하다고 아뢰니까 낭군께서는 돌아가시려고 이런 핑계를 대고 계시는 것입니다."

"부인께서 이미 아신다면 내가 어찌 감히 속이겠소. 내가 가지 않아 형주를 잃는다면 세상 사람들은 나를 비웃을 것이고, 그렇다고 가려 하니 부인을 두고 갈 수가 없어 이렇게 상심하고 있소."

"소첩은 이미 낭군을 섬겼으니 낭군께서 가시면 소첩은 어디든 당연히 따라갈 것입니다."

유비와 손부인은 설날에 강변으로 나가 망제(望祭)를 드린다는 핑계를 대고 조운의 호위를 받으며 길을 떠났습니다. 손권이 이 사실을 안 것은 다음 날이었습니다. 손권은 벼루를 집어 던지며 화를 냈습니다. 당장 진무와 반장에게 정예병을 주어 붙잡아 오도록 했습니다. 정보가 실패할 것이라고 하자, 장흠과 주태에게 자신의 보검을 주며 유비는 물론 자신의 누이도 베어오라고 명령했습니다.

유비는 손권이 보낸 추격병과 주유가 길목을 지키고 있던 병사들에게 잡힐 지경이 되었습니다. 조운은 마지막 금낭을 열어 유비에게 주었습니다. 금낭을 본 유비는 급히 손부인의 수레 앞으로 가서 울면서 지금까지 벌어진 일들을 전부 이야기했습니다. 오빠인 손권이 주유와 짜고 손부인을 미끼로 가짜 결혼을 시켜 형주를 빼앗고 유비를 죽이려고 했던 일들과, 이제 일이 급박하게 되었으니 부인 앞에서 죽겠다는 것이었습니다. 이 말을 들은 손부인이 노해서 말했습니다.

"나의 오라비가 이미 나를 친남매로 생각하지 않는다면 내가 무슨 이유로 다시 보겠나이까? 오늘의 위기는 당연히 제가 나서서 해결하겠습니다."

"모든 것은 너희 놈들이 우리 남매가 화목하게 지내지 못하도록 이간질을 했기 때문이다. 나는 이미 남의 아내가 되었고, 오늘 남편을 따라 시집으로 가는 것이지

諸葛亮三氣周瑜
乙酉春
素雄畫

◀ 분통이 치밀어 상처가
터지며 쓰러지는 주유

다른 사람과 눈이 맞아 도망치는 것이 아니다. 나는 우리 부부를 형주로 돌려보내려는 어머님의 뜻을 받들고 있는데, 설령 내 오라버니가 오신다 해도 예의에 따라 행동했을 터인데 너희들은 군대를 몰고 와서 무례하게 막고 있으니 우리를 죽이겠다는 것이 아니고 무엇이냐?"

손부인과 조운의 용맹으로 유비는 추격병들을 뿌리치고 무사히 벗어날 수 있었습니다. 유비가 강가에 이르러 한숨을 돌리자 불현듯 동오에서 화려했던 일들이 떠올라 자신도 모르게 코끝이 시큰해지며 눈물이 주르르 흘렀습니다.

오와 촉이 장강 물가에서 혼례를 올릴 때	吳蜀成婚此水潯
옥구슬 장막에 황금장식 수레를 탔다네.	明珠步障屋黃金
누가 알았으랴! 한 여인이 천하를 가벼이 여겨	誰知一女輕天下
유비의 천하삼분을 바꾸려 했을 줄을.	欲易劉郎鼎峙心

유비 일행은 제갈량이 미리 대기시켜 두었던 배를 타고 형주로 향했습니다. 동오의 추격병이 도착했지만 유비는 이미 화살도 닿지 않을 정도로 멀찌감치 떠난 후였습니다. 제갈량이 웃으면서 말했습니다.

↑ 주유의 부장 정보

"나는 이미 오래전에 이렇게 될 줄 알았다. 너희들은 돌아가 주유에게 다시는 미인계 같은 수단을 쓰지 말라고 전하라!"

주유가 군사들을 이끌고 추격해왔지만 관우가 막아섰습니다. 주유는 크게 패하고 달아났습니다. 강기슭에서는 군사들이 일제히 소리쳤습니다.

"천하를 안정시킨다던 주랑의 묘책이 부인이나 얻어 주고 군사만 잃었다네!"

이 소리를 들은 주유는 화가 치솟아 죽기를 각오하고 싸울 기세였지만 모두가 말려서 그럴 수도 없었습니다. 주유는 자신의 계책이 또 빗나갔으니 손권을 만날 면목이 없었습니다. 버럭 고함을 지르더니 금창(金瘡)이 파열되면서 그대로 배 위에서 거꾸러졌습니다. 여러 장수가 급히 구했지만 이미 정신을 잃고 난 후였습니다. 이제 주유의 목숨도 얼마 남지 않은 것 같습니다.

주유가
가도멸곡(假道滅虢)으로
유비를 치려 하다

　　주유는 제갈량의 계략에 걸려 패하고 시상(柴桑)으로 돌아왔습니다. 장흠이 손권에게 이 사실을 고하자 손권은 화가 머리끝까지 치밀었습니다. 주유가 원한을 풀어달라는 편지까지 보냈습니다. 손권은 즉시 정보를 도독으로 삼아 군사를 일으켜 형주를 빼앗으려고 했습니다. 장소가 말렸습니다. 고옹도 나서서 손권에게 간청했습니다.

　　"어찌 이곳에 허도(許都)의 염탐꾼이 없겠습니까? 만일 우리와 유비의 사이가 나쁘다는 것을 알면 조조는 반드시 유비를 끌어들일 것이고, 유비는 동오가 무서우면 반드시 조조에게 투항할 터이니 그리되면 강남은 어느 시절에 안정을 찾겠습니까? 지금은 사람을 허도로 보내어 유비를 형주목(荊州牧)으로 삼도록 천자께 표를 올리는 것이 좋은 계책입니다. 조조가 이런 사실을 안다면 감히 동남쪽으로 군대를 보내지 못할 것이고, 유비도 주공을 원망하지 않을 것입니다. 그런 다음 심복을 시켜 반간계(反間計)를 써서 조조와 유비가 서로 싸우게 만든 후, 우리가 그 틈을 보면서 공격하면 쉽게 뺏을 수 있을 것입니다."

손권은 고옹의 계책을 받아들여 화흠을 사신으로 조조에게 보냈습니다. 조조는 적벽에서 패한 후 원수 갚을 생각만 했습니다. 하지만 유비와 손권이 함께 덤빌 것을 염려하여 섣불리 공격하지 못하고 있었습니다. 이러한 와중에 허도에 동작대(銅雀臺)가 완공되어 축하연이 벌어졌습니다. 장수(漳水) 가에 세워진 동작대는 좌우에 옥룡대(玉龍臺)와 금봉대(金鳳臺)를 거느리고 열 길이 넘는 높이로 장엄하게 세워졌습니다. 또한 건물 사이로 두 개의 하늘다리를 놓아 서로 연결되게 했습니다. 천 개의 문과 만 개의 창문이 있었다는 가히 당시 최고의 건축물이었을 것입니다.

조조는 문무신하들을 모아 놓고 잔치를 열었습니다. 무신들이 먼저 나서 활쏘기 시합을 했습니다. 조휴, 문빙, 조홍, 장합, 하후연, 서황, 허저 등이 상으로 걸린 금포(錦袍)를 차지하기 위해 실력을 발휘했습니다.

무장들의 실력발휘가 끝나자 문신들의 글솜씨가 이어졌습니다. 왕랑, 종요, 왕찬, 진림 등이 시를 지어 받쳤습니다. 조조가 읽고 나서 웃으며 자신을 지나치게 칭찬하고 있다고 평했습니다. 이어서 자신의 의지를 밝혔습니다.

"만일 이 나라에 나 한 사람이 없다면 아마도 몇 사람이 황제라 칭하고 몇 사람이 왕이라 칭할지 모를 일이오. 어떤 사람은 나에게 권력이 집중되었다고 보고 망령되이 추측하면서 나에게

↑ 동오의 신하인 고옹

銅雀臺家將比武乙酉春

崔秉旭畫

동작대 완공 축하연에서
활솜씨를 뽐내는 무장

다른 마음이 있지 않을까 의심하지만 그것은 크게 잘못된 것이오. 나는 늘 공자가 문왕의 지극한 덕을 기린 것을 잊지 않고 있소. 성현의 말씀들이 또렷하게 내 마음속에 살아 있소. 하지만 내가 병권을 버리고 봉함을 받은 무평후(武平侯)로 돌아갔으면 하는 것은 받아들일 수 없소. 한번 병권을 놓으면 남에게 해를 입게 되고, 내가 죽으면 나라가 위태로워질 것이 또한 걱정되기 때문이오. 이런 이유로 어쩔 수 없이 헛된 명예에 연연하지 않고 다가올 화에 실질적으로 대치하려는 것이오. 여러 신하들 중에서 나의 뜻을 아는 사람은 분명코 없을 것이오."

모종강은 조조의 이런 모습을 읽으며 다음과 같이 평했습니다.

'조조가 적벽에서 단가행(短歌行)을 지을 때에는 전쟁에서 패하기 전이었기에 마음 가득 즐거움이 넘쳐났지만, 동작대에서의 연회는 패한 뒤였기에 시름을 달래는 정도에 불과했다. 그래서 패하기 전에는 교만했어도 패한 뒤에는 겸손해졌다. 그러나 그가 "무덤 앞에 조후의 묘(曹侯之墓)라고 쓰이는 것이 소원이었다"고 한 것은 간교한 영웅이 사람들을 속이려고 한 말에 불과하다. 마음은 간웅인데 입만 성현(聖賢)인 것은 백성들만 속이려는 것이 아니라 군자들까지 속이려는 것이고, 한 시대만 속이려는 것이 아니라 후세까지 속이려는 것이다. 조조의 이런 것을 두고 노만(老瞞)이라고 부르는 것이다.'

조조가 맘껏 취해 시를 지으려고 할 때 동오의 사신 화흠이 왔다는 보고가 들어왔습니다. 유비를 형주목으로 삼고 손권의 손아래 누이를 유비에게 시집보냈으며, 한수(漢水) 연안 9개 군의 태반이 유비의 차지가 되었다는 보고를 받고는 당황하고 허둥대며 붓을 바닥에 떨어뜨렸습니다. 정욱이 의아해 물었습니다.

"승상께서는 무기가 빗발치는 대군 중에 계실 때에도 당황하신 적이 없으셨는데, 이제 유비가 형주를 얻었다는 말에는 어찌 그렇게 놀라십니까?"
"유비는 사람 중의 용이다. 이제껏 물을 만나지 못했다가 이제 형주를 얻었으니 이것은 구차하던 용이 바다로 들어간 것이다. 그러니 어찌 당황스럽지 않겠느냐?"

조조는 정욱에게서 손권이 화흠을 보내온 이유를 알고는 그에게 계책을 물었습니다.

"동오가 믿는 것은 주유뿐입니다. 이제 승상께서 천자께 표주하시어 주유를 남군태수(南郡太守)로 삼고 정보를 강하태수(江夏太守)로 삼으십시오. 이어서 화흠을 조정에 있게 하여 중용하시면 주유는 필연코 유비와 원수가 될 것입니다. 우리는 그들이 서로 싸우는 틈을 보아가면서 그 또한 좋지 않겠습니까?"

조조는 즉시 정욱의 계책대로 시행했습니다. 아니나 다를까. 주유는 남군태수 되자 더욱 원수를 갚고 싶었습니다. 주유는 노숙을 유비에게 보내 형주를 받아내라고 재촉했습니다. 노숙은 유비가 형주를 빌릴 때 보증인이었습니다. 손권의 꾸지람을 들은 노숙은 유비를 만나러 형주로 갔습니다.

제갈량은 노숙이 온다는 전갈을 받자 손권과 노숙의 생각을 훤히 꿰뚫고 있었습니다. 그래서 유비에게 노숙이 형주에 관해서 거론하거든 즉시 방성통곡(放聲痛哭)부터 하라고 알려주었습니다. 제갈량의 생각대로 노숙은 유비에게 형주를 돌려달라고 했습니다. 그러자 유비는 제갈량이 시킨 대로 장기인 울음보를 터뜨렸습니다. 울음이 절정에 이를 즈음, 제갈량이 나서서 노숙에게 말했습니다.

"처음 우리 주인께서 형주를 빌리실 때 서천을 얻으면 즉시 돌려주겠다고 약속하셨소. 하지만 잘 생각해 보시오. 익주의 유장은 우리 주인의 아우로 모두가 한 왕조의 종친이니, 만약 군사를 이끌고 가서 성을 뺏는다면 아마도 남들의 욕을 먹을 것이고, 그렇다고 빼앗지 않는다면 형주를 돌려주고 어디에 몸을 의지하시겠소? 더욱이 돌려주지 않는다면 존귀한 처남의 체면이 말이 아닐 터이니 일은 실로 난처하게 되었소이다. 이 때문에 눈물이 흐르고 가슴이 아프신 것이오."

"오후(吳侯)께서는 이미 누이를 황숙께 시집보내셨는데 어찌 안 들어주시겠소? 공께서 돌아가서 잘 말씀드려 주시기 바라오."

어질고 착한 노숙은 유비가 애통해하는 모습을 보자 더는 어쩔 수 없었습니다.

주유는 노숙이 그냥 돌아오자 발을 동동 굴렀습니다. 그리고 '가도멸괵지계(假途滅虢之計)'를 세워 다시 노숙을 형주로 보냈습니다.

주유가 계책을 옮겨 형주를 차지하려 하자	周瑜決策取荊州
제갈량이 미리 알고 첫 번째 수 던지네.	諸葛先知第一籌
장강을 가리키며 혹할 미끼 벌려놓으니	指望長江香餌穩
어둠 속 낚싯바늘 있는 줄 알지 못하네.	不知暗裏釣魚鉤

노숙은 다시 형주로 와서 유비를 만났습니다.

"오후께서는 황숙의 높은 덕을 매우 칭찬하셨습니다. 그래서 여러 장수와 상의한 끝에 황숙 대신 군사를 일으켜 서천(西川)을 공격하기로 했습니다. 서천을 빼앗으면 결혼지참금으로 삼아 바로 형주와 맞바꾸겠다고 하셨습니다. 다만 군마들이 지나갈 때 얼마간의 군량 등을 챙겨 주시기 바라셨습니다."
"어쩌면 오후께서는 그리도 고맙게 마음을 써주십니까?"

노숙은 속으로 좋아하며 돌아갔습니다. 제갈량이 유비에게 말했습니다.

"주유가 죽을 날이 가까이 왔습니다. 주유의 계략은 서천을 빼앗겠다는 명분을 내세워 형주를 빼앗겠다는 '가도멸괵지계'인데 어찌 이런 것으로 저를 속일 수 있겠습니까?"

주유는 제갈량이 자신의 계략에 속은 줄 알고 5만의 대군을 이끌고 형주로 진군했습니다. 주유가 형주에 이르렀는데도 영접 나온 사람이 없었습니다. 형주성에 이르렀어도 사람의 모습은 보이지 않았습니다. 주유는 의심이 들어 군사를

↑ 제갈량 최고의 파트너 노숙

이끌고 동정을 살피며 성문을 열라고 했습니다. 조운이 주유의 계책은 이미 탄로가 났음을 알려주었습니다. 주유가 말머리를 돌려 돌아가려고 할 때였습니다. 사방에서 일제히 화살이 날아와 주유를 공격했습니다. 주유는 깜짝 놀라 말 위에서 외마디 고함을 지르더니 금창이 다시 터져 말 밑으로 떨어지고 말았습니다. 주유가 몇 번이나 계산하고 이번에야말로 기필코 제갈량을 이길 것이라고 확신했는데, 제갈량은 언제나 몇 수를 앞서가니 세우는 일마다 다 헛일이 되어버렸습니다.

주유를 내놓고 어찌 제갈량을 또 내셨습니까

주유는 제갈량을 무찌르지 않고는 아플 수도 없었습니다. 그래서 더욱 서천을 뺏고 싶었습니다. 손권은 아우 손유를 보내 주유를 돕도록 했습니다. 주유가 힘을 얻어 군사를 이끌고 파구에 이르렀을 때, 제갈량이 편지 한 통을 보내왔는데 그 내용이 이러했습니다.

'공과 시상에서 작별한 후 지금까지 잊지 못하고 있나이다. 듣건대 족하(足下)가 서천을 뺏으려 한다는데 내 생각에는 그리 만만하지 않을 것 같습니다. 익주는 백성도 억세고 지역도 험준하여 비록 유장이 어리석고 나약하여도 충분히 지켜낼 것입니다. 이제 군사들을 고생시키며 멀리 정벌을 떠나 만릿길에 군량을 수송하며 전승을 거두려 한다면 비록 오기라해도 그 계책을 정할 수 없고, 손무라해도 그 뒤처리를 못할 것입니다. 더욱이 조조가 적벽에서 많은 손해를 보았는데 어찌 꿈엔들 복수를 잊겠습니까? 이제 족하가 군사를 일으켜 멀리 떠난 뒤, 만약 그 틈을 타고 쳐들어온다면 강남은 풍비박산(風飛雹散)되고 말 것입니다. 내 이를 차마 앉아서 볼 수 없어 특별히 이렇게 알려드리니 살펴주시면 다행이겠습니다.'

주유는 제갈량의 편지를 읽고는 긴 한숨을 쉬었습니다. 지필묵을 가져와 손권에게 편지를 썼습니다. 장수들을 모아놓고 손권을 잘 모시라며 하늘을 우러러 길게 탄식했습니다.

"하늘은 주유를 세상에 내놓고 어째서 제갈량을 또다시 내셨나이까?"

주유는 연거푸 몇 번을 외치며 비분강개하다가 36세의 젊은 나이로 요절했습니다. 세상 사람들이 그의 죽음을 탄식하며 시를 남겼습니다.

적벽에 영웅적 업적 남기니	赤壁遺雄烈
청년시절부터 명성이 자자했노라.	青年有俊聲
음악을 들으면 그 뜻을 알았고	弦歌知雅意
술잔 부딪치며 장간을 벗으로 대했더라.	杯酒謝良朋
일찍이 삼천 석의 군량을 구했고	曾謁三千斛
언제나 십만 군사를 통솔했는데	常驅十萬兵
마지막 숨 거둔 파구에 서서	巴丘終命處
가신 님 추모하려니 마음이 아프구나.	憑弔欲傷情

모종강도 주유의 한탄과 죽음 장면에서 슬프게 탄식했습니다.

'천하가 태평해도 인재는 나오고 천하가 혼란해도 인재는 나온다. "주유를 내고 어째서 제갈량을 내었느냐"는 한탄을 읽으며 당시를 돌아보면, 배출된 인재가 그 두 사람만이 아님을 알 수 있다. 한 시대에 태어나서 서로 돕는 경우를 들면

서서가 제갈량을 끌어내고, 방통이 제갈량을 돕고, 강유가 제갈량을 계승하거나, 노숙·여몽·육손·육항이 주유를 계승하고, 곽가·정욱·순욱·순유가 조조를 돕는 것 등이 모두 이러한 예이다. 또한 한 시대에 태어나서 서로 어렵게 만드는 경우를 들면 유비가 조조를 만나고, 제갈량이 사마의를 만나고, 강유가 등애를 만나는 것 등이 모두 이런 예이다. 하늘은 한 사람의 뛰어난 사람을 내면 반드시 또 다른 뛰어난 사람을 내어 돕게 하고, 하늘은 한 사람의 뛰어난 재사(才士)를 내면 또한 반드시 또 다른 뛰어난 재사를 내어 어렵게 만든다. 하늘은 정말 왜 조조를 내놓고 유비를 내고, 왜 제갈량을 내놓고 사마의를 냈으며, 왜 강유를 내놓고 또 등애를 내었을까?'

주유는 유언장에서 노숙을 자신의 후임자로 임명해 줄 것을 바랐습니다. 손권은 즉시 노숙을 도독으로 삼아 군사를 통솔하도록 했습니다. 제갈량은 밤에 천문을 보고 주유가 죽은 것을 알았습니다. 시상으로 가서 주유를 조문했습니다. 제갈량이 주유의 영전에서 애절한 마음으로 제문(祭文)을 읽자 여러 장수들이 감동했습니다. 제갈량이 조문을 마치고 형주로 돌아가려 할 때였습니다. 도포 차림에 죽관을 쓰고 검정 띠에 흰 신발을 신은 사람이 제갈량을 틀어잡고 말했습니다. 제갈량이 급히 돌아보니 방통이었습니다. 두 사람은 손을 잡고 크게 웃었습니다. 제갈량이 편지 한 통을 써서 방통에게 주며 말했습니다.

"내 생각에 손권은 족하를 크게 쓰지 못할 것일세. 조금이라도 여의치 않으면 형주로 와서 함께 유비를 돕기로 하세. 그분은 너그럽고 덕이 두터워 공이 평생 익힌 재주를 반드시 저버리지 않을 분일세."

노숙이 손권에게 방통을 천거했습니다. 손권이 기뻐하며 방통을 만났습니다. 방통의 겉모습은 괴상했습니다. 짙은 눈썹에 찍어 당긴 듯한 들창코, 시꺼먼 얼굴에 짧은 수염은 호감이 가는 인상이 아니었습니다. 손권은 그런 모습을 보자 마음에 들지 않았습니다. 한두 마디 하고는 '미친 사람'으로 치부했습니다. 노숙이 재차 간청했지만 소용없었습니다. 노숙은 방통이 동오에 머물지 않을 것을 알고

◀ 주유의 영전에서 구슬프게
제문을 읽는 제갈량

조조보다는 유비에게 갈 것을 권했고, 추천서도 써주었습니다.

유비는 방통이 왔다는 말을 듣자 지난날 수경선생에게 익히 들은 적이 있는 이름이라 반갑게 맞이했습니다. 하지만 그 역시 방통의 겉모습에 실망하여 변방인 뇌양(耒陽)현의 현령에 임명했습니다. 방통은 제갈량이 없는 것을 알고는 그가 써준 추천서도, 노숙이 써준 추천서도 유비에게 전하지 않았습니다. 스스로의 능력을 보여 주며 유비의 마음을 읽고 싶었던 것입니다.

방통은 유비의 하대(下待)에 실망감도 있었지만 자신의 재능을 보여 줄 수 없음을 알고 조용히 뇌양현에 부임합니다. 그런데 현의 업무는 돌보지 않고 술로만 날을 보냈습니다. 이 소식을 접한 유비는 장비에게 현지시찰을 통해서 업무를 등한시한 현령들을 엄벌하도록 명령합니다. 장비가 뇌양현에 도착하여 방통을 만났습니다. 거나하게 취한 방통을 보자 그 자리에서 혼찌검을 내주고 싶었습니다. 하지만 손건의 만류로 방통을 살펴보기로 했습니다. 술이 깨지 않은 방통은 장비 일행이 보는 앞에서 태연하게 백 일 동안 쌓였던 공무를 처리했습니다. 일처리도 능수능란하고 틀림이 없었습니다. 시간도 채 반나절이 안 걸렸습니다. 장비는 깜짝 놀랐고, 이 말을 들은 유비는 그제야 진심으로 방통을 영접했습니다. 유비를 만난 방통은 그제야 제갈량과 노숙의 추천장을 보여 주었습니다. 유비는 방통을 군사중랑장에 임명했습니다. 유비의 기쁨은 배가되었습니다. 수경선생이 천하통일에 필요한 인재로 추천했던 와룡과 봉추. 그 두 사람이 지금 모두 자신의 참모로 있음에 감개가 무량했습니다. 이제 계획대로 익주를 차지한 후, 천하를 통일하여 한나라를 부흥시키는 것은 다 이룬 것이나 다름없이 느껴졌습니다. 유비는 알고 있었던 것입니다. 사람이 그 어떤 것보다도 우선임을 말입니다.

유비가 제갈량과 방통을 모사로 삼아 군사를 모집하고 말과 군량을 거두어들이고 있다는 소식이 조조에게 들어갔습니다. 이 말을 들은 조조는 즉시 모사들을 불러 남정(南征)을 상의했습니다. 하지만 서량에 있는 마등이 허도를 습격할 것이

未陽縣
龐統理
事乙酉
蒼雄春
畫

◀ 방통이 일사천리로 업무를 끝내자
감격하는 장비

걱정되었습니다. 순유가 계책을 냈습니다.

　　"마등에게 '정남장군(征南將軍)으로 삼으니 손권을 토벌하라'는 조서를 내리십시
오. 그렇게 허도로 유인한 후 먼저 그를 처치해버리면 남정을 떠나는 데 걱정이 없
을 것입니다."
　　"허허, 그대 생각이 아주 멋지오."

　　마등은 한나라 복파장군(伏波將軍) 마원의 후예로 키가 여덟 자에 체격이 우람
하고 모습도 기이했습니다. 하지만 품성은 따뜻하여 많은 사람의 존경을 받았습니
다.
　　천자의 조서를 받은 마등은 맏아들인 마초를 불러 상의했습니다.

　　"조조가 천자의 명을 핑계로 아버님을 부르는데 만약 가지 않으면 그들은 반드
시 천자의 명령을 거역했다고 추궁할 것입니다. 그들이 부르는 기회를 이용하여 거
사를 한다면 옛날 의대조(衣帶詔)의 뜻을 이룰 수 있을 것입니다."

　　마초의 사촌 마대가 조조의 속셈은 헤아릴
수 없다면서 해코지를 당할 수 있으니 가지
말라고 말렸습니다. 마초가 다시 강하게 주장
하자 마등은 서량병 5천 명을 이끌고 허도로
향했습니다. 마등은 허창성 20리 떨어진 곳에
군사를 주둔시켰습니다. 조조는 문하시랑 황
규를 불러 행군참모(行軍參謀)로 삼고 마등의
군사를 위로하게 했습니다. 마등은 술을 내어
황규를 대접했습니다. 술이 거나하게 취하자
황규가 마등에게 의대조 이야기를 꺼내며 조
조를 물리칠 계략을 짰습니다. 황규는 집으로

↟ 마초의 부친인 마등

돌아와도 흥분된 마음이 좀체 가라앉질 않았습니다. 아내가 궁금하여 재삼 까닭을 물었지만 대답하지 않았습니다.

그런데 일은 전혀 생각지 않은 곳에서 벌어졌습니다. 황규는 이춘향이라는 첩실을 두었습니다. 그런데 춘향은 손아래 처남인 묘택과 눈이 맞아 사사로이 정을 통하고 있었습니다. 묘택은 춘향을 소유하고 싶었지만 어떻게 할 방도가 없었습니다.

이날 밤, 춘향은 묘택을 만나 황규가 분개하고 있는 것을 알려주었습니다. 묘택은 춘향에게 황규를 떠보라고 알려주었습니다. 황규가 춘향의 방으로 오자 춘향은 묘택이 알려준 대로 황규를 떠보았습니다. 소설에서의 이 장면은 월탄 박종화의 필치가 구수하고 맛깔납니다.

'춘향은 황규한테 술을 권한 후에 이불을 같이 하고 누웠다가 황규의 뺨을 어루만지며 물었다.

"모든 사람들이 말하기를 유황숙은 덕이 있고 어진 사람이고, 조조는 간특한 인물이라 합디다. 누가 더 훌륭한 사람입니까? 아마 유황숙이 제일이죠?"

황규는 춘향이 교태를 부려 권하는 술에 얼근히 취했다. 춘향의 가는 허리를 바싹 껴안았다. 무척 귀엽고 대견스러웠다.

"너는 여자건만 바르고 간사한 것을 구별할 줄 아는구나. 조조란 놈은 기군망상(欺君罔上)하는 죽일 놈이다. 나는 언제든 이놈을 죽여서 나의 한을 풀고 말 것이다."

"한번 죽여보시구려. 하수(下手)할 방법을 생각해 보셨소?"

춘향이 황규의 뺨을 또 한 번 어루만졌다. 황규는 부드러운 첩의 농간에 녹아떨어졌다. 아내한테도 말하지 아니했던 비밀한 행동을 다 털어놓았다.

"내일 마장군이 성 밖에서 조조를 청해서 군대를 사열하기로 했네. 그때 조조를 죽여 버리기로 했네. 문제없이 조조는 죽는 놈이지."

"영감, 꼭 성사시키세요."

춘향은 또 한 번 아양을 떨었다.'

춘향은 묘택에게 황규의 말을 그대로 전했습니다. 묘택은 조조에게 달려가 이 사실을 고했습니다. 조조는 황규의 가족을 잡아 가두는 한편, 만반의 준비를 마쳤습니다.

다음 날, 마등 삼부자는 조조를 죽이기는커녕 자신들이 포위되어 죽거나 잡혔습니다. 마등은 너무 분하고 안타까웠습니다. 그는 처형을 당하는 순간까지 조조에게 욕설을 했습니다. 후발대였던 마대만이 도망쳐서 간신히 살아날 수 있었습니다.

후세 사람들이 마등을 찬양하는 시를 지었습니다. 역시 월탄의 번역으로 살펴보겠습니다.

부자가 한꺼번에 꽃답고 매우니	父子齊芳烈
충성된 곧은 절개 일문에 뚜렷하도다.	忠貞著一門
삶을 버려 국난을 도모하고	捐生圖國難
죽음으로 임금 은혜 갚기 맹세했네.	誓死答君恩
피를 씹어 맹세한 말 아직도 귀에 쟁쟁하고	嚼血盟言在
간사한 자 베자던 의로운 글 오늘도 남아있네.	誅奸義狀存
서량 땅에 대대로 내려오는 명문	西涼推世胄
복파장군 후손 되기 부끄럽지 않구나.	不愧伏波孫

여인에 눈이 멀어 혈족을 해친 묘택이 조조에게 간청했습니다.

"상은 바라지 않습니다. 단지 이춘향을 일평생 제 아내로 삼고 싶습니다."
"오오라. 네 놈은 한 여인에 빠져서 네 형님의 일족을 몰살했더냐? 저런 의롭지 못한 놈을 살려서 어디에 쓰겠느냐? 즉시 이춘향과 함께 저잣거리에서 목을 쳐버려라!"

조조마저도 묘택을 인간쓰레기로 취급을 했으니, 후세 사람들이야 어떠하겠습니까.

묘택은 사욕에 빠져 충신을 해쳤다가   苗澤因私害藎臣
춘향은커녕 도리어 목숨만 잃었네.   春香未得反傷身
간웅도 역시 용서하지 않으니   奸雄亦不相容恕
스스로 천하의 못된 놈 되었구나.   枉自圖謀作小人

모종강이 이 부분에서 뼈 있는 말을 했습니다.

'소인은 군자에게 받아들여지지 못하거니와 소인에게도 결코 받아들여지지 못한다. 소인은 소인만을 꾀할 뿐 소인 또한 받아들이지 못한다. 설령 소인이 소인을 돕는다고 해도 결코 소인에게 이해되지 못하는 것이다. 그러므로 이곳을 읽으면 소인이 무엇을 하지 말아야 하는지를 알 수 있다.'

조조가 수염을 자르고
목숨을 구하다

조조는 순유의 계책대로 마등을 제거하자 한시름 놓았습니다. 곧장 남정(南征)을 도모하기로 뜻을 굳혔습니다. 이때 유비가 군사를 조련하고 군마를 수습하여 서천(西川)을 빼앗으려 한다는 보고가 들어왔습니다. 이 말을 들은 조조는 몹시 긴장했습니다.

"만일 유비가 서천을 빼앗으면 그의 날개가 완성되는 꼴이다. 어떻게 도모해야 하겠느냐?"

"지금 유비와 손권은 순치(脣齒)관계에 있습니다. 만약 유비가 서천을 뺏으려 한다면 승상께서는 한 장수에게 군사를 거느리고 남쪽으로 출동하라고 명하소서. 합비에 있는 군사와 같이 강남을 공략하면 손권은 반드시 유비에게 구원을 청할 것입니다. 그러나 유비의 뜻이 서천에 있다면 손권을 구원하지 않을 것입니다. 손권은 구원군이 없으면 힘도 빠지고 군사도 약해져 강동 땅은 자연히 승상에게 돌아갈 것입니다. 만일 강동을 얻는다면 형주는 단번에 쳐부술 수 있을 것이니 형주를 차지한 다음 천천히 서천을 도모하면 천하를 평정하실 수 있습니다."

"그대의 말이 내 마음에 쏙 드는구나!"

조조는 30만 대군을 일으켜 곧장 강남으로 진군하기로 하고 합비를 지키는 장료에게 군량과 말먹이를 준비하여 공급토록 했습니다. 조조가 쳐들어온다는 소식을 들은 손권은 노숙에게 명하여 유비에게 구원을 청하도록 했습니다. 유비는 제갈량에게 노숙의 편지를 보여 주었습니다. 편지를 읽은 제갈량이 유비에게 말했습니다.

"강남의 군사를 사용하지 않아도 되고, 형주의 군사를 움직일 필요도 없습니다. 조조가 감히 동남쪽을 똑바로 쳐다보지도 못하게 하겠으니 노숙에게 아무런 걱정 말라는 답장을 보내십시오. 조조군이 쳐들어오면 직접 물리칠 방책이 있다고 알려 주소서."

"지금 조조가 대군을 일으켜 합비의 군사와 함께 공격해오려는데 선생은 무슨 묘책으로 그들을 물리칠 수 있다는 것이오?"

"조조가 평생토록 걱정하는 것은 서량병입니다. 얼마 전에 조조는 마등을 죽였습니다. 그 아들 마초가 지금 서량의 군사를 거느리고 있으니 반드시 조조 놈에게 복수를 하려고 할 것입니다. 주공께서는 편지 한 통을 보내 마초와 손잡고 마초가 군사를 일으켜 조조에게 쳐들어가게 하소서. 그렇게 하면 조조가 강남으로 내려올 틈이 없을 것입니다."

한편 마초는 마대의 보고를 받고는 통곡하다 까무러쳤습니다. 정신을 차리자 어금니를 물고 이를 갈았습니다. 바로 그때 유비의 편지가 도착했습니다.

'생각건대 한나라가 불행하여 역적 조조 놈이 국권을 쥐고 제멋대로 주무르고 임금을 속여 백성들이 점점 피폐해가고 있소. 나는 지난 날 그대의 부친과 함께 밀조(密詔)를 받들고 역적 조조 놈을 죽이기로 맹세했는데, 이제 부친께서 조조에게 해를 당하셨으니 이것은 장군과 함께 할 수 없는 철천지 원수인 것이오. 만약 서량의 군사를 거느리고 조조의 오른쪽을 공격한다면, 나는 당연히 형주의 군사를 일으켜 조조의 앞을 치겠소. 그러면 역적 조조도 잡을 수 있고 간사한 무리도 처단할수 있으며, 부친의 원수도 갚을 수 있고 한나라도 일으켜 세울 수 있소.'

마초는 아버지의 원수를 갚기 위해 한수와 함께 방덕, 마대 등 수하 20만 대군을 일으켜 장안(長安)으로 쳐들어갔습니다. 장안군수(長安郡守) 종요는 성을 버리고 동관(潼關)으로 달아났습니다. 장안을 잃은 조조는 남정을 진행할 수 없었습니다. 즉시 조홍과 서황을 보내 동관을 열흘 이상 지키도록 했습니다. 조조는 조인과 함께 군량을 호송하며 동관으로 향했습니다.

마초는 조조군이 동관을 지키기만 하고 나오지 않자, 성미가 급한 조홍을 상대로 마구 욕설을 퍼부었습니다. 조홍은 곧장 싸우려 하고 그때마다 서황은 말리기바빴습니다. 9일째 되는 날, 조홍이 더 이상 참지 못한 채 마초를 공격했습니다. 서황이 구원에 나섰지만 마초의 계략에 빠져 동관마저 잃었습니다. 조조는 조홍을 목 베라고 했으나 여러 관원이 말려 용서해주었습니다.

조조와 마초의 본격적인 싸움이 시작되었습니다. 마초가 이를 갈며 원수 조조를 죽이려고 달려들었습니다. 우금과 장합이 막았지만 당할 수 없었습니다. 이통은 마초의 창에죽었습니다. 조조는 몰아치는 마초군을 피해달아났습니다. 그러자 마초가 외쳤습니다.

"붉은 전포(紅袍)를 입고 있는 자가 조조다!"
조조가 즉시 말 위에서 홍포를 벗어던졌습니다.
"수염 긴 놈이 조조다!"

↑ 조조의 목숨을 구한 조홍

▲ 장안성을 공격하는 마초

조조가 깜짝 놀라 얼른 차고 있던 칼을 뽑아 수염을 잘라버렸습니다.

"수염 짧은 놈을 잡아라. 그놈이 조조다!"

조조는 즉시 깃발을 찢어 목을 감싸고 줄행랑을 쳤습니다.

마초는 끝까지 조조를 추격했습니다. 마초가 찌른 창이 나무에 박혔습니다. 조조는 간담이 얼었습니다. 이때 조홍이 달려와 마초를 상대했습니다. 그 사이에 조조는 안전하게 도망칠 수 있었습니다. 조조는 조홍을 살려둔 것이 너무도 기뻤습니다.

동관에서 패하고 기겁하여 도망칠 때	潼關戰敗望風逃
조조가 허겁지겁 비단 전포 벗었구나.	孟德愴惶脫錦袍
칼 뽑아 죽을 둥 살 둥 턱수염 잘랐으니	劍割髭髯應喪膽
마초의 기상 온 하늘을 덮었네.	馬超聲價蓋天高

조조는 성을 굳게 지키며 싸우지 않았습니다. 모종강은 마초가 조조를 혼내주고 있을 때 유비와 손권이 허도(許都)를 기습하지 못한 것을 안타까워했습니다.

'마초가 동관(潼關)에서 조조와 싸울 때 손권과 유비가 빈틈을 타고 허도를 기습했더라면 보통 통쾌한 일이 아니었을 것이다. 그런데 손권은 그렇게 하지 않았고, 유비 역시 그렇게 하지 못했다. 왜 그랬을까? 동오의 군사는 밖에서 쳐들어오는 적을 막을 수 있을 뿐 쳐들어가지는 못했다. 작은 합비(合肥)도 함락하지 못하면서 어떻게 허도로 쳐들어갈 생각을 하겠는가? 또한 그들이 갖고 싶어 하는 것은 오직 형주(荊州)일 뿐 중원에는 뜻이 없었다.

유비는 군사력을 키워 서천(西川)을 빼앗으려고 했기에 동오가 지원을 요청해도 보내지 않았으니, 어느 겨를에 허창(許昌)을 기습하겠는가? 그의 뜻이 비록 중원에 있었지만 익주를 얻지 못했으니 감히 중원을 도모하지 못한 것이다. 조조에게는 군사를 이용할만한 틈이 있었지만 유비와 손권에게는 그 틈을 이용할 군사력이 없었으니, 아! 어찌 천운이 아니겠는가?'

마초에게서
구사일생으로
탈출하는 조조

조조가 편지 한 통으로
한수와 마초를
이간시키다

조조와 마초는 위수(渭水)를 사이에 두고 대치했습니다. 승부가 나지 않자 전투는 시일이 오래 걸렸습니다. 조조는 매번 마초의 공격을 받아 영채를 세우지 못하자 전전긍긍(戰戰兢兢)했습니다. 이때 몽매거사(夢梅居士)라는 노인이 찾아왔습니다. 조조는 노인을 손님의 예로 대접했습니다. 그러자 노인이 조조에게 방책을 알려주었습니다.

"승상께서는 귀신같이 군사를 쓰시면서 어찌 천시(天時)는 모르십니까? 매일 짙은 구름이 뒤덮고 있으니 삭풍(朔風)이 불기 시작할 것이고, 곧 큰 추위가 닥칠 것입니다. 바람이 불거든 군사를 동원해 흙을 나르고 물을 뿌리며 쌓아 올리면 하룻밤이면 토성을 완성할 수 있을 것입니다."

그날 밤, 북풍이 세차게 불자 조조는 병사를 총동원하여 토성을 쌓게 했습니다. 물을 길어올 그릇이 없자 합사비단으로 주머니를 만들어 모두가 물을 날랐습니다. 날이 샐 무렵에는 모래흙이 꽁꽁 얼어 노인의 말처럼 토성이 완성되었습니다.

마초는 하룻밤 사이에 토성이 세워진 것을 보고 깜짝 놀랐습니다. 하지만 더 걱정되는 것은 조조를 호위하는 허저였습니다. 마초는 허저가 누구인지를 알고 싶었습니다.

"너희 중에 호후(虎侯)가 있다던데 누구냐?"
"나다. 내가 바로 초군의 허저다!"

마초가 허저를 자세히 살펴보았습니다. 눈에서는 광채가 번뜩이고 몸에서는 기력이 넘쳐났습니다. 마초는 허저를 보자 말머리를 돌려 돌아갔습니다. 조조 역시 허저를 데리고 영채로 돌아왔습니다. 양쪽 군사는 이러한 광경을 보고 해괴하게 생각했습니다. 조조가 장수들에게 말했습니다.

"저 도적들 역시도 허저가 호후인 줄을 바로 알아보더구나!"

원래 허저는 힘이 호랑이처럼 세지만 겉보기에는 멍청해 보였습니다. 그래서 별명이 '멍청한 호랑이'라는 뜻의 '호치(虎癡)'였습니다. 마초가 허저를 존경하는 의미로 '호후(虎侯)'라고 높여 불렀고, 그 별칭이 굳어져 모든 사람들이 허저를 그렇게 불렀습니다. 허저가 마초에게 도전장을 보냈습니다. 마초도 바라던 것이었습니다.

'호후가 단기(單騎)로 마초에게 도전한다. 내일 싸워 생사를 결판내자.'
'내일은 결단코 호치를 처치하겠다.'

許諸裸衣鬥馬超
三國演義插圖之八十
乙酉年春日 箓雄畫於滬上

← 알몸으로 마초와
싸우는 허저

드디어 마초와 허저가 사생결단을 내는 전투를 시작했습니다. 조조는 마초의 용맹한 모습을 보고 여포에 못지않다고 평했습니다. 두 장수는 2백 여 합을 싸웠지만 승부가 나지 않았습니다. 화가 난 허저는 갑옷과 투구를 벗어던지고 알몸으로 싸웠습니다. 마초는 영채로 돌아와 한수에게 말했습니다.

"제가 이제껏 격전을 벌인 장수 중에 허저같은 자는 없었습니다. 진짜로 호치였습니다."

마초와 한수의 저항이 만만하지 않자 조조는 앞뒤에서 협공하기로 했습니다. 서황과 주령에게 강 서쪽으로 건너가 영채를 세우고 협공할 준비를 시켰습니다. 이에 마초는 조조에게 휴전을 제안했습니다. 조조는 어떤 희생을 치르더라도 마초와 한수를 정벌해야만 했습니다. 휴전이란 있을 수 없는 일이었습니다. 이에 조조가 참모인 가후에게 의견을 물었습니다.

"전쟁에는 속임수도 필요한 것이니 거짓으로 승낙한 다음 반간계(反間計)를 써서 한수와 마초가 서로 의심하게 만들면 단번에 무찌를 수 있을 것입니다."
"천하의 높은 계책은 서로 통하는 경우가 많다더니 그대의 계책이야말로 바로 내가 생각하고 있는 것일세."

조조는 가벼운 옷차림으로 말을 타고 한수를 만났습니다. 조조는 말머리가 교차할 정도로 가까운 거리에서 고삐를 당겨 멈추고 말했습니다.

"나는 예전에 장군의 부친과 함께 효렴에 천거되었는데, 그래서 장군의 아버지를 아저씨로 섬겼소. 그 후로 나는 또 공과 함께 벼슬길에 올랐지만 얼마나 되었는지 모르겠구려. 장군! 금년의 나이가 몇이오?"
"마흔 살입니다."
"지난날 수도에 있을 때는 우리 모두 청춘이었는데 어느덧 이처럼 중년이 되었으니 언제나 평안하게 함께 즐기겠소이까?"

조조는 옛날의 일들만 시시콜콜 이야기할 뿐 군정(軍情)에 대해서는 입도 뻥긋하지 않았습니다. 이 소식을 들은 마초가 달려와 한수에게 내용을 물었습니다.

"오늘 진 앞에서 조조와 무슨 말씀을 하셨습니까?"
"그냥 옛날 수도에 있을 때 일만 이야기했다네."
"어찌 군사에 관한 일은 말하지 않았습니까?"
"조조가 그냥 있는데 어떻게 나 혼자 말하겠는가?"

마초는 한수를 의심하기 시작했습니다. 조조가 돌아와 흡족해하자 가후는 보다 확실하게 2단계 작전에 돌입합니다.

"마초는 용감한 사내일 뿐이지 비밀은 앞뒤 살펴볼 줄을 모릅니다. 승상께서 친필로 편지 한 통을 써서 한수에게 보내시되, 중간 중간 글자를 알아보기 힘들게 쓰고 중요한 곳은 일부러 지우고 그 옆에 새로 고쳐 쓰십시오. 그리고 이를 마초도 알도록 하면 그는 반드시 승상의 편지를 보려고 할 것입니다. 마초가 중요한 곳마다 고쳐 쓴 것을 보면 한수가 자신이 알아보지 못하도록 고쳤다고 생각할 터이니, 승상과 둘이 만나서 나눈 이야기도 의심하던 차에 더욱 의심은 커지고 결국 분란이 터질 것입니다. 그때 다시 한수의 부하장수들을 매수해 둘 사이를 이간시키면 간단하게 마초를 도모할 수 있습니다."

가후의 계략은 성공하여 한수가 마초를 죽이고 조조에게 귀의하기로 했습니다. 하지만 이 사실을 미리 간파한 마초가 먼저 한수의 왼쪽 팔을 잘랐습니다. 이때 조조의 군사가 들이닥치자 마초는 농서(隴西)로 달아났습니다. 조조는 장안성을 정비한 후 하후연에게 지킬 것을 명령하고 허도로 돌아왔습니다. 여러 장수들이 지난날 서량군이 모여들 때마다 조조가 웃은 이유에 대해 물었습니다.

"관중(關中)은 멀리 떨어져 있는 변경이라서 수많은 도적 떼가 여기저기 제각기 험한 지형에 의지해서 항거한다면 도저히 1~2년에 평정할 수 없다. 이제 모두 한곳에

馬孟起怒勇韓遂
乙酉年春
景雄畵

한수의 왼쪽 팔을
자르는 마초

모였으니 그 무리가 비록 많다고 할지라도 사람들의 마음은 모두 제각각이라서 이 간시키기 쉬울 것이고, 그럴 때 한꺼번에 치면 또한 간단히 쳐부술 수 있지 않겠느냐? 그래서 기뻐한 것이다."

"승상의 계략은 귀신도 따라가지 못할 것입니다."

"나 역시 너희들의 문무에 힘입은 것이다."

모종강은 조조의 이러한 모습을 보고 다음과 같이 평가했습니다.

'손권은 전술과 전략을 대도독에게 맡겼고, 유비는 이를 군사에게 맡겼다. 오직 조조만이 직접 지휘권을 거머쥐고 스스로 전략을 운용했다. 비록 많은 모사들이 도움을 주었지만 마지막에 판단하여 결정하는 것은 여러 부하들을 넘어섰다. 유비나 손권에게 비할 바가 아니었던 것이다. 그가 구사하는 전략을 보면 처음에는 장수들도 이해하지 못하다가 뒤에 가서야 깨닫고 탄복하게 된다. 그래서 당태종(唐太宗)은 조조의 무덤에 '한 장수의 지혜로는 남는다더니 과연 그렇도다! 과연 그렇도다!' 라고 썼다.

조조는 서량의 군사가 늘어날 때마다 대단히 기뻐했다. 군사가 많으면 군량을 조달할 수 없게 될 것이니 그것이 기뻐하는 첫째 이유고, 군사가 많으면 마음도 제각각일 것이니 그것이 기뻐하는 둘째 이유다. 오소(烏巢)싸움에서는 적은 병력으로도 이겼지만, 적벽(赤壁)싸움에서는 많은 병력으로도 졌다. 조조가 사람을 가늠하는 것을 보면 자기의 득실을 거울삼아 가늠하는 것이다.'

장송을 내친 조조,
서천 지도를 얻은 유비

조조가 마초를 무찌르고 허도(許都)로 돌아오자 헌제는 친히 나와 영접했습니다. 또한 조서를 내려 그 공을 치하했습니다.

조서의 내용을 살펴볼까요? 조정으로 들어와 헌제를 배알할 때 이름은 부르지 말고 직함만 부르게 했습니다. 종종걸음으로 걷지 않아도 되었습니다. 칼을 차고 신발을 신은 채 전상(殿上)에 올라갈 수 있었습니다. 이 모든 권한은 한나라 초기 재상을 지낸 소하의 고사에 따른 특전이었습니다. 이로부터 조조는 천하에 위세를 떨치게 되었습니다.

조조가 관중(關中)을 평정하자 한중(漢中)을 차지하고 있던 장로가 긴장했습니다. 장로는 오두미교(五斗米教)를 이끈 장형의 동생으로 형의 뒤를 이어 한중을 다스리고 있었습니다. 그런데 조조의 서량 점령에 위기의식을 느낀 장로는 유장이 다스리는 익주를 빼앗기로 결심했습니다. 장로에게 있어서 유장은 어머니와 아우를 죽인 원수이니, 이제 그 원수를 갚고 익주를 차지함으로써 조조에게 대항하기로 한 것입니다.

장로가 익주를 차지하려는 장면은 소설 삼국지의 후반부가 시작되었음을 의미합니다. 모종강은 나관중이 배치한 이야기를 이렇게 분석했습니다.

'장각이 좌도(左道)로 대중을 호리는 이야기가 시작 부분에 있었는데 이번 회에 갑자기 한 좌도의 장로를 등장시켜 짝을 이루고 있다. 장각이 3형제인 것에 대해 장로는 부자(父子)와 조손(祖孫)의 3대이고, 장각이 태평도인(太平道人), 대현량사(大賢良師)란 명칭을 쓴 것에 대해, 장로는 사군(師君), 제주(祭酒), 귀졸(鬼卒)이라는 호칭을 쓰고 있다. 어째서 약속한 듯 이렇게 비슷한가? 유비가 장차 도원에서 충의를 모으려고 황건적이 시작되더니, 유비가 장차 서촉(西蜀)으로 들어가려 하자 장로가 나오고 있다. 이것이 전반부와 후반부가 나뉘는 분수령인 것이다.'

익주목(益州牧)인 유장은 나약한 사람이었습니다. 장로가 익주를 차지하려고 한다는 말을 듣자 크게 걱정하면서 관원들을 모아놓고 상의했습니다. 익주별가(益州別駕)인 장송이 계책을 내었습니다.

"제가 듣건대 허도의 조조는 중원을 정벌하여 여포와 원소, 원술을 모두 멸망시키고 최근에는 마초도 무찔러 천하에 맞설 자가 없습니다. 주공께서 진상할 물건을 마련해주시면 제가 직접 허도로 가서 조조에게 군사를 일으켜 한중(漢中)을 뺏으라고 설득하겠습니다. 조조가 장로를 치면 장로는 적을 막기에도 땀이 날테니 언제 촉을 넘볼 수 있겠습니까?"

유장은 장송의 말을 듣고 매우 기뻤습니다. 하지만 조조가 진짜로 장로를 공격해줄 지 궁금했습니다. 나관중본에는 유장의 궁금증을 풀어주는 장송의 계책이 있습니다.

"마초는 저 옛날의 한신, 경포와 같은 용맹을 지녔지만 승상과는 아버지를 죽인 원수지간입니다. 이제 마초가 패했지만 반드시 원수를 갚으려고 할 것입니다. 지금 한중의 장로는 군사가 정예롭고 군량도 넉넉하며 백성들도 그를 한왕(漢王)으로 높여 모시니 머지않아 반드시 황제를 칭할 것입니다. 그가 황제가 되면 반드시 중원을 침략할 것입니다. 그런데 장로가 부족한 것은 대장뿐입니다. 만약 마초가 급하게 복수하려고 한다면 반드시 농서의 군사를 모아 장로에게 갈 것입니다. 장로가 마초를 얻는다면 호랑이에게 날개가 돋은 격입니다. 장로와 마초가 함께 대항하면 승상께서 어떻게 막아내겠습니까? 마초가 장로에게 가기 전에 한중이 빈틈을 보일 때 들이치는 것이 좋으니, 한 번의 진격만으로 간단히 깨뜨릴 수 있습니다."

장송이 허도에 도착하여 조조를 뵙기를 청했지만 사흘이 지나서야 겨우 만났습니다. 장송의 생김새도 괴이했습니다. 머리는 뾰족하고 이마는 까졌으며 들창코에 뻐드렁니였습니다. 키는 다섯 자가 안 되었고 목소리는 쇠종소리 같았습니다. 조조는 장송을 보자마자 그 모습에 적잖이 실망했습니다. 그런데 비위를 거스르는 말만 하자 조조는 아예 후당으로 들어가 버렸습니다. 장송은 조조에게 본론도 꺼내지 못한 채 쫓겨난 꼴이 되었습니다.

장송을 알아본 사람은 양수였습니다. 양수는 장송과 마주 앉아 이런저런 이야기를 하다가 조조가 지은 『맹덕신서(孟德新書)』라는 13편으로 된 병법서를 보여 주었습니다. 양수가 신서에 대해 칭찬을 하자 장송이 한번 훑어보고는 말했습니다.

"이런 책은 우리 촉에서는 삼척동자도 다 외고 다니는데 어째서 신서라고 합니까? 이것은 전국시대 무명씨가 지은 것으로 조승상이 몰래 베껴 자신이 지은 것처럼 한 것인데 그대나 속이기 딱 좋을 뿐이오."

말을 마친 장송은 증명이나 하듯이 한 자도 틀

↑ 한중을 다스리는 장로

리지 않고 줄줄 외었습니다. 양수는 망연자실(茫然自失)할 수밖에 없었습니다. 사람은 얼굴만 보고 평해서는 안 되는 것이거늘 생김새만 보고 자신을 비하하고 평가하는 조조가 미울 수밖에 없었습니다.

얼굴 고괴한 것이 느껴웁구나.	古怪形容異
마음 청고하나 모습 추하네.	淸高體貌疏
언변은 삼협수처럼 막힘이 없고	語傾三峽水
열 줄의 글도 한 번에 알아보네.	目視十行書
담력 또한 서촉에서 으뜸이요	膽量魁西蜀
문장 역시 하늘을 꿰뚫는도다.	文章貫太虛
제자백가 모두 머릿속에 있으니	百家幷諸子
한 번 보면 다시 볼 필요도 없네.	一覽更無餘

장송은 목적을 달성하지 못한 채 돌아가게 되었습니다. 이 소식을 알게 된 유비는 장송이 형주를 지나는 길에 극진하게 대접을 했습니다. 장송은 유비에게 마음이 끌렸습니다. 그러자 유비에게 일급 기밀에 속하는 서천지도를 넘겨주고 돌아왔습니다. 유장에게는 종친인 유비를 불러들여 장로를 무찌르도록 건의하고 법정과 맹달을 사자(使者)로 추천했습니다. 이들은 모두 나약한 주인인 유장을 배신하고 새로운 주인으로 유비를 모시려는 자들이었습니다. 유비는 망설였습니다. 종친인 유장을 치는 것은 여태껏 인의를 중시한 자신의 전략에 맞지 않기 때문입니다.

그러자 방통이 나섰습니다.

"주공 말씀이 천리(天理)에 맞지만 지금처럼 전란이 계속되는 난세에는 군사를 움직여 겨루는 일이 한길만 있는 것은 아닙니다. 만약 당연한 이치만 세우시면 한 발자국도 나가기 어렵습니다. 당연히 임기응변(臨機應變)을 따라 약한 것은 합치고,

張松獻圖勸劉備
蔡雄畫

⬆ 유비에게 서천지도를
바치는 장송

우둔한 것은 쳐부수어 역리로 차지하여 순리로 다스리는 것이 탕무(湯武)의 도(道)입니다. 만약 천하를 안정시킨 후에 정의로써 베풀고 큰 나라를 만든다면 이것이 신의를 저버리는 일이 되겠습니까? 오늘 우리가 차지하지 않으면 결국 남의 차지가 될 뿐입니다."

유비는 방통의 말에 크게 깨닫고 서천으로 향했습니다. 방통, 황충, 위연 등과 5만 명의 군사가 뒤따랐습니다. 유장은 유비를 영접하러 부성(涪城)까지 360리를 마중 나왔습니다. 주부(主簿) 황권과 이회가 말렸으나 유장은 듣지 않았습니다. 종사(從事) 왕루도 죽을 각오로 간언했으나 유장은 듣지 않았고, 결국 왕루는 자결했습니다. 충신들이 간언해도 유장은 듣지 않았습니다. 누가 뭐라고 해도 유비를 굳게 믿었습니다. 유비가 철저하게 발톱을 숨기고 있었기 때문이기도 하지만, 근본적으로는 사리분별에 어두운 유장 자신의 나약함이 크게 작용하고 있었습니다.

관우, 평화 시대의 조연에서
연의 시대의 주연으로 등극하다

  5권 책씻이는 관우에 대하여 살펴보도록 하겠습니다. 관우는 『삼국연의』에서 가장 중시되는 인물 중 한 명입니다. 독자들은 연의의 초·중반은 관우의 뛰어난 무공과 활약상에 푹 빠져 밤잠도 설쳐가며 책장을 넘깁니다. 청룡언월도와 적토마를 탄 붉은 얼굴의 미염공(美髥公). 그가 내달릴 때면 어떤 장수도 상대가 되지 못하기 때문입니다. 그리하여 관우는 연의의 명장면을 대거 연출합니다. '술이 식기 전에 화웅을 베다', '안량과 문추를 베다', '오관에서 여섯 장수를 베다', '화용도에서 조조를 풀어주다', '우금의 7군을 수몰시키다', '바둑을 두며 뼈의 독을 치료하다', '칼 한 자루로 노숙과 결판 짓다' 등 우리가 결코 잊을 수 없는 이야기는 대부분 관우와 관련된 내용입니다. 이처럼 관우는 연의가 만들어낸 최고의 주인공입니다. 하지만 관우는 우리가 알고 있는 것처럼 처음부터 주인공은 아니었습니다. 4권의 책씻이에서 보았던 장비가 주인공이라면, 관우는 조연급 정도였습니다.

  독자 여러분은 동탁이 정권을 장악하자 원소를 맹주(盟主)로 18제후 연합군이 호뢰관에서 화웅과 싸우던 장면을 기억할 것입니다.

동탁군의 화웅은 출중한 무예를 자랑하며 연합군 대장 4명을 죽인 용장입니다. 연합군이 화웅의 위세에 눌려 진퇴양난(進退兩難)에 빠졌을 때 관우가 등장합니다. 그리고 신들린 솜씨로 화웅의 목을 베어 연합군의 진영에 바칩니다. 그야말로 관우의 멋진 등장입니다. 하지만 이는 원래 장비가 주도적으로 행한 것이었습니다.

연의의 전 단계인 평화의 내용을 간략하게 살펴보겠습니다.

'(호뢰관에서 연합군이) 연회 도중에 여포가 싸움을 걸어왔다. 서주태수 도겸의 수하 조표가 나섰다. 하지만 여포에게 사로잡혔으나 죽지도 않고 풀려났다. 여포는 18제후들만 잡겠다고 했다. 장사태수 손견이 여포와 싸웠으나 삼 합을 못 겨루고 대패했다. 손견은 전포와 갑옷을 벗어 나무 위에 걸어놓고 도망쳤다. 여포가 이를 동탁에게 보냈는데 중간에서 장비가 이를 가로챘다. 다음 날, 장비가 원소 영채에서 유비에게 말했다.

"형님! 손견은 우리를 개와 고양이 무리처럼 아무짝에도 쓸모없는 인간들이라고 했소."

"그는 장사태수요, 나는 녹의랑에 불과하니 어찌 다투겠느냐."

"대장부는 죽고 사는 것에 얽매이지 말고 후세에 이름을 남겨야 하오!"

장비가 큰소리로 말하고 손견의 투구와 갑옷을 원소에게 주었다. 손견과 제후들은 아무 말도 못했다. 그러자 장비가 큰 쇠북 같은 목소리로 외쳤다.

"지난번에 태수가 우리 형제를 두고 개와 고양이의 무리라고 했소. 그런데 여포가 호뢰관 아래로 왔을 때, 태수는 매미가 허물을 벗듯 전포를 버리고 달아났소! 만약 여포가 호뢰관으로 다시 내려오면 우리 삼형제가 반드시 그놈을 죽일 것이오!'"

이후 장비는 장담한 대로 여포와 싸워 여포의 기를 꺾어놓습니다. 화웅과 관우의 이야기는 없고, 장비의 호쾌한 무용담이 호뢰관 전투의 이야기였습니다. 그런데 연의의 주인공 구도에 커다란 변화가 생겨나게 됩니다. 화웅을 물리치는 관우가 등장하면서 장비가 뒷전으로 밀려났기 때문입니다. 한마디로 주인공이 장비에서 관우로 교체된 것입니다.

관우의 신들린 무예는 '오관참육장(五關斬六將)'에서 정점에 이르게 됩니다. 연의를 읽는 독자라면 누구나 이 장면을 몇 번씩 읽어서 거의 외울 정도일 것입니다. 그만큼 재미있고 통쾌한 장면이기 때문입니다.

그렇다면 평화에서의 내용은 어떨까요.

'(장료가 조조에게 말하길) "먼저 군사를 파릉교 양쪽에 매복시켜 두십시오. 만약 관우가 그곳에 이르면 승상께서 송별의 잔을 들어 관우에게 권하십시오. 관우가 그 잔을 받으려고 말에서 내릴 때 힘센 허저에게 관우를 사로잡도록 하면 될 것입니다. 만약 관우가 말에서 내리지 않는다면 승상께서 십양금포(十樣錦袍)를 하사하소서. 그러면 관우는 반드시 말에서 내려 비단 점포를 받을 터이니 이때 허저가 사로잡으면 됩니다."

조조는 매우 기뻐하며 장료의 말대로 군사를 매복시키고 파릉교에서 관우를 기다렸다. 얼마 후 관우가 파릉교에 다다랐다. 승상이 잔을 들자 관우가 말했다.

"승상께서는 용서하십시오. 이 관우는 술을 마시지 않습니다."

관우가 말에서 내리지 않자 조조는 비단 전포를 내어 허저를 시켜 관우에게 건네도록 했다. 역시 관우는 말에서 내리지 않았다. 대신 칼끝으로 전포를 걷으며 말했다.

"금포를 주셔서 고맙소이다! 감사하오!"

주위에 있던 장수들은 조조가 아무런 손을 쓰지 못하는 것을 보고 놀랐다. 관우는 두 부인의 수레를 호송하며 유유히 떠나갔다.'

어떻습니까? 관우가 이렇게 간단하게 조조의 손아귀에서 벗어나다니 재미가 하나도 없지 않나요? 평화에서의 싱거운 내용이 연의에서는 2회분에 걸쳐 흥미진진한 이야기로 변모한 것입니다. 바로 새로운 주인공인 관우를 돋보이게 하기 위한 소설적 장치인 것이지요.

▲「춘추」를 읽고 있는 관우

연의에서 문학성이 뛰어난 장면은 단연 관우가 화용도에서 조조를 놓아주는 장면입니다. 이 장면은 평소에 『춘추』를 애독하며 충의를 지키는 관우의 모습을 아주 잘 형상화했습니다. 예전에 파릉교에서 놓아준 정의를 생각해서 살려달라고 애원하는 조조, 관우의 호통 한 마디에 땅바닥에 엎드려 눈물로 애걸하는 조조군, 군령장을 어긴 죽음마저 감내하며 조조를 살려 보내는 관우의 심경 등이 독자들로 하여금 가슴을 찡하게 울리는 명장면입니다. 그렇다면 평화에서는 화용도 장면을 어떻게 표현했던가요. 앞서 50장에서 살펴보았으니 다들 잘 아실 것입니다.

이처럼 평화에서의 관우와 조조의 화용도 장면은 너무 간단하고 무미건조합니다. 관우가 이대로 돌아갔다간 군령장대로 참수를 당할 판입니다. 이처럼 재미없는 장면을 연의에서는 문학적인 긴박감과 흥취를 극대화시켜 독자들로 하여금 밤잠을 설치게 만든 것입니다.

중국의 문학가이자 사상가인 루쉰[魯迅]은 그의 책 『중국소설사략』에서 소설 속 관우의 인물 형상이 다른 인물들에 비하여 문학성이 뛰어나다고 했습니다.

'연의는 인물 묘사에도 상당한 결점을 가지고 있다. 유비의 장후(長厚)함을 나타 낸 것은 위선자 같고, 제갈량의 다지(多智)를 그린 것은 요술사 같다. 다만 관우에 있어서만은 특히 묘사를 잘한 호어(好語)가 많아서 그 의리와 용기를 때때로 보는 듯하다.'

인간 관우는 죽어서 신이 되었습니다. 관우의 신격화는 거스를 수 없는 대세 였습니다. 모종강 역시 이러한 신격화와 관련하여 개연성 있게 묘사된 부분은 손 대지 않았습니다.

관우의 혼령이 옥천사에 나타나 보정스님의 가르침을 받고 승천한 것, 여몽의 몸을 빌려 손권을 매도하고 여몽을 죽게 한 것, 조조가 관우의 수급을 보는 순간 관우의 눈이 부릅뜨고 머리카락과 수염이 곤추서서 조조가 놀라 졸도하고 결국 죽게 했다는 것 등이 그것입니다. 여몽은 형주를 탈환한 이후 얼마 지나지 않아, 조조는 관우가 죽은 그달에 각각 앓아오던 질병으로 죽었는데, 이러한 사실은 모 두 관우를 신격화하는 데 사용된 것입니다.

중국의 역대 왕조 통치자들에게도 관우의 충의와 용맹은 꼭 필요한 것이었습 니다. 그래서 백성들이 좋아하는 관우를 국가적인 신앙으로 발전시켰습니다. 송 나라 때 관왕(關王)이 된 관우는 청나라 때 관성대제(關聖大帝)에 봉해지는데, 그 앞에 붙는 미사여구(美辭麗句)만도 자그마치 스무 자나 됩니다.

조조의 천하통일을 막고
정족지세를 이룬 곳, 적벽

　적벽대전의 중심지인 적벽산을 가려면 오림에서 배를 타고 바다 같은 장강을 건너가야 합니다. 장강은 진한 커피색 강물을 쏟아내고 적벽산은 푸름을 자랑하듯 장강 위에 고고합니다. 적벽산은 세 개의 봉우리로 이루어져 있습니다. 금란산, 남병산, 적벽산인데 이를 합쳐 적벽산이라고 하는 것입니다. 적벽산 선착장에 도착하니 화려한 성곽이 눈앞에 펼쳐집니다. 십여 년 전만 해도 작은 유적지에 불과했던 적벽산이 이제는 적벽대전뿐 아니라 『삼국연의』를 모두 살펴볼 수 있는 관광지로 변했으니 상전벽해(桑田碧海)란 이를 두고 이르는 말입니다.

　입장료를 내고 거대한 성곽 입구를 들어서면 각종 먹거리와 기념품점이 즐비합니다. '금강산도 식후경'이란 말은 어디에서나 통하는 것 같습니다. 한 바퀴 골목길을 돌아 나오면 적벽산에 왔음을 실감할 수 있습니다. 곳곳에 볼거리를 만들어 놓았지만 적벽산과 관련되는 유적은 한참을 더 가야만 볼 수 있습니다. 예전에는 이런 번잡함이 없어서 좋았는데, 역시 돈이 되는 일이라면 사람들은 옛모습을 보존하기보다는 개발에 몰두하기 마련인 것 같습니다.

　적벽산에 오르면 제일 먼저 적벽대전 승리의 주역인 주유의 상이 보입니다. 산등성이를 일궈 만든 평지에 세워진 주유상은 커다란 화강암으로 만들었는데, 갑옷과 투구를 입은 주유의 모습을 웅장하게 표현하고 있습니다. 주유상 앞에는 익강정(翼江亭)이라는 정자가 있는데 주유가 화소적벽(火燒赤壁)을 지휘한 곳이라고 합니다. 육각의 정자에 올라서 북쪽 강변을 보니 도도한 장강 전체가 한눈에 들어옵니다. 그야말로 최고의 전투 지휘소였을 것입니다. 주유의 석상 옆에는 망강정(望江亭)이라는 정자도 있는데, 이곳은 황개가 조조의 수군 영채를 정찰했던 장소라고 합니다. 조조의 수군이 모두 연결된 것을 보고 거짓 투항과 화공을 제안했던 곳인 셈이지요.

　주유상을 보고 남병산에 이르면 제갈량을 모시는 무후궁(武侯宮)이 있습니다. 이곳은 제갈량이 제단을 쌓고 동남풍을 불렀던 곳이라고 합니다. 배풍대(拜風臺)라고도 하는데, 제갈량이 무향후(武鄕侯)라는 작위를 받았기 때문에 같이 부르고 있습니다. 배풍대 남쪽으로는 적벽대전 문물전시실이 있습니다. 이곳에는 수십 년 동안 적벽산 일대에서 출토된 화살촉, 칼, 창 등 각종 전쟁도구가 전시되어 있습니다. 오랜만에 다시

⬆ 적벽산 위의 주유상

⬇ 적벽산 입구 성문

적벽대전이 벌어진 곳

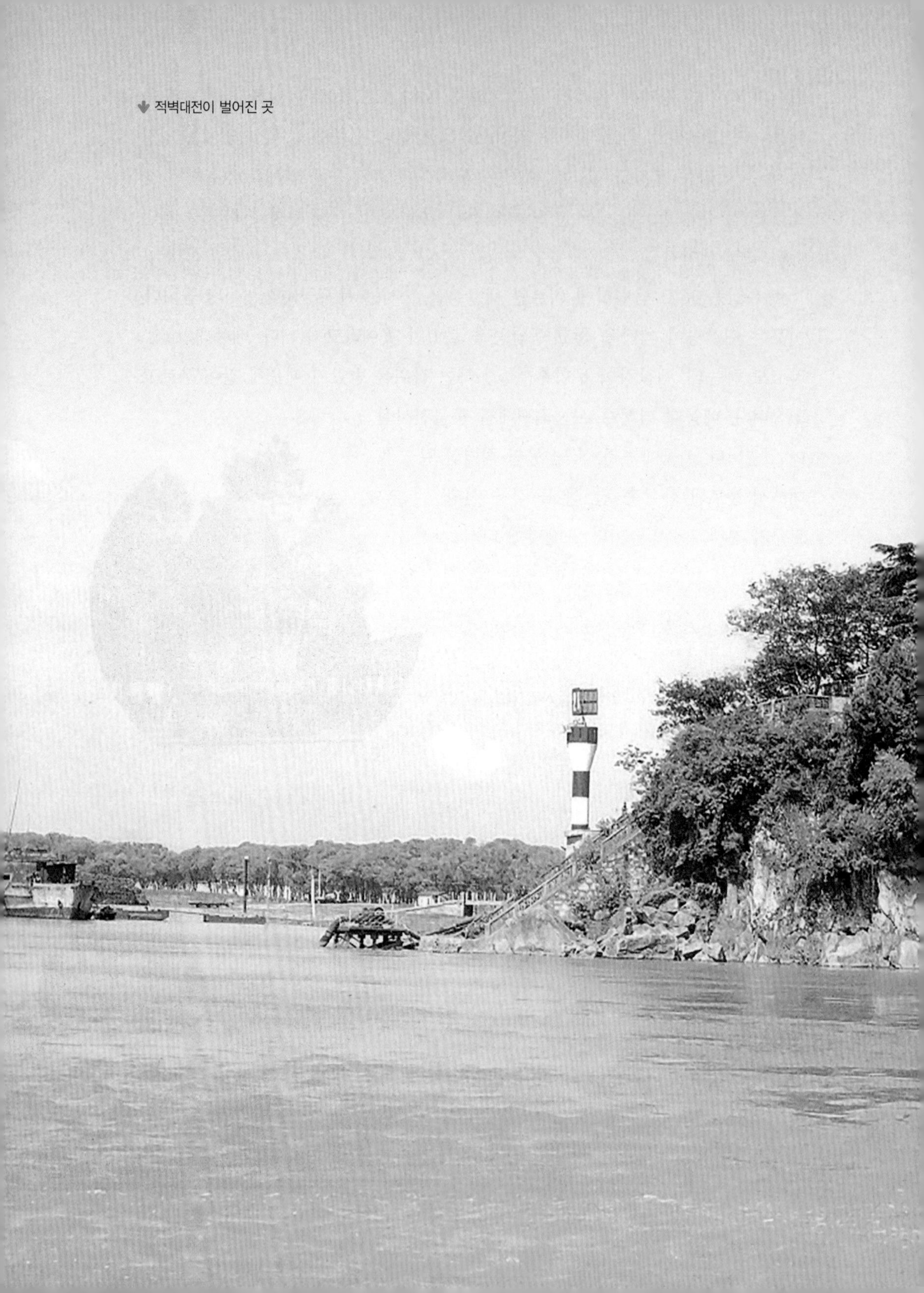

⬆ 제갈량이 동남풍을 부른 배풍대

⬆ 방통이 있었던 봉추암

왔건만 문을 잠근 자물쇠는 녹이 슨 지 한참 되었습니다.

방통이 기거했다는 봉추암(鳳雛庵)은 금란산 중턱에 있습니다. 검은색 기와에 흰색의 건물이 천 년도 넘는 은행나무를 품고 고풍스럽게 서 있습니다. 건물 앞에 있는 등나무는 방통에게 연환계를 생각하게 해 준 나무라고 합니다. 이 또한 후세에 지어낸 이야기이지요.

적벽산 절벽에는 커다랗게 '적벽(赤壁)'이라고 쓴 글자가 있습니다. 이는 전쟁에서 대승을 거둔 주유가 축하연을 열어 모든 병사를 위로하고 승전을 기념하여 새긴 것이라고 합니다. '적벽'이라는 글씨는 해서체(楷書體)입니다. 해서체는 당나라 때의 서풍(書風)으로 삼국시대에는 예서체(隸書體)를 많이 썼습니다. 그러므로 진짜 주유가 쓴 것인지 미심쩍을 수밖에 없습니다. 적벽의 벼랑에는 역대의 문인과 묵객들이 지은 시문이 새겨져있습니다. 하지만 대부분이 희미하여 알아볼 수 없습니다.

적벽에서 장강의 하류로 4km 떨어진 곳에는 육구(陸口)가 있습니다. 장강 남쪽 내륙을 흐르는 육수(陸水)가 합류되는 장소입니다. 강동을 지키는 요지여서 이곳을 잃으면 강동도 위태로워집니다. 이를 잘 아는 손권과 주유가 전략적 요충지의 확보를 위해 신속히 적벽까지 나아가 방어를 한 것이지요. 조조의 대군이 적벽을 먼저 차지했다면 오나라는 육구에 방어망을 구축했을 것이고, 조조는 육수(陸水)의 흐름을 타고 순조롭게 항진하여 오나라를 풍전등화(風前燈火)에 처하게 했을 것입니다.

참고문헌

『술술 삼국지』는 아래의 책들을 참고하였습니다.

『후한서』, 『세설신어』, 『동파지림』, 『독통감론』, 『구주춘추』, 『삼국지집해』

고우영, 『삼국지』, 애니북스, 2007

리동혁, 『本삼국지』, 금토, 2005

박종화, 『삼국지』, 어문각, 1993

양주동, 『신역 대삼국지』, 명문당, 1979

이병주, 『신역 삼국지』, 금호서관, 1985

정소문, 『삼국지』, 도서출판 원경, 2000

최영해, 『삼국지』, 정음사, 1981

황석영, 『삼국지』, 창비, 2003

나관중, 『가정본 삼국연의』 상·하, 인민출판사, 2008

나관중 저, 모종강 비평, 『삼국연의 모종강 비평본』 상·하, 악록서사, 2006

루쉰 저, 조관희 역주, 「중국소설사략」, 살림, 1998

위안텅페이 저, 심규호 역주, 「삼국지강의」, 라의눈, 2016

이중톈 저, 김태규 역, 「중국사」10, 글항아리, 2018